로만 야콥슨의
러시아어와 슬라브어 문법 연구
1931-1981

Russian and Slavic Grammar: Studies 1931-1981 by
Roman Jakobson, edited by Linda R. Waugh and Morris Malle
© *Walter de Gruyter GmbH Berlin Boston*
Korean Translation © 2025 by Hankook Publishing House
All rights reserved.
The Korean language edition published by arrangement with
Walter de Gruyter GmbH through MOMO Agency, Seoul.

이 책의 한국어판 저작권은 모모 에이전시를 통해
Walter de Gruyter GmbH 와의 독점 계약으로
"한국문화사"에 있습니다.
저작권법에 의해 한국 내에서 보호를 받는 저작물이므로
무단전재와 무단복제를 금합니다.

로만 야콥슨의
러시아어와 슬라브어 문법 연구
1931-1981

로만 야콥슨 지음
린다 R. 워 & 모리스 할레 편집

안혁 옮김

한국문화사

- 역자 서문

　로만 야콥슨(Roman Jakobson)은 1896년 러시아의 모스크바에서 태어나 대학을 마치고 1차 세계대전 후 러시아를 떠나 체코의 프라하로 갔다. 1939년 당시 체코슬로바키아가 나치 독일에 점령되자 덴마크와 노르웨이, 스웨덴 등에 머물다가 1941년 미국으로 건너가 1982년 86세를 일기로 세상을 떠났다.

　모스크바에 있을 때 1918년에 석사 학위를 받았으며, 1915년부터 1920년 프라하로 떠나기 전까지 소장 언어학자들과 모스크바 언어학회를 조직하여 회장을 역임했다. 1930년 프라하 대학에서 박사학위를 받았고, 1933년부터 브르노에서 러시아 문헌학과 고대 체코어의 교수로 활동했다. 1926년 마테시우스, 카르쳅스키, 트루베츠코이와 더불어 프라하 언어학회를 창립하였고, 부회장으로 활동하였다. 스칸디나비아에 2년간 머물면서 코펜하겐 대학, 오슬로 대학, 그리고 웁살라 대학 등에서 강의했다. 1942년부터 1946년까지 뉴욕의 자유고등연구원의 언어학 교수로 있었고, 이때 인류학자 레비-스트로스를 만나게 되었다. 레비-스트로스는 나중에 프랑스 구조 인류학을 창시한 것으로 알려졌는데, 이 구조주의는 야콥슨의 영향인 것으로 보인다. 야콥슨은 콜롬비아 대학에서도 강의했으며, 1949년 하버드 대학으로 초빙되어 슬라브어 및 문학, 일반 언어학의 교수가 되었고, 1957년부터는 MIT의 교수도 겸직하였다. 야콥슨은 미국에서 프라그 학파의 구조주의 이론을 소개하였고, 촘스키를 비롯한 많은 젊은 언어학자들에게 영향을 미쳤다.

　러시아어나 슬라브어를 연구하는 사람에게 야콥슨은 구조주의 학파의 대표자이며, 변별적 자질 이론과 관련되어 매우 친숙한 이름이다. 언어학 연구자들에게 구조주의란 언어의 기능보다는 형식적 측면을 우선하는 언어 연구 사조라고 알려져 있다. 그러나 야콥슨의 구조주의는 형식에 우선하는 기능에 초점을 맞추고 있는 것 같다. 대학원 과정에서 야콥슨의 변별적 자질 이론을 더 자주 접했던 것은 음운론 시간이 아니라 의미론 시간이었다. 다의어의 의미 변별을 위해 자질을 이용했던 구성성분 분석과 유표성 이론이라는 주제에서 야콥슨을 접했다. 음운론에서 야콥슨은 "음소"를 음운론적인 최소 단위이며 개별적으로 다루지 않고 다른 음소와의 관계에서 그 정체성을 파악한다. 음소라는 개념을 개별 소리와 연관시켜 다루지 않고 음소 체계 전체에서 다른 음소들과의 관계 속에서 정의하는 것은 매우 창의적이다. 현대 언어학 이론 중 네트워크 이론과 마찬가지로 한 대상이 개별적으로 존재하는 것이 아니라 하나의 체계 속에서 다른 대상들과의 관계 속에서 존재한다는 것을 이미 음소 이론을 만들어 내면서 생각 했다는 점은 매우 놀랍다. 야콥슨은 모스크바 국립대 시절 쉐르바의 러시아어 모음에 관한 논문을 읽고 음소에 대한 아이디어를 얻었다고 한다. 야콥슨은 트루베츠코이와 함께 음소를 "더 작은 하위의 음운론적 대립으로 분해될 수 없는 음운론적 대립의 모든 항"이라고 정의했다. 그러나 1932년 그는 음소를 "주어진 언어에서 서로 의미가 다른 낱말을 구별하는 데 사용되는 동시에 나타나는 음성 자질 혹은 변별 자질의 집합"이라고 다시 정의했다. 그리고 초기에는 음소의 자질을 조음적 자질로 제한하였으나 이후에는 음향적 자질까지 확대하여 변별적 자질의 폭을 넓혔다. 음소를 변별적인 음성 자질의 집합으로 정의함으로써 변별 자질의 수가 관심의 대상이 되었다 그러나 이 변별 자질의 수는 자의적일 수밖에 없으며 그로 인해 비판받았다. 자질의 특징을 그 유무에 의해 플러스와 마이너스로 구분하는 이분법적 방식은 이후 언어학에 많은 영향을 끼쳤고, 유표성 이론으로 형태론이나 의미론 등에서 커다란 힘을 가진 방법론이 되었다. 그러나 자질 자체의 자의성은 변별적 이론의 약점이 되었다. 그러나 개인적으로 이 자의성은 곧 자질 설정의 유연성이고, 이 유연성에 기반하여 변별적 자질 이론은 다양한 언어학 연구에 사용될 수 있는 유표성 이론으로 확장되었다고 생각한다.

야콥슨 교수와 본 역자의 관심 영역이 가장 많이 중첩되는 부분은 아마도 ≪일반 의미(general meaning, общее значение)≫와 관련된 의미적 개념들일 것이다. 일반 의미는 매우 복잡한 정의를 가지지만, 간단히 요약하면 개별 언어 단위의 의미에 일반 의미로 부를 수 있는 부분은 단순히 한 언어 단위의 개별적 의미가 아니라 그 단위가 속한 문법적, 의미적 범주 속의 모든 단위와의 관계 속에서 고찰할 수 있는 의미라는 것이다. 예를 들어, 조격의 일반 의미는 단순히 조격이 아니라 모든 격 들과의 관계 속에서 나타나는 모든 조격 사용을 아우르는 의미로 볼 수 있다. 이러한 일반 의미적 관점은 야콥슨의 음소에 대한 정의와 궤를 같이 하며, 범주의 기능적 공통성을 주요 연구 대상으로 삼았다는 의의가 있지만, 너무 추상화된 일반 의미의 실용적 효용성에 대해 회의적일 수도 있다. 하지만 일반 의미라는 새로운 개념의 발명은 언어학의 새로운 지평을 여는 것이며, 그에 따른 새로운 실용성을 창조하는 것으로 볼 수 있다.

본 역서에는 포함되지 않았지만 야콥슨은 실어증과 문학 등의 다양한 주제에 대한 연구를 남겼고, 그의 선집에서 이 모든 것을 확인할 수 있다. 본 역서는 야콥슨의 언어학적 연구 중에서 러시아어와 슬라브 어의 관련되는 작업들만을 모아놓은 것이라고 할 수 있다. 본서의 실린 11 편의 논문은 야콥슨 교수의 대표적인 언어학 연구이다.

언어학자로서 뿐만 아니라 기호학자로서 야콥슨은 현대를 살아간 거장이었고, 그의 작품은 언어학을 공부하는 사람으로써 한 번 쯤 읽어야 하는 기본적인 논문이라고 생각한다. 그의 논문들을 읽으면서 현재 출판되는 논문들과 약간의 차이를 느낀다. 지금의 논문들처럼 많은 참고문헌과 각주, 미주를 달고 있지는 않지만, 거장의 러시아어와 슬라브어에 대한 깊은 이해가 느껴진다. 생각하지 못했던 음소의 수와 격 의미의 관계 같은 것을 토로하는 거장의 숨결이 논문 속에 존재한다. 각 문장과 단락이 얼핏 보면 단편적이지만, 연구 대상의 깊은 이해에 기반한 저자의 혜안이 돋보인다. 이번 출판을 계기로 언어학 연구자들이 야콥슨과 구조주의에 대해 새롭게 관심을 가졌으면 좋겠다. 본 연구자도 야콥슨이라는 거장을 다시 보게 되는 기회가 되었음에 행복하다. 지리한 번역과 퇴고의 과정에서 치밀함과 성실함으로 많은 도움을 준 마새봄 학생에게도 이 자리를 빌어 감사의 마음을 전한다.

이 서문의 내용 중에서 야콥슨 교수의 일대기와 관련된 내용은 권재일 교수의 텍스트를 참고하였다. 그리고 원서의 미주는 본 역서에서도 미주로 작성하였고, 본 서의 각주는 번역 과정에서 관찰한 내용과 역자의 의견을 피력한 것이다. 그러므로 본 서의 모든 번역과 각주 내용의 오류는 전적으로 역자에게 있음을 인정한다.

25년 봄 명륜동에서
안 혁 씀.

* 권재일, 1989, 일반언어학 이론, 민음사.

• 편집자의 말

여기에 출판된 연구는 로만 야콥슨(Roman Jakobson)의 러시아어의 다양한 문법적-형태론적 범주를 분석하면서 다른 슬라브어에 대해 간헐적 토론을 가진 핵심적 저술을 포함한다. 원래4가지 다른 언어로 작성된(1, 6은 독일어, 4, 7은 러시아어, 11은 프랑스어, 2, 3, 5, 8, 9, 10은 영어) 11개의 논문은 여기서 처음으로 출판된 영어 번역본 또는 영어 원본으로 모두 제시되어 있다. 1~5장은 언어 범주를 다루며, 6~10장은 명사와 대명사 범주를 다루고, 11장은 러시아어와 슬라브어 문법 자료로 예시된 영 기호(zero sign)의 개념을 다루고 있다.

이 책은 목차와 논문의 순서를 포함하여 야콥슨 스스로에 의해 기획되었다. 그는 또한 편집 작업 이전에 전체 원고를 읽었다. 번역에 관해서 이전 초안은 Helge Rinholm(1장), Kenneth Miner(6장), Rodney B. Sangster(7장)에 의해 준비되었다. 이후에 이 세 장의 승인된 번역은 Brent Vine과 Olga T. Yokoyama에 의해 이루어졌다. 4장은 Helge Rinholm이, 11장은 Linda R. Waugh가 준비했다. 편집자들은 영어 원본에 대한 사소한 문체 수정 및 교정과 번역본의 더 광범위한 수정을 담당했다. 우리는 다양한 장을 통합하기 위해 노력했으며, 그 결과 표상된 4개 언어 사이의 기술적 용어 차이와 야콥슨의 사유의 진화를 모두 고려하는 것이 가능했다.

이 책의 모든 논문은 다음과 같이 원래 쓰인 언어로 출판되어 있다: 야콥슨의 Selected Writings II: Word and Language(1971)의 섹션 A "형태론적 연구"에 본 책의 1~10장이 있고, 섹션 B "언어학 이론의 중요 문제"에 11장이 있다. 야콥슨은 다른 연구가 있는데, 더 역사적 지향을 가지거나(예를 들어, "슬라브어 비교 문법"이 Jakobson (1971)에 있다), 다른 언어에 초점을 맞추거나(예를 들어, "루마니아어의 중성에 대하여"가 Jakobson (1971)에 있다), 여기의 결과를 특정 영역에 적용하기 위해 사용하거나(예를 들어, "문법적 평행론과 그 러시아적 측면"이 Jakobson (1981)에 있다), 혹은 러시아어의 어휘 범주를 다루는(예를 들어, "러시아어 형용사에서 공간 관계"가 Jakobson (1984)에 있다) 연구가 있지만, 본 책은 러시아어의 문법 범주에 대해 공시적이고 형태적, 의미적 분석과 직접적으로 관련되는 야콥슨의 모든 연구를 담고 있다.

린다 R. 워
모리스 할레

참고 문헌

Jakobson, Roman – 1971 – Selected Writings II: Word and Language – the Hague: Mouton.
_____, 1981 – Selected Writings III: Poetry of Grammar and Grammar of Poetry (ed. by Stephen Rudy) – the Hague: Mouton.
_____, 1984 – Selected Writings VII: Contributions to Comparative Mythology. Recent Studies in Linguistics and Philology. Retrospections. Bibliography. (ed. by Stephen Rudy) – Berlin: Mouton.

- 차례

역자 서문   5
편집자의 말   9

서론   12
제1장 러시아어 동사의 구조(Structure of the Russian Verb)   23
제2장 러시아어 활용(活用: Russian Conjugation)   44
제3장 러시아어 어간 접미사와 동사 상의 관계   67
    (Relationship between Russian Stem Suffixes and Verbal Aspects)
제4장 러시아어 및 우크라이나어 명령법의 구조   75
    (Structure of the Russian and Ukrainian Imperative)
제5장 전환사, 동사 범주, 그리고 러시아어 동사   87
    (Shifters, verbal categories, and the Russian verb)
제6장 격의 일반 이론에 대한 기여: 러시아어 격의 일반 의미들   116
    (Contribution to the General Theory of Case: General Meanings of the Russian Cases)
제7장 슬라브어 곡용에 대한 형태론적 관찰(러시아어 격 형태의 구조)   185
    (Morphological Observations on Slavic Declension (The Structure of Russian Case Forms))
제8장 러시아어 명사의 곡용에서 생격과 복수의 관계   227
    (The Relationship between Genitive and Plural in the Declension of Russian Nouns)
제9장 러시아어의 성 패턴(The Gender Pattern of Russian)   238
제10장 현대 러시아어의 대명사 곡용에 대한 기록   242
    (Notes on the Declension of Pronouns in Contemporary Russian)
제11장 영 기호(Zero Sign)   249

서론

린다 R. 워
코넬 대학교

1. 이 책의 모든 연구에 담겨있는 주제는 형태(기표, signans) 측면과 의미(기의 signatum) 측면, 그리고 그 둘의 상관관계(상호 관점에서 기표와 기의)를 통해 보는 러시아어(약간의 슬라브어 자료 비교를 포함)의 특정 문법적, 형태론적 범주의 구체적 분석을 통해 발전된 형태론적, 특히 문법적 범주의 공시적 분석과 관계되는 것이다. 1장은 1931년에, 10장은 1981년에 작성되었지만, 그 내용과 내재된 기본적 가정에 의해 그 연구는 야콥슨 사고의 연속성과 성숙을 모두 보여주며, 이는 50년 넘는 기간의 문법 범주 연구에 대한 관심이 그 전제가 변하거나 폐기되지 않았으며, 심지어 그 전제들이 더 정밀해지고, 더 많은 뉘앙스를 가지며, 일반적으로 서로 통합된다는 의미에서 연속성과 성숙을 의미한다. 동시에 이 연구는 다른 다양한 영역의 야콥슨의 연구에 영향을 주고 받았다. 예를 들어, 음운론과 변별적 특징에 대한 그의 연구는 특히 이 형태론적 연구와 분명한 평행선을 보여준다(야콥슨 1971a를 보라). 실어증 유형에 대한 그의 논의에 여기서 다뤄진 많은 개념들이 깊게 침투해 있다(야콥슨 1971b를 보라).

번역과 시각 기호, 언어의 수학적 측면, 의사소통 이론, 철학적 문제 등에 대한 그의 관심은 본 책에서 다뤄진 많은 문제들과 관련된다(같은 책). 그리고 시 분석에 대한 그의 영원한 사랑이 동반되고, 심지어 가끔 그의 언어학 연구에 자극을 제공할 때, 시의 문법에 대한 그의 연구(야콥슨 1981을 보라)는 여기 있는 문법 연구의 파생물이다.

2. 본 책에 수집된 연구에 내재된 기본적 전제와 이 연구들과 야콥슨 전 작품의 나머지와 상관관계를 완전히 논의하는 것은 가능하지도 않고, 도입 노트로 적절하지도 않다.[1] 그러나 이 책의 일반적 배경을 제공하는 것은 독자들에게 유익할 수 있을 것이다.

야콥슨에게 언어는 기호* 체계들의 위계를 가진 체계이다. 그 목적은 대인(개인내적에 의한) 의사소통이다. 이 관점에서 체계는 본질적으로, 필수적으로 관계적이다. 그래서 임의의 기호(signum)는 기표(signans)와 기의(signatum) 사이의 내적 관계 뿐만 아니라 다른 기호들과의 관계에 의해 정의되고 발생한다. 한 기호는 기표(signans: 인식적 측면)와 기의(signatum: 개념적 측면)의 조합이다. 언어에서 임의의 기표는 기호의 일부이고 기의와 상관된다. 이 기의는 변별적 자질이나 음소의 경우처럼 "단순 다름성(mere otherness)" 또는 하나의 순수한 "의의 차별(sense-descrimina-

---

* 기호학과 관련한 다양한 용어들이 여기 서문과 본 역서에서 사용된다. 해당 용어들의 일관성을 위해 다음과 같이 번역하고자 한다. Signum - 기호, signans - 기표, signatum - 기의, signata - 의미, signantia - 소리. 이와 관련된 인용문을 여기에 소개한다.
Jakobson described encoding as a transformation of meanings (signata) into sounds (signantia)(1961: 575).
Jakobson (cf. 1965: 345) introduced the Latin translation of these terms, signans and signatum, as the equivalent of Saussure's signifier and signified (with signum as the superordinate term for the whole sign).

tion)"에 해당한다(Jakobson, Fant, & Halle 1952, Jakobson & Halle 1971, Jakobson & Waugh 1979를 보라). 혹은 순전히 의의 차별적인 것이 아닌 다른 기호의 경우처럼 기의가 스스로 의미적이기도 하다. 호는 발화자와 수화자 사이의 정보 소통에 기여하는 정도로 평가된다. 이는 격, 성, 수, 시제, 상 등은 의미를 가지며, 지배와 일치, 기호의 다른 예측적(잉여적) 발생 같은 현상들이 의미를 가진다는 의의에서 그러하며, 예측성은 의미 기호에서 해당 의미를 훔쳐가지 않기 때문이다.

이 책에서 가장 연관성이 높은 기호는 형태소이며, 이는 "자신의 의미를 가지는 가장 작은 언어 단위"이다(Jakobson 1971b: 104). 하지만 분절적 범주(periphrastic categories)에 대해서도 관심을 기울이고 있다. 게다가, 여기서 관심이 집중된 형태소들은 본질적으로 문법적(혹은 어형변화적)이다. 야콥슨에게 문법은 필수적 기술(ars obligatoria)의 영역이다. 문법 범주는 형태론적이거나* 통사적이거나 주어진 언어에서 문법적(의미있는) 발화의 구문에 필수적인 것이다. 문법적 의미는 화자에 의해 필수적으로 전달되는 것이다. 그래서 러시아어는 한정 동사에서 시제의 문법 범주는 필수적으로 전달되고, 화자에게 과거와 비과거 시제 사이의 선택을 제공한다. 어휘 범주는 화자가 해당 어휘 의미의 전달 여부를 선택한다는 의의에서 선택적이다. 언어 간 차이는 전달될 수 있는 것이 아니라 전달되어야만 하는 것에 존재하며, 이는 주어진 개념이 문법화되었는가의 여부이다(Jakobson 1971b: 489-96의 "보아스의 문법적 의미에 대한 견해"를 보라). 예를 들어, 러시아어의 문법 범주는 동사의 시제, 상과 양상을, 그리고 명사의 격과 성, 수를 포함한다. 이러한 문법 범주는 대부분 형태론

---

*   원서의 문장은 다음과 같다. …categories, whether morphological of syntactic, are… 그러나 맥락 상 of가 아니고 or로 생각된다.

적 성격을 가지지만, 일부는 분절적 범주(예: 러시아어의 '미래/불완료상' 시제/상)로 나타나며, 어휘 및 통사 체계와 부분적으로 연관되어 있다. 이것은 슬라브어의 독특한 중요함으로 간주되는 문법 범주와 관련된다. 잘 정의된 문법적 형태론은 야콥슨의 방법론을 검증하기 위한 이상적인 실험 기반을 제공한다.

　그의 음운론 연구와 마찬가지로 야콥슨의 문법적-형태론 연구는 형태론의 상대적 자율성과 내재적 구조를 강조하는데 이는 그 형식적 구성과 의미적 도입(semantic import) 모두를 통해 드러난다. 이것들은 한편으로 형태론과 음운론의 연계, 다른 한편으로 단어-구조, 통사, 담화와 연계를 강조한다. 초점은 형태론적 구조의 체계적이고 조직적인 본질에 있다. 이런 의미에서 형태론적 범주는 본질적으로 관계적이고, 그래서 상호의존성 측면에서 분석된다. 더욱이, 형태소는 기호이므로 기표나 기의 혹은 상관된 둘 모두가 강조될 수 있다. 형태소의 기표 측면 연구는 숙고되는 특정 형태소와 연합되는 의미(signata)를 고려하면서 음운론과 형태론을 교착시키는 데에 초점을 둔다. 분석의 이런 유형은 여기서 '형태음운론(morphophonology)' 혹은 '형태음소론(morphophonemics)', '문법적 과정(grammatical processes)'(여기서 논의되는 형태소 대부분이 본질적으로 문법적이기 때문에)으로 불린다. 해당 형태소의 기의 연구는 의미적 분석의 영역 혹은 '의미(meaning)' (특히, 일반 의미(general meaning)) 혹은 '문법적 개념'의 분석 영역으로 들어간다. 게다가 의미는 그 형태적 매개체와 관련되어 일관되게 분석되고, 비슷하게 형태는 그 의미-함유 기능과 관계된다.

　이 형태론적 기호의 기표 구성은 음운론적 체계와 긴밀하게 상관된다.[2] 이것은 일련의 변별적 자질로 특징지울 수 있으며, 자질은 의의 차별적 기호이고 이 기호는 '단순 다름성'을 기의로 보여준다. 이것들은 순전히 구분적 표지(differential marks)이다. 특징적으로, 이 변별적 자질은 완전한 음소와 불완전한(혹은 중화된) 음소로 결합되거나 뭉치게 된다. 주어진 언어의 형태론적 패턴에 내재한 것은 이 변별적 자질들이거나 그 결합이다.[3] 변별적 자질은 본질적으로 지각-음향적(perceptuo-acoustic)이고, 두 극 사이의 대립으로 특징지워지는데, 하나는 유표적(marked: 더 초점받고 더 많은 정보를 가지는)이고, 다른 것은 무표적(덜 초점받는)이다. 이들은 또한 관계적으로 불변적이다. 불변적이라는 것은 자질의 한 주어진 극이 다양한 맥락적 변이형이 있을 수 있음에도 불구하고 일정한 지각-음향적 특성을 보여준다는 의의를 갖는다. 또한 관계적이라는 것은 그 일정한 특성이 오직 그 대립의 관계 속에서만 정의되며, 절대적 용어로 정의되지 않는다는 의미이다. 변별적 자질(의의-차별적 기호)은 자질의 다른 유형과 구분된다. 이것들은 잉여 자질과 구성 자질, 감정-문체적 자질, 인상적 자질을 포함한다. 잉여 자질은 변별적 자질을 강화하고 향상시키며, 구성적 자질은 형태소, 단어, 구 같은 문법적 단위를 통합하거나 제한하는 기능을 하며, 감정적-문체적 자질은 화자의 태도를 알려주거나 단어가 자신이 사용된 곳에서 가지는 특별한 위상을 지시하며, 인상적 자질은 화자를 다양한 방식으로 구분한다.[4] 잉여적, 구성적, 감정-문체적, 인상적 자질은 그것들이 가지는 정보의 측면에서 중요하며, 여기서 분석되는 다양한 문법적-형태론 범주의 소리를 만든다는 점에서 가장 중요한 것은 변별적 자질이다.

  소리는 독립적으로 존재하는 것이 아니라 특정 의미와 연관되어 있다. 형태와 의미 사이의 관계를 더 상술하기 위해 야콥슨은 문법적 의미의 문법적 형태와 체계 사이의 본질적이고 체계적인 연결이 있다고 주장한다(cf., "The Phonemic and Grammatical Aspects of Language in their Interrelations", in Jakobson 1971 b: 103-114). 그래서 주요 사실은 형태가 없는 의미는 없으며(의미는 추상 범주가 아니다), 그리고 의미 없는 형태도 없다(형태는 의미가 전달되는 수단이고, 형태는 화자에서 수신자로 전달될 수 있다)는 것이다. 언어의 구조는 본질적으로 관계적이기 때문에, 영(zero: 임의의 특정 음성 자료의 부재)은 만약 그것이 기의와 연결되고, 그것이 비-영(non-zero)과 관계된다면, 그 자체로 하나의 형태가 될 수 있다. 그래서 영어의 명사 단수(예: cat)는 일반적으로 영으로 표시된다. 그러나 이는 기의('단수')에 연결되고 비-영 기표(예: cats 아니면 더 특정하게 -s, '복수')와 관계된다. 더욱이, 의미 차이를 전달하기 위해 형태에서 차이가 존재한다. 그래서 원칙적으로 형태에서 차이는 의미에서 차이를 신호하고 전체적인 동의성은 불가능하다. 몇몇 경우에 두 기호가 동일한 기표를 가질 수 있다(동음이의성). 그런 경우, 형태는 의미에서 차이를 신호하지 않을 수 있다. 그러나 동음이의성(예: 격 통합(case syncretisms))은 어떤 예상되는 의미 차이의 부재를 신호할 수 있기에 의미적 상관관계와 통합(coalescences)의 힌트로 보아야 한다. 게다가, 기표와 기의 사이의 관계는 반드시 임의적이지는 않으며 실제로 형태 내에서 의미를 도상적으로 표현한 경우도 있다(도상(icon)은 특히 C. S. Peirce의 연구에서 정의된다). 따라서 (명사 또는 동사의) 복수는 형태의 증가된 길이에 의해 수의 증가 의미를 반영하는 경향이 있다("언어의 본질에 대한 탐구" in Jakobson 1971b: 345-359, 특히 p. 352를 보라). 일반적으로 다음과 같이 말할 수 있다: 형태는 의미 차이와 심지어 의미 구조에 대한 단서이며, 따라서 의미 분석을 수행할 때 진지하게 고려해야 한다.

여기에 제시된 논문에서는 언어의 상호 관련된 의미적, 형태적 측면은 모두 논의하며, 이는 본질적으로 야콥슨과 연관된다. 이것의 유일한 예외는 2장 "러시아어 활용"이며, 이는 표준 러시아어의 활용 패턴의 순전히 형태적 분석을 위한 공시적 규칙의 엄격한 체계를 자세하게 기술한다. 형태적 측면에 대한 이 독점적 초점은 2장을 이 책의 다른 연구와 정신적으로 좀 다르게 만든다(참조, Matejka 1975). 그러나 여기에서 슬라브어 자료에 대한 최초의 상술을 볼 수 있고, 기저형(underlying form), 축약 대 완전 어간(truncated vs. full stem), 주어진 동사의 다양한 교체자를 기술하는 규칙 등의 개념을 엄격한 방식으로 사용하는 것을 볼 수 있다. 더욱이 이 논문은 생성 음운론의 발전에 막대한 영향을 미쳤다(예를 들어, Halle 1959 및 Chomsky & Halle 1968을 보라).

형태소의 기표 측면 분석이 음운론적 체계의 특정 특성에 기반할 때, 형태소의 기의 측면 분석은 임의의 의미에 관련되는 의미 분석의 특정 원칙에 기초한다. 따라서 야콥슨에게 의미는 언어 개념적이고 언어외적 대상과 무관하다. 언어적이라는 것은 의미가 본질적으로 관계적이고 체계적이며, 이는 임의의 한 범주의 의미가 긴밀하게 관계된 모든 다른 범주들과 상관되어 분석되기 때문이다. 문법 범주에 가장 중요하며, 문법적 의미에 필수적으로 존재하는 것처럼 보이는 관계는 대립의 관계이다. 대립은 대립쌍 하나는 유표적(의미가 더 제한적)이고 다른 하나는 무표적(의미가 덜 제한적)인 두 극 사이의 상호 함축의 이항 관계이다. 이 대립과, 특히 유표적 용어와 연합되는 특정 의미(문법) 개념은 의미 자질로 부를 수 있다(참고. 음운론적 분석에서 변별적 자질). 주어진 문법 범주의 전체적인 의미 개념은 하나 혹은 그 이상의 그러한 대립과 연합될 수 있다. 예를 들어, 러시아어의 여격은 방향성과 주변성의 의미 자질이라는 유표적 극과 연관된다. 그래서 여격의 의미는 이 두 표지의 묶음이라 할 수 있다.

게다가 어떤 범주의 의미는 일반 의미와 맥락적 의미 사이의 이율 배반으로 보일 수 있다. 일반 의미는 관계적 불변소(relational invariant)로도 불리며, 기호가 다양한 맥락에서 해석되고, 그래서 어떤 특정 맥락화보다 더 추상적이고, 더 일반적인 것처럼, 기호작용(signification)의 공통 분모이며, 그리고 맥락적 의미는 주어진 맥락에서 발생하는 더 특정적 변이형이다. 맥락적 변이형은 기본 의미(basic meaning)와 다양한 특정 의미들로 계층화되며, 기본 의미는 맥락에 가장 덜 의존적이고 대립의 본질에 가장 가까운 의미를 말한다. 반면, 특정 의미들 중 일부는 빈번히 나타날 수 있고, 다른 일부는 더 주변적인 의미를 가진다. 모든 종류의 일반 의미와 맥락 의미는 코드 혹은 소쉬르의 용어로 랑그에 속한다. 게다가 일반 의미는 예를 들어 대립 구조에 기반한다는 점에서 본질적으로 더 계열적(paradigmatic)이며, 특정 맥락적 의미는 (통합적) 맥락의 다른 측면과의 관계에 의존적이라는 점에서 그 모든 복잡함 속에서 통합 축(syntagmatic axis)에 속한다.

3. 이 책은 다양한 분야 – 언어학, 슬라브학, 기호학, 시학, 문학 연구라는 다양한 학문의 다양한 학자들중 특히 문법적 분석에 관심있는 학자들이 관심을 가질 만한 책이어야 한다. 예를 들어, 초점이 특정 러시아어 문법 범주의 분석이든, 아니면 임의의 언어에서 문법 범주 분석에 있든, 의미 분석의 문제, 특히 문법적(어형 변화) 형태론과 관련된 특정 의미 체계의 특성에 관심을 가진 이들에게 체계적이고 깊이있는 결론을 제시한다. 실제로, 이 책에는 문법 체계의 의미적 속성을 정의하려는 최초의 시도 중 일부가 포함되어 있다. 또한, 음운론과 형태론 간의 상호 관계, 특히 음운론적 체계를 형태론적 관계를 구축하는 데 사용하는 방법에 대한 문제가 이 책에서 처음으로 체계적이고 상세하게 다루어졌으며(특히 러시

아어의 경우), 이는 형태론적 분석에서 영(zero)의 위치나 언어의 도상적(iconic)이고 비자의적(non-arbitrary)인 측면과 같은 중요한 이슈에 대한 일반적 논의로 이어진다.

많은 논의가 러시아어에 집중되지만, 슬라브어 자료를 넘어서는 모델을 제공한다. 야콥슨의 글은 항상 분류학과 보편소의 문제를 다루며, 멜축(Mel'čuk 1977)이 지적한 것처럼, 5장에서 제공된 도식(schema)과 이중 구조의 전환사 특징 기술, 발화 사건과 발화된 사건[5]의 상관 관계는 모든 동사 체계의 분석에도 관련될 수 있다.

여기에 수록된 연구들은 언어학 연구뿐만 아니라 기호학, 특히 시학 분석에도 중요한 가치를 지닌다.[6] 여기서 우리는 문법의 시(poetry of grammar)를 위한 분석적 기반을 발견할 수 있다. 이는 야콥슨이 자신의 시학 분석의 특성을 구축하는 데 기반이 된 구체적 연구들이다. 실제로, 5장과 언뜻 관련이 없어 보이는 논문인 "언어학과 시학"("Linguistics and Poetics", in Jakobson 1981: 18-51)에서 발화 사건에 대한 논의가 이루어졌는데, 이는 야콥슨의 연구가 통합적이고, 그에게 있어 언어와 시의 연구가 분리될 수 없음을 보여주는 대표적인 사례이다.

야콥슨은 여기서 연구 대상인 특정 러시아어(와 슬라브어) 자료를 넘어서는 분석 모델을 제시하였다. 실제로 그는 시대를 훨씬 앞선 독창적 방식으로 현재 언어학 논쟁에서 중요한 화두가 되고 있는 언어학 이론의 핵심 문제들에 대한 해답을 제시하였다. 이러한 고전적 연구의 영어 번역은 야콥슨 사상의 깊은 독창성과 선구적인 면모를 더 널리 알릴 수 있게 하였으며, 그의 연구가 지닌 보편적 중요성을 더욱 부각시킨다.

참고문헌

Armstrong, Daniel & C.H. van Schooneveld - 1977 - Roman Jakobson: Echoes of His Scholarship- Lisse: Peter de Ridder Press.
Chomsky, Noam & Morris Halle - 1968 - The Sound Pattern of English - N.Y.: Harper & Row.
Halle, Morris - 1959 - The Sound Pattern of Russian: a Linguistic and Acoustical Investigation -The Hague: Mouton.
Holenstein, Elmar - 1976 - Roman Jakobson's Approach to Language - Bloomington, Ind.: Indiana University Press.
Jakobson, Roman - 1971a - Selected Writings I: Phonological Studies • The Hague: Mouton.
_____,1971b - Selected Writings II: Word and Language - The Hague: Mouton.
_____,1981 - Selected Writings III: Poetry of Grammar and Grammar of Poetry (ed. by Stephen Rudy) -The Hague: Mouton.
_____,1984 - Selected Writings VII: Contributions to Comparative Mythology. Recent Studies in Linguistics and Philology. Retrospections. Bibliography (ed. by Stephen Rudy) Berlin·N.Y.: Mouton.
Jakobson, Roman, Gunnar Fant, & Morris Halle - 1952 - Preliminaries to Speech Analysis - Cambridge, Mass.: MIT Press.
Jakobson, Roman & Morris Halle - 1971 - Fundamentals of Language - The Hague: Mouton (second edition; first edition: 1956).
Jakobson, Roman & Linda R. Waugh - 1979 - The Sound Shape of Language - Bloomington, Ind.: Indiana University Press.
Matejka, Ladislav - 1975 - "Crossroads of Sound and Meaning", International Journal of Slavic Linguistics and Poetics 20: 93-120.
Mel'čuk, Igor - 1977 - "Three Main Features, Seven Basic Principles, and Eleven Most Important Results of Roman Jakobson's Grammatical Research" (Russian original in Armstrong & van Schooneveld 1977; English translation in Roman Jakobson - Verbal Sign, Verbal Art, Verbal Time - Minneapolis, Minn.: University of Minnesota Press).
van Schooneveld, C. H. - 1977 - "By Way of Introduction: Roman Jakobson's Tenets and their Potential", in Armstrong & van Schooneveld l 977: 1-12.
Waugh, Linda R. - 1976 - Roman Jakobson's Science of Language - Lisse: Peter de Ridder Press.

미주

1. 더 자세한 논의는 Holenstein 1976, Waugh 1976 및 이 서문의 끝에 있는 참고문헌에 나열된 기타 연구를 참조하라. 그리고 야콥슨의 문법 연구에 대한 추가 논의는 Matejka 1975를 참조하라.
2. 음운론에 대한 논의는 Jakobson, Fant, & Halle 1952, Jakobson & Halle 1971, Jakobson & Waugh 1979를 보라.
3. 러시아어의 변별적 특징에 대한 분석은 Jakobson, Cherry, and Halle, "Toward the Logical Description of Languages in their Phonemic Aspect", in Jakobson 1971a: 449-463를 보라.
4. 부록을 포함해서 Jakobson, Fant, & Halle 1952, Jakobson & Halle 1971, Jakobson & Waugh 1979를 참조하라.
5. 발화 사건과 그에 기반한 언어의 6 기능에 대한 자세한 논의는 Jakobson 1981: 18-51의 "Linguistics and Poetics"를 보라.
6. 다른 곳에서 야콥슨(Jakobson 1981)은 시의 문법과 문법의 시 이론에 대해 개괄하였고, 시의 문법을 다양한 언어의 다양한 시 분석을 통해 예시하였다.

제1장

러시아어 동사의 구조(Structure of the Russian Verb)*

I

음운적 상관 관계의 본질적인 속성 중 하나는 상관 쌍의 두 구성원이 동등하지 않다는 사실이다. 한 구성원은 문제의 표지를 보유하고, 다른 하나는 그렇지 않다. 전자는 유표적(marked)으로, 후자는 무표적(unmarked)이라고 지정된다(TCLP IV, 97의 N. Trubetzkoy를 보라). **형태적 상관 관계(morphological correlation)**는 동일한 정의에 기초하여 특징지어질 수 있다. 해당 언어에서 특정 형태론적 범주의 의미에 대한 문제는 종종 언어학자의 의견과 의심에서 지속적인 차이를 불러일으킨다. 이러한 동요(動搖)의 다중성(multiplicity)을 어떻게 설명할 수 있나? 언어학자는 상호 대립되는 두 형태론적 범주를 조사할 때 종종 양 범주가 동일한 가치를 가져야 하며, 각각은 자신만의 긍정적인 의미를 가져야 한다는 가정에서 출발한다. 예를 들면, 범주I은 A를 의미한다면, 범주 II는 B를 의미해야 한다. 또는 적어도 I이 A를 의미한다면, II는 A의 부재 또는 부정을 의미해야 한다. 실제로 상관 범주의 **일반 의미(general meanings)**는 다른 방식으로 분포된다. 만약 범주 I이 A의 존재를 알린다면, 범주 II는 A의 존재를 알리지 않는다. 즉, A의 존재 여부를 기술하지 않는다. 유표적 범주 I과 비교하여 무표적 범주 II의 일반 의미는 "A-표지화(A-signalization)"의 결여로 제한된다.

특정 맥락에서 범주 II가 실제로 A의 부재를 선언할 때 이것은 해당 범주의 적용 중 하나를 반영할 뿐이다. 여기서 의미는 상황에 의해 조건 지어지고, 이것이 이 범주의 가장 현저한 기능이라고 하더라도, 언어학자는 범주의 통계적으로 우세한 의미를 일반 의미와 동일시해서는 안 된다. 그러한 동일시는 **치환**(transposition)의 개념을 오용하게 된다. 범주의 치환은 의미의 전이(transference)가 지각된 경우에만 발생한다. (여기서 나는 공시적 언어학의 관점에서만 치환을 고려한다). 러시아어 단어 oslíca '암컷 당나귀'는 그 동물의 여성 성별을 가리킨다. 반면에 osël '당나귀'라는 단어의 일반 의미는 동물의 성별에 대한 표시를 담고 있지 않다. 내가 osël 이라고 말하면 나는 수컷 또는 암컷을 어떻게 할 지 결정을 내리지 않고 있다는 것이지만, èto oslíca? '이것이 암컷 당나귀입니까?'라는 질문을 받는다면, 나는 nét, osël '아니요, 수컷 당나귀입니다'라고 대답할 것이다. 그래서 이 경우 남성의 성별이 표시되고, 이 단어는 제한적 의미로 사용된다고 할 것이다. 그러나 osël이라는 단어의 성별 구분 없는 의미를 확장된 의미로 해석해야 하지 않을까? 아니다, 이 경우 비유적 의미에 대한 인식이 없기에, 같은 방식으로 továrišč Nína '니나 동지' 또는 èta dévuška - egó stáryj drúg* '이 여자는 그의 오랜 친구이다'도 은유가 아니다. 예를 들어, 의미의 전이가 공손한 복수 형태나 1인칭 복수를 2인칭

---

* 친구 역시 남성형으로 총칭의 기능 역시 수행한다. 남성형이 디폴트로 총칭의 기능을 수행하는 것에 대한 언급이다.

단수의 의미로 사용하는 역설적 사용에서 나타난다. 마찬가지로 dúra '어리석은 여자'라는 단어는 남자를 지칭할 때 감정적 색채를 고조시키는 은유로 인식된다.

이전 세기 중반의 러시아 언어학자들은 범주의 일반 의미와 맥락적 의미(occasional meaning)사이의 본질적 구분을 올바르게 평가했다. 악사코프(K. Aksakov)는 한편으로 문법적 형태를 통해 표현된 개념과 다른 한편으로 사용의 문제로서 파생된 개념을 엄격하게 구분했다(Sočinenija filologičeskie, I 1875, 414 ff.). 마찬가지로 네크라소프(N. Nekrasov)는 "사용이라는 구성에서 기본 의미(basic meanings)는 다수의 개별 의미로 나뉘고, 이는 전체 발화 상황의 의미와 어조에 의존적이다"라고 가르친다. 따라서 그는 한 형태의 일반적인 문법적 의미와 맥락에서 얻을 수 있는 일시적인 부분적 의미를 구분한다. 그는 형태와 의미 사이의 연결을 첫 번째 경우에 실제적인 것으로, 두 번째 경우는 가능한 것으로 정의한다. 문법은 언어에서 하나의 가능한 연결의 값만 갖는 것을 실제 연결로 해석하기 때문에 결과적으로 엄청난 수의 예외가 있는 구성 규칙을 갖게 된다(O značenii russkogo glagola, 1865, esp. 94 ff., 115 ff., 307 ff.).[1] 추가 인용문에서 다음과 같은 내용이 나타난다. 이미 악사코프와 네크라소프, 그리고 더 이전의 보스토꼬프(A. Vostokov) (Russkaja grammatika, 1831)는 특정 러시아어 형태론적 범주의 기본 의미에 대한 연구에서 한 범주가 특정 표지를 보여주고 이 표지가 다른 범주에서 보이지 않는다는 것을 반복적으로 입증했다. 이러한 관찰은 이후의 러시아 언어학 문헌, 특히 포르투나토프(F. Fortunatov: "O russkix zalogax", Izvestija Otd. rus. jaz. i slov. AN, 1899), 샤흐마토프(A. Šaxmatov: Sintaksis russkogo jazyka, vol. II, 1927), 페슈코프스키(A. Peskovskij:

Russkij sintaksis, 1914년 초판과 완전히 개정된 1928년 3판), 카르체프스키(S. Karcevskij: Système du verbe ruse, 1927)에서 반복된다. 그리고 샤흐마토프는 다양한 동사 범주 사이의 대립을 특정 수반 개념에 의해 발생하는 복잡성(obosložnenie)으로 다루며(§ 523); 페슈코프스키는 "영 범주(zero category)"를 대립하는 범주들과 비교의 결과로 보고, "의미의 결여가 자신의 고유한 의미를 구성한다" 그리고 "우리의 언어는 그러한 영 범주로 가득 차 있다"고 이야기한다(III, 31). 이 "영 범주"는 기본적으로 무표적 범주에 상응한다. 이러한 관계에서 영 값 혹은 부정 값 또한 카르체프스키에 의해 활용되는데, 그는 이미 문법적 범주 사이의 대립이 이분법적이라는 충격적 언급을 하고 있다(18, 22 ff.).

이와 같이 형태론적 상관 관계와 언어에서 그 관계의 범위가 인정되었지만, 그럼에도 불구하고 대부분의 경우 실제 문법적 기술에서 일시적이고 이차적 개념으로 남아 있다. 이제 다음 단계로 나아가야 한다. 형태론적 상관 관계의 개념은 트루베츠코이(Trubetzkoy)의 음운론적 상관 관계 개념에 따라 문법 체계의 분석을 위한 기반이 된다. 이 개념의 관점에서 이제 우리가, 예를 들어, 러시아어 동사의 체계를 고려한다면, 몇 가지 상관 관계로 구성된 체계로 거슬러 올라갈 수 있다. 이러한 상관 관계의 확립은 다음 설명의 주제이다. 우리는 전통적 문법 용어들의 부정확성을 알고 있지만 대부분 그 용어로 작업할 것이다.

II

동사의 계층(classes of the verb)은 두 "상적(aspect) 상관 관계"와 두 "태(voice) 상관 관계"에 의해 형성된다.

일반적인 **상적 상관 관계**는 "완료상"(유표적) ~ "불완료상"(무표적)이다. 불완료상의 무표적 특성은 분명히 일반적으로 인식된다. 샤흐마토프에 따르면 "불완료상은 습관적이고 한정되지 않은 행동을 의미한다"(§540). 이미 보스토코프는 다음과 같이 쓰고 있다: "완료상은 이미 시작되거나 종료된 특징을 가진 행위를 나타내는" 반면, 불완료상은 "시작이나 완수를 특정하지 않은 행위를 보여준다"(§59). 더 정확한 정의는 불완료상과 반대로 완료상은 행위의 절대적 한계(absolute limit of action)를 나타낸다. 우리는 "절대적"이라는 점을 강조하며, 이는 반복적 행위의 반복되는 시작이나 완료를 지시하는 동사가 불완료상으로 남아 있기 때문이다 (zaxážival '그가 들르곤 했다').[2] 행위의 비확장(non-extension of action)을 의미하는 것으로 완료상의 기능을 제한하는 언어학자들의 정의는 너무 협소한 견해로 보인다. 다음과 같은 완료상과 비교하라: ponastróit' '(여기 저기에) 건축을 좀 하다', povytálkivat' '(사람들을) 좀 밀어내기 하다', nagulját'sja '충분히 걷다'. 이 동사들에서 행위의 완수가 나타나지만 그 "순간성(punctual)" 혹은 "단기 지속성"의 특징 발생은 언급하지 않는다.

불완료상에는 추가적인 상적 상관 관계, 즉 "반복적(iterative)"이라는 것이 존재한다. 이는 행위가 반복되거나 여러 번 발생함을 나타내는 유표적 형태와 그러한 특징이 없는 형태 간의 상관 관계를 나타낸다. 일반적인 상적 상관 관계는 모든 활용(conjugation) 형태에 적용되지만, 이러한 이차적 상관 관계는 오직 과거 시제(preterite)에만 해당된다.

III

일반적인 **태 상관 관계**는 행위의 자동성을 나타내는 형태(유표적)와 그러한 표시가 없는 형태, 즉 단어의 광범위한 의미에서의 "능동태" 간의 관계를 말한다. 능동태를 무표적 범주로 해석하는 것은 사실 포르투나토프 (1153 ff.)가 이미 제시했다.

방금 언급된 이 상관 관계의 유표적 범주는 추가적인 상관 관계를 포함하며, 이는 "수동태"(유표적)와 "재귀태" 간의 관계로 나타난다. 수동태는 행위가 주체에 의해 야기된 것이 아니라 외부로부터 주체에 영향을 미친다는 것을 나타낸다. 다음 구 dévuški, prodaváemye na nevól'nič'em rynke '노예 시장에서 팔리는 소녀들'에서 형동사는 "수동성"을 의미하지만, 만약 그것을 prodajúščiesja '(그것은) 팔리고 있는/ 스스로를 파는'의 형태로 교체한다면, 수동성은 맥락에 의해서만 주어지고, 그 형태는 단지 비타동성(non-transitivity)을 지시한다. 예를 들어, dévuški, prodajúščiesja za kusók xléba '빵 한 조각에 자신을 파는 소녀들'이라는 구에서 수동의 의미는 맥락이 그것을 제안하지 않기 때문에 완전히 부재한다. 태의 일반적 상관 관계는 모든 활용 형태를 포함하는 반면에, 이 추가적 상관 관계는 오직 형동사에만 영향을 준다. 언어학 문헌에서 소위 "communia" 또는 "reflexiva tantum" (bojátʹsja '두려워하다' 등)의 범주가 이 체계에 통합되어야 하는지에 대한 의구심이 발생하였다. 태의 일반적 상관 관계의 관점에서 그것들은 짝을 이루지 않은 유표적 형태이다.

IV

활용 체계(conjugational system). 나는 "복합(compounded)" 형태를 제외하는데, 이는 그것들이 형태론적 동사 체계 밖에 있기 때문이다.

"미정형(infinitive)"은 카르쳅스키에 의해 동사의 영 형태로 특징 지어졌는데, 미정형의 "통사적" 값과 관련하여, 그것이 "어떤 결합 관계 (syntagmatic relation) 밖에 있는 과정의 표현"과 관련이 있기 때문이다 (18, 158). 나머지 동사 형태는 결합 관계의 존재를 나타내며 따라서, 미정형에 대립되는, 상관 관계에서 유표적 구성원으로 기능한다.

다시 한번, 이 유표적 범주는 두 상관된 일련의 그룹으로 나뉜다:

"형동사(participles)"(유표적) ~ "한정" 형태(finite forms). 샤흐마토프는 형동사를 한정 형태와 비교하여, 속성 개념(a conception of attributes, § 536)에 의한 "복잡한" 범주로 설명한다. 따라서 여기서 "형용사성 (adjectivity)"의 의미는 해당 상관 관계의 유표적 자질로 기능하지만, 다른 한편으로, 형동사는 형용사와 관련하여 "동사성(verbality)"을 의미하는 유표적 범주를 형성한다.

V

한정 형태는 임의로 "양상 상관 관계(modality correlation)"를 처리할 수 있다. 직설법(indicative)은 이미 여러 번 부정 혹은 영 법(negative or zero mood)으로 정의되었다. "주격이 인과성이라는 그림자 없이 단순히 한 대상을 가리키는 것처럼, 이것은 특정 양상의 그림자로 인해 복잡해지지 않는 단순히 하나의 행위이다"(Peškovskij, I, 126; cf. Karcevskij, 141). 무표적 직설법에 대조적인 것은 행위의 수의(隨意)적 영향을 나타내는 화법이다("modalité d'acte Arbitaire", Karcevskij, 139 ff.를 보라). 이 상관 관계의 표지는 정확하게 이 표시에 있다. 이 화법에 의해 표현되는 행위는 수의적으로 주체에 귀속될 수 있고(pridí ón, vsë by uládilos' '만약 그가 왔다면, 모든 것이 해결되었을텐데'), 주체에 수의적으로 부과될 수도 있으며(vsé govorját, a my molčí '모두 떠들지만, 우리는 조용히 해야 한다'), 마지막으로 주체 쪽의 수의적이고 갑작스러우며, 동기부여되지 않은 행위를 표상할 수도 있다("nečájanno zagljaní k nemú smért' i podkosí emú nógi" '죽음이 우연히 그에게 들렀고, (낫으로 한 것처럼) 다리를 잘라 버렸다'). 마지막 유형의 구절에서 네크라소프는 "행위의 독립적인 자발성("samoličnost' dejstvija")"의 표현을 보았는데, 이는 이 학자의 질문에서 범주의 일반 특성과 완전히 일치하는 것이다. "이러한 범주에서 행위와 행위하는 사람 사이에는 실제 연결이 없다… 이 경우 화자는, 말하자면 행위를 지배한다"(105 ff.).

VI

직설법은 "시제 상관 관계(tense correlation)"를 갖는다: "과거"(preterite: 유표적) ~ "현재". 과거는 행위가 과거에 속함을 나타내는 반면, 현재 자체는 시간에 대해 불확정적이며 전형적으로 무표적 범주를 형성한다. 악사코프(Aksakov, 412 ff.)가 제안하고 네크라소프(306 ff.)가 더 발전시킨 러시아어 과거(단순 과거preterite)의 해석은 주목할 가치가 있다. 이 형태는 특정 시간이 아니라 주체와 행위의 직접적 관계를 끊는 것을 유일하게 표현한다. 적절하게 말하자면 그 행위는 행위로서의 특성을 잃고 단순히 주체의 변별적 특징이 된다는 것이다.

현재 시제는 "인칭의 두 상관 관계(two correlations of person)"로 제공된다.

1. 인칭 형태(유표적) ~ 무인칭 형태. 소위 "3인칭" 형태는 문법적 무인칭 형태로 기능하며, 그 자체로 주어에 대한 행위의 관계를 나타내지 않는

다. 이 형식은 주어가 주어졌거나 적어도 암시된 경우에만 의미적으로 인칭(personal)이 된다. 여기에 언급된 상관 관계의 관점에서, 소위 무인칭 형태는 짝을 이루지 않은 무표적 형태이다.

2. 인칭 형태는 다음의 상관 관계를 임의로 처리한다: "일인칭" 형태(유표적) ~ 행위의 화자에 대한 관계를 나타내지 않는 형태. 이 형태는 그 무표적 범주로 기능하는 소위 "이인칭" 형태이다. 러시아어 이인칭 형태의 **일반 의미(general meaning)**를 페슈코프스키는 "일반 인칭(generalized-personal)"으로 적절하게 특징지었다(III, 429 ff.). 맥락은 이 형태가 특정 시점에 어떤 사람을 지시하는지 결정한다. 불특정 사람을 지시하는지(umrëš', poxorónjat '사람은 죽고, 매장한다') 혹은 화자를 지시하는지(vyp'eš byválo '당신은 가끔 술을 마십니다'), 혹은 말을 듣고 있는 실제 사람을 지시할 수 있다. 확실히 이 형태는 마지막에 언급된 의미로 주로 사용된다. 그럼에도 불구하고 이것은 그 부분 의미 중 하나일 뿐이며, 한 형태의 일반 의미를 결정하는데 있어 통계적 기준을 적용할 수 없다. 일반 의미와 보통 의미(usual meanings)는 동의어가 아니다. 더욱이 러시아어에서 일반화 역할의 이인칭 형태는 "보통의 인칭 문장을 희생하여 점점 더" 확장되고 있다. 일인칭 형태의 일반화 사용에 관해서도 표현의 비유적 본질을 인식할 수 있다(pars pro toto˚).

현재와 과거 시제 모두 "수 상관 관계(number correlation)"를 갖는다: "복수형"(유표적) ~ "단수형". 이 무표적 범주의 일반 의미는 복수성이 나타나지 않는다는 사실로 제한된다. 이것은 악사코프에 의해 이미 인식되

˚ 라틴어로 전체에 대한 부분의 의미를 가지며, 대상, 장소, 개념의 일부의 이름을 사용하여 전체를 표상하는 것을 말한다. 위키피디아 설명 참고: https://en.wikipedia.org/wiki/Pars_pro_toto

었다: "단수는 더 일반적이고 더 부정적(不定的: indeterminate)이다. 즉, 더 총칭적(generic) 특성을 가진다. 그래서 이것은 다른 관계로 더 쉽게 옮겨질 수 있는 반면, 복수형은 더 특정적인 성격을 띤다"(569). 그러나 우리가 언급한 다른 모든 동사 상관 관계에 대조적으로, 직설법의 수 상관 관계는 형동사와 더불어 외적으로 특정된다: 이것은 독립적 상관 관계가 아니라 일치의 상관 관계이며, 그 이유는 주어의 문법적 수를 재생산하기 때문이다.

과거 단수형을 특징짓는 "성(gender) 상관 관계"도 모두 이 일치의 상관 관계에 속한다.

1. "중성은 남성도 여성도 아닌 부정(否定: negative)인 것을 의미한다"(Peskovskij, I, 126), 즉, 성별과 어떤 연결도 없다는 것을 의미한다. 중성 명사는 이런 식으로 비중성 명사(non-neuter nouns)에 대립하는 유표적 범주를 형성하고 이 비중성 명사는 성별을 의미할 수 있고 어떠한 "비성별성(asexuality)"을 나타내지 않는 것이다.
2. 비중성 명사는 두 개의 상관 관계 그룹으로 나뉜다. 여성 명사는 유표적 범주를 형성하는 반면 남성의 성(gender)은 여성 성의 의미가 나타나지 않는다고 말할 뿐이다(위에 제공된 osël, oslíca 등의 예 참조).

VII

직설법과 대조적으로 **수의적 행위의 화법(mood of arbitrary action)**은 어떤 상관 관계도 갖지 않는다. 이는 독립적인 시제나 인칭 상관 관계도 없고 수와 성의 일치 상관 관계도 갖지 않는다.[3] 그러나 이 화법은 "양면적"이다. 한편으로는 다른 모든 동사 범주와 함께 표상적 발화(representational speech)에 속하며, 다른 한편으로는 고유한 "명령"으로서, 뷜러(K. Bühler)의 용어에 따르면 "Auslösungsfunktion"(호소 및 권고의 기능)을 수행한다.

언어 과학은 호격(vocative)이 다른 격과 다른 차원에 있다는 것과 호격으로 호칭(address)하는 것은 문법적 문장의 밖에 있다는 것을 알게 되었다. 진정한 **명령형(imperative)**은 마찬가지로 다른 동사 범주와 분리되어야 한다. 왜냐하면 이것이 호격과 같은 기능을 특징으로 하기 때문이다.[4] 명령형은 통사적으로 술어 형태로 취급되어서는 안 된다. 명령형 문장은 모든 호칭과 마찬가지로, 그리고 나눌 수 없는 "호격의 한 품사 문장(vocative one-part speech)"처럼 완결된 것이다. 심지어 그것들의 억양도 비슷하다. 명령형과 함께 사용되는 인칭 대명사(tý idí '너는 가라')는 주어라기 보다는 그 기능으로 본다면 호칭이다. 명령형은 통사적 뿐만 아니라 형태론적으로, 심지어 음운론적으로 러시아 동사 체계 내에서 분명히 두드러진다.

호격을 순수 어간으로 축소하려는 언어적 경향은 잘 알려져 있다(참조. Obnorskij in ZfslPh. I, 102 ff.). 러시아의 명령에 대해서도 동일한 관찰이 가능하다. 공시적 관점에서 무표적 명령형은 문법적 어미가 없는 현재 시제 어간으로 표상된다.

이 형태의 구조는 다음 원칙에 따라 결정된다.

1. 현재 시제 어간이 두 개의 상관된 음소(강세 및 강세 없는 모음, 구개음과 비구개음) 사이의 교체(alternation)가 있는 경우, 교체의 유표적 구성원이 명령형에 나타난다. 강세가 없는 모음(xlopočí '바쁘게 지내라'), 구개음화된 자음(idí '가라').

2. 현재 시제 어간 끝에 자음 교체가 있는 경우 현재 시제의 2인칭에서 발견된 자음이 명령형(sudí '판단해', prostí '용서해', ljubí '사랑해')에 나타난다. 유일한 예외는 연구개음과 치찰음(sibilant) 사이의 교체이다. 이 경우 명령형은 항상 연구개음을 갖는다(lgí '거짓말해라', pekí '구워라', ljág '누워라').
3. 현재 시제 어간이 j로 끝나고 그것이 비음절적이면 영과 교체되는 e가 j 앞에 삽입된다(šéj '꿰메라').
4. 현재 어간이 자음군으로 끝나거나 접두사가 없는 어간이 강세가 없는 음절로만 구성된 경우 명령형은 삽입 모음(epenthetic vowel) i를 받는다 (sóxni '말려라', ézdi '타고 가라', kolotí '때려라', výgorodi '무죄로 하라')[5]. 유일한 예외는 비생산적인 계층에 속하는 동사(Karcevskij, 48 ff. 참조)에서 비강세의 현재 시제 어간 j가 명령형에서 강세를 받고 삽입 모음 없이 나타난다는 것이다(stój '멈춰라', pój '노래하라', žúj '씹어라', sozdáj '만들어라').

명령형은 다음과 같은 상관 관계에 의해 특징지어진다.
1. "참여 상관 관계(participation correlation)": 화자의 행동 참여 의도를 나타내는 형태(유표적) ~ 그러한 표시가 없는 형태. 유표적 범주의 역할에서 재해석된 1인칭 복수 현재 시제 형태가 사용된다(dvínem ~ dvín' '움직이자' ~ '움직여라').
2. "수 상관 관계(number correlation)": 화자의 의지가 한 명 이상의 개인을 향한다는 것을 나타내는 형태~그러한 표시 없는 형태 (dvín'te '움직여라[복수]' ~ dvín' '움직여라[단수]', dvínemte '움직이자[복수 대화자]' ~ dvínem '움직이자[단수 대화자]'). 수의적 행위의 화법이 호소 기능(appeal

function)에서 복수형을 사용하는 것처럼 표상적 발화(representational speech)에서 동일한 복수형을 사용하지 않는 정확한 이유에 대한 질문이 자주 제기되었다. 이 문제는 간단한 방법으로 해결할 수 있다. 어떤 주어도 명령형에 귀속될 수 없기 때문에 명령형 내의 수 상관 관계는 독립적인 상관 관계이다. 독립 상관 관계의 유표적 구성원은 일치의 상관 관계로 전이될 수 없다.

3. "친숙함 상관 관계(familiarity correlation)": 의지 표현의 친밀하거나 친숙한 색채를 나타내는 형태(유표적) ~ 이 신호가 없는 형태(dvín'ka '움직이렴', dvín'téka '움직이세요', dvínemtéka '우리 움직입시다' 대 dvín' '움직여라' 등).

호소 기능과 표상 기능의 차이는 러시아어 동사 체계 내에서 상관 목록 뿐만 아니라 형성 방식을 통해서도 직접적으로 표현된다.[6] 명령형의 형태는 어미의 교착에 의해 나머지 동사 형태와 구별된다. 명령형에서 모든 어미는 각각 하나의 표지(mark)만을 나타낸다. 추가된 모든 표지에 대해 다른 엔딩이 추가된다. 제로(Ø) 엔딩 = 무표적 명령형, /ĭm ~ im / 또는 /om/ = 참여 상관 표지, /t'i/ = 수 상관 표지, /s/ = 태 상관 표지, /ka/ = 친숙함 상관 표지. 예: /dvin'-im-t'i-s-ka/'우리 모두 스스로 움직이자'.[7] 어떤 명령형 어미가 간투사(interjections)나 전이된(transposed) 직설법 형태에 추가되는 가에 대한 상대적 용이성을 설명하는 것이 바로 명령법에서 형태소 조합의 교착적 특성이다: ná-te '(너희 모두) 가져가', ná-ka '제발 가져가', nú-te-ka '제발, 지금(너희 모두)', brýs'-te '여기서 나가', pojdú-ka '내가 갈까요', 인기있는 형태인 pošól-te '여기서 나가', 등. 간투사 ná, nú, brýs' 등은 무표적 명령형과 결합한다.

교착은 음운론적으로도 표현된다. 여기에서 각 형태소는 그 개성을 유지한다. 명령형의 어미는 음운론적으로 말해서 단어의 일부가 아니라 후치사(enlictics)로 취급된다. 명령형의 형태소 경계에서 그룹 t' + s는 변경되지 않은 상태로 유지되는 반면, 다른 동사 형태 t/t* + s는 c가 되며 긴 폐쇄음(closure)을 형성한다: cf. 명령형 /zabút'sa/ '자신을 잊어라(забудься)' - 미정형 /abútca/ '신을 신다(обуться)', 3인칭 복수 현재 /skr'ibútca/ '그들은 문지르다'; 명령형 /v'ít'sa/ '-와 만나다' - 미정형 /v'ítca/ '감다'; 명령형 /p'át'sa/ '보완해라'- 3인칭 복수 현재 /talp'átca/ '그들이 함께 모여 있다'. 일반적으로 명령형에서 비 구개음화된 s앞에서 구개 치음이 나타나며, 다른 형태 중 단어 내부 위치에서는 그렇지 않다: /adén'sa, žár'sa, krás'sa/ '옷을 입다', '구워지다', '메이크업을 하다'. 명령형에서 구개음화된 순음은 치음과 연구개음 앞에서 나타나는 반면, 그렇지 않은 경우, 단어 내부 위치에서 순음은 치음과 연구개음 앞에서 구개음화를 겪지 않는다. /paznakóm'ka, sip'ka, stáf'ka, upr'ám'sa, pr'ispasóp'sa, sláf'sa, gráp't'I (또는 grápt'i), gatóft'I (또는 gatóft'i)/ '어서 소개해라 (누군가에게 다른 누구를)', '어서 부어라', '어서 준비해라', '고집부려라', '-에 적응해라', '영광스러워 해라', '약탈해라', '준비해라'. 명령형에서 두 k의 조합은 유지되는 반면 단어 내부에서 그 조합은 xk가 된다. 참고. 명령형 /l'ákka/ '어서 누워라' - 형용사 /m'áxka/ '부드러운(단형 중성)'.

러시아어 문법은 명령형을 은유적으로 해석했다. 다시 말하자면, 세부 사항의 극단적 유사성에 기초하여 명령의 요소와 기능은 다른 형태에서 요소, 기능과 동일시되었다. 그래서 명령형의 삽입 모음은 한편으로는 후치사 같은 어미와, 다른 한편으로는 접사 등의 범주에 기계적으로 귀속되었다. 그래서 자연스럽게 명령형의 고유한 특징이 파악될 수 없었던 것이다.

VIII

형동사는 다음과 같은 상관 관계를 특징으로 한다: 서술성을 나타내는 형태(유표적) ~ 그러한 표시가 없는 형태, 즉 "한정(attributive)" 형동사. 수동 한정 형동사에는 유표적 형태인 "서술" 형동사가 대립되고 능동 한정 형동사에는 "부동사"가 대립한다. 비교 júnoša, tomimyi somnéniem, skitaetsja '의심으로 괴로움받는 젊은이가 방황하고 있다' (tomimyi = 한정 기능이 있는 현재 수동 형동사) – júnosa, tomim somnéniem, skitáetsja '의심으로 괴로워하며, 젊은이는 방황하고 있다' (tomim = 술어 기능을 가진 현재 수동 형동사); júnosa, tomjáscijsja somnéniem, skitaetsja '의심으로 괴로워하는 젊은이가 방황하고 있다' (tomjáscijsja = 한정 기능을 가진 현재 능동 재귀 형동사) – júnosa, tomjás' somnéniem, skitâetsja '젊은이는 의심에 괴로워하며 방황하고 있다' (tomjás' = 현재 재귀 부동사). 수동 술어 형동사에 반대로 부동사는 표준 문헌어*에서 주요 술어의 역할로는 거의 알려져 있지 않다.

모든 한정 및 수동 술어 형동사는 과거 직설법과 동일한 일치 상관 관계(즉, 수와 성별 상관 관계)를 마음대로 사용할 수 있다. 부동사는 일치 상

---

* 해당 용어는 문학어나 표준어로 기존 연구에서 번역되었다. 원어는 литературный язык이며, 영어도 literary language이다. 본 역시에서는 해당 언어가 기존의 구술 언어와 다르고, 문헌에 기록하는 규범을 가진 언어의 표준화된 형태라는 점에서 문헌어라는 용어를 사용하고자 한다. 문학어는 문학작품과의 연관성이 강조되며, 표준어는 규범이라는 것이 강조된다는 점에서 부적절하며, 문헌어가 더 적절한 명칭으로 판단한다.

관 관계가 없다. 한정 형동사는 추가적으로 격의 변별을 가진다(우리는 이번에 이 변별의 구조에 대한 질문을 다루지 않는다).

완료 형동사는 시제 상관 관계가 없지만 불완료 형동사는 시제 상관 관계를 가진다. 비록 수동 형동사가 시제 구분을 거의 잃어버렸지만, 불완료 부동사는 과거시제를 아주 드물게 사용하며, 능동 한정 형동사에서도 두 시제 범주 사이의 경계가 부분적으로 지워지는 것이 관찰될 수 있습니다(참고. N. Kaganovič. Naukovi Zapysky Xarkivs'koji naukovo-doslidčoji katedry movoznavstva, 1929, по. 2).

IX

이른바 문법적 범주의 교환을 검토할 때, 우리는 일반적으로 **상응하는 유표적 범주를 대신한 무표적 범주의 적용**과 관련이 있음을 보게 된다(예를 들어, 한정형(finite forms)을 미정형(infinitives)으로, 과거 시제를 현재 시제로, 1인칭을 2인칭으로, 수동 형동사를 재귀로, 복수 명령형을 단수로 교체)인 반면, 반대 방향의 대치는 분명히 드문 예외로 발생하며 비유적 발화로 해석된다. 무표적 형태는 우리의 언어 의식(consciousness) 속에서 상관 쌍의 대표자로서 기능한다. 다음 형태는 어느 정도 일차적으로 인식된다: 불완료 대 완료, 비 재귀 대 재귀, 단수 대 복수, 현재 시제 대 과거, 한정 형동사 대 서술적 형동사 등. 우리가 동사의 미정형을 대표형, "사전 형태"로 판단하는 것은 우연이 아니다.

실어증에 대한 연구는 유표적 범주가 무표적 범주보다 먼저 상실된다는 것을 보여준다(예: 미정형 전에 한정 형태, 현재 시제 전에 과거 시제, 삼인칭 전에 일인칭과 이인칭 등). 나는 개인적으로 활용형을 제거한 농담반, 애정 표현 반의 가족 은어(隱語)를 관찰한 적이 있는데, 그 경우 인칭 형태는 무인칭 형태로 대체되었다(já ljúbit '나는 사랑해', tý ljúbit '너는 사랑해'* 등). 어린이 언어에서 알려진 동일한 현상이다. 게다가 외국인 러시아어의 유머러스한 재현은 특징적으로 1인칭보다 3인칭을 사용한다(Turgenev의 희극에서 독일인은 fí ljúbit = vý ljúbite '당신은 사랑해' 등). 동사 byt' '-이다'의 현재 시제는 러시아어에서 활용 체계를 상실했다. 3인칭 단수형 ést'는 단수, 복수에서 모든 인칭 형태를 대표한다(tý ést' '너는 있다'; takový mý i ést' '그렇게 우리는 있다').

X

우리는 언어 기호의 비대칭 구조가 언어 변화의 필수 전제 조건이라는 카르체프스키 (Karcevski)의 주장에 전적으로 동의한다(TCLP I, 88 ff.). 현재 스케치에서 우리는 언어 구조의 기초를 형성하는 다양한 이율배반 중 두 가지를 지적하고자 한다. 상관적 문법 형태의 비대칭성은 **A의 의미(signalization)와 A의 비의미(non-signalization) 간의 대립으로 특징지워질 수 있다. 두 기호는 동일한 객관적 실재를 지시할 수 있다.** 그러나 기호 중 하나의 의미가 이 주어진 실재의 특정 표지(A)을 부각시키는 반면에 다른 기호의 의미는 이 표지을 언급하지 않는다. 예: 암컷 당나귀는 oslíca라는 단어 뿐만 아니라 osël이라는 단어로도 특징지을 수 있다. 두 번째 경우의 의미가 덜 완전하고 덜 특정적이라는 점을 제외하고는 동일한 대상이 지시된다.

---

*   명령형의 형태소 경계에서 그룹

상관적 형태의 비대칭성에서 추가적인 모순, 즉 무표적 형태의 일반 의미와 부분 의미 사이의 모순이 나타난다. 다시 말해서 **A의 신호하지 않음과 A가 아님을 신호함 사이의 모순**이다. **하나의 동일한 기호가 두 가지 다른 의미를 가질 수 있다.** 첫 번째 경우에 지시된 객관적인 실재의 특정 표지(A)가 미결정 상태로 남아 있다. 즉, 그것의 존재는 긍정도 부정도 되지 않는다. 두 번째 경우에 이 표지의 부재가 현저하게(prominent) 나타난다. 예: osël이라는 단어는 성별에 대한 언급 없이 '당나귀' 또는 '수컷 당나귀'를 특정해서 의미할 수 있다.

이러한 모순은 문법적 변이(mutations)에 대한 동기를 부여한다.

"Zur Struktur des russischen Verbums." Written in Prague, 1931, for Charisteria Gvilelmo Mathesio qvinqvagenario a discipulis et Circuli Lingvistici Pragensis sodalibus oblata (Prague, 1932).

미주

* 이 기고문에서 나는 구조주의적 문법의 한 장에 대한 잠정적인 개요를 간략히 설명한다. 이 공헌의 본질적인 핵심은 명령형 분석으로 구성된다. 이 범주는 언어의 기능의 다양성과 관련해서만 이해할 수 있다.

1 이 두 언어학자들 – 러시아 공시 언어 체계의 일류 연구자 – 는 단편적인 역사적 지향을 가진 학자들에 의해 자연스럽게 과소 평가되었다. 예를 들어 E. Karskij는 그의 Ocerk naucnoj razrabotki russkogo jazyka(1926)에서 Nekrasov에 대해 아무 말도 하지 않고 Aksakov의 글에 대해 단지 몇 가지 공헌한 비판만을 제공한다. [이미 1900년 가을, 그의 상트페테르부르크 입문 강의에서 보두앵 드 쿠르트네(Baudouin de Courtenay)는 다음과 같이 경고했다. "해당 과학의 '대중 견해'가 특정 국가에서 보통의 의견을 벗어나서 편견이나 선입견 없이 주제를 바라보는 사람들의 행동에 대한 공격이 되는 것을 러시아어 문법 연구 역사의 한 예에서 보여준다. 35년 전에 네크라소프는 자신의 저서(O znacenii form russkogo glagola (St.Petersburg, 1865))에서 러시아어 동사에 대해 독립적인 접근을 시도했지만 그는 비난과 그에 대한 맹렬한 공격을 받았다. 단지 러시아인인 그가 중세 라틴어 문법의 패턴에 따라 러시아어에 부과된 것 대신에 러시아어의 사실을 자신의 눈으로 살펴보고 실제로 거기에 있는 것을 보려고 한 것이 얼마나 담대한 일인가! 일부 학자들의 이해에 따라 도입된 일종의 서구주의는 네크라소프의 가르침을 받아들이기 위해서 그들은 자신의 두뇌를 약간 움직여야 했을 것이고, 반면에 "Denken ist schwer und gefahrlich!" ['생각하는 것은 어렵고 위험하다']고 했을 것이다. 자신이 방해받지 않는 한, 자신이 방해받지 않는 한 다른 사람들의 생각을

되풀이하는 자장가로 자신을 달래면서 잠드는 것이 낫다!"(Baudouin de Courtenay, Izbrannye trudy po obscemu jazykoznaniju, I, 1963, 363)].

2 그러한 동사는 행동의 한계의 절대적 특성이 임의적(facultative: 즉, 문법적으로 표시되지 않고 상황에 의해서만 주어짐)인 곳에서 불완료상으로 남아있다. 참조 vót ón vyxódit '여기 그가 외출한다' 및 ón částo vyxódit '그는 자주 외출한다'.

3 팝스키(G. Pavskii)는 sdélaj '해라'와 같은 형태를 2인칭 단수로 해석하는 경향이 옳지 않다는 것을 인정한다. 이 형태는 "ty '너(단수)'를 추가하지 않더라도 2인칭 단수 의미로 더 자주 사용되지만, 여전히 우리는 이것이 2인칭을 직접 지칭한다고 할 수 없다. 2인칭 의미로 더 빈번하게 사용되는 것은 2인칭이 다른 모든 인칭보다 명령형에서 요구되기 때문이다 "(Filologiceskie nabljudenija, vol. III, second ed., 1850, §90) 부슬라예프(F. Buslaev)도 유사하다(Opyt istoriceskoj grammatiki, vol. II, 1858, 154). 보다 최근의 문법에서는 이 사실에 대한 인식이 종종 상실되었다.

4 이미 악사코프는 "명령형은 감탄이며, 이것은 호격과 상응한다"고 인식한다(568).

5 러시아어에서 i는 구개음화된 자음 뒤의 위치에 있는 규칙적인 삽입 모음이다. 어간이 자음으로 끝나는 경우 미정형 어미는 일반적으로 동일한 삽입 모음을 포함한다(nesti '가지고 가다'). 동일한 조건 하에서 재귀 형태소 s와 함께 나타나는 삽입 모음 a의 출현과 비교하라(음운론적으로 /dúl'is '그들이 실쭉거렸다' - dúlsa '그는 실쭉거렸다'; fp'ilás '그녀가 움켜쥐었다' - fp'ilsá '그가 움켜쥐었다'/). 내가 공시적

관점에서 '삽입 모음'이라는 용어를 사용한다는 것을 독자들에게 상기시킨다.

6 명령형은 또 다른 형태론적 특징을 가지고 있다. 여기서 상의 기능은 다소 수정된다(Karcevskij, 139 참조).

7 사선 사이의 형태는 음소적 전사를 나타낸다.

제2장

러시아어 활용(活用: Russian Conjugation)

> 우리는 형태가 부분적으로 유사할 때 우리가 어떤 형태를 기저형으로 취하는 것이 낳은 지에 대한 질문이 있을 수 있음을 보았고, 언어의 구조가 이 질문을 우리를 위해 결정할 수 있음을 보았다. 이는 한 방식을 취하면 과도하게 복잡한 설명을 갖게 되고, 다른 방식을 취하면 비교적 단순한 설명을 얻게 되기 때문이다.
>
> (L. Bloomfield, Language, 13.9)

0.1. 우리의 목적은 현재 표준 러시아어의 활용 패턴에 대한 엄격하게 공시적인 형태적 분석이며, 다음과 같은 두 제한 사항을 갖는다. 1) 오직 단순 동사(simple verbs-접두사 첨가되지 않은 한 어근의 어간)만 다룬다; 2) 체계적 분석은 순전히 동사 범주(한정형과 미정형)에 국한되는 반면, 부사와 형용사로 이행되는 부류로서 형동사와 부동사에 대한 포괄적인 설명은 미래 연구를 위해 생략한다. 그러나 분류의 동일한 원칙은 모든 동사의 모든 형태에 적용된다.

0.2. 러시아어 문법 형식의 전사(transcription)에서 접두사는 후행의 형태소와 더하기(+)로, 어간은 어미와 줄표(dash –)로 구분하고, 어미 내에서 구성 접미사는 붙임표(hyphen -)으로 구분된다. 기호 ~는 교체를 나타낸다.

 이 논문 전체에서 모든 러시아어 동사는 이탤릭체로 음소적으로 표기되고, 순 동사 구성성분(bare verb component)은 형태음소 전사(morphophonemic transcription) 및 로마자로 표시된다. 순 접사의 예음적 강세(′)는 해당 접사가 규칙적으로 강세를 받는다는 것을 나타내고, 억음 악센트(*)는 접사가 강세를 나타내지 않는다는 것을 의미하며, 악센트 표시가 없는 것은 문제의 접사가 강세받거나 강세 없을 수 있음을 의미한다. 예음적 강세와 순 어간(bare stem)에 강세 표시의 부재에 대해서는 2.61-2를 보라.

기본 개념

1.1. **어간과 어미(Stems and desinences)**.[*] – 모든 러시아어 굴절 형태는 어간과 어미를 포함한다. 어미는 영(zero)일 수 있다(참조. 2.122).

1.2. **어미의 구성 성분**. – 어미는 하나 또는 그 이상의 접미사로 구성될 수 있다.

 접미사들의 상대적 위치에 따라, 접미사는 영 접미사를 포함한 다른 접미사들이 후행할 수 있는 비종결이거나(참조. 2.111, 2.121), 어말에 올 수

---

[*] 원문에서 이탤릭체로 표현된 중요 개념을 본 번역문에서 굵은 글씨체로 표현한다.

있는 자유로운 것일 수 있다.

비종결 접미사를 포함하는 어미를 복합 어미(complex desinences)로 부르고, 그 반대를 단순 어미(simple desinences)로 부른다.

1.21. 자음 및 모음 어미. 어미는 시작 음소에 따라 자음적 또는 비자음적으로 분류된다. 후자의 부류는 모음으로 시작하는(혹은 구성되는) 어미와 더불어, 모음과 교체되는 영(2.122 참조)으로 구성되는 요소를 포함한다. 단순함을 위해 '비자음' 대신에 기존의 모음 어미라는 용어를 사용할 것이다. 이 이분법적 원리는 러시아어 활용 패턴의 중심적 원칙이다.

1.3. 어간 교체(stem alternation). 러시아어 동사 어간은 하나의 동일한 어형계열체(paradigm) 내에서 교체 변이형(alternating variants)을 나타낼 수 있다.

다음과 같은 교체가 발생한다.

    a) 하나 또는 두 개의 마지막 음소 생략(참조. 2.21-3).
    b) 생략된 음소 앞에 오는 동반 변화(concomitant change)(참조. 2.24).
    c) 자음 어미 앞에서 어간 자음의 변이(참조. 2.3).
    d) 모음 어미 앞에서 어간 자음의 변화(연음화)(참조. 2.4-2.42).
    e) 어간 내에 모음 삽입(참조. 2.5).
    f) 어간에서 어미로 강세 이동 또는 그 반대(참조. 2.61-2)로 이것은 강세된 혹은 비강세 모음의 자동 교체(automatic alternation)[1]를 동반한다.

1.31. 완전 어간(full-stem)과 절단된 어간. 교체자(alternants) 중 하나

의 최종 음소가 생략되어 다른 것과 다르다면 더 짧은 형태를 축약 어간(truncated stem)이라고 하고 더 긴 형태를 완전 어간이라고 한다.

1.32. 완전 어간의 기본 형태(basic form). 완전 어간을 제시하고 분석하면서 우리는 형태음소 전사를 사용한다. 동종 형태들(cognate forms)과 비교해서 주어진 완전 어간의 특정 음소 구성소(phonemic constituents)가 나타난다면, 우리는 다른 교체자도 허용될 수 있는 위치에 있는 교체자를 기본적인 것[2]으로 받아들인다.

예를 들어 두 가지 형태의 교체에서 – 1인칭 단수. smatr'–ú ~ 2인칭. smótr'–i-š – 변이형 o는 완전 어간 smotr'e – '보다'에 기본 교체자로 할당되며, 이것이 홀로 강세 하에 발생하고, 음소 o와 a가 모두 음소적으로[3] 허용되는 유일한 위치이기 때문이다. 다음 교체에서: 미정형 p'éč ~ 남성 단수 과거 p'ók ~ 여성 단수 과거 p'ik–l-á (또는 1인칭 단수 현재 p'ik–ú), 기본 모음은 강세 위치에서 다시 찾아봐야 한다. 게다가 o는 한 어간의 두 연자음 사이에서 허용되지 않지만, o와 e는 모두 연자음과 경자음 사이에서 발생한다 (참조. p'ók 과 s'ék, 남성 단수 과거. s'ék – '자르다'에서); 따라서 p'ok – '굽다'는 완전 어간이다. 남성 단수 과거 žók(또는 미정형 žé–č) ~ 여성 단수 과거 žg–l-a(또는 1인칭 단수 현재 žg–ú)의 교체에서 영 모음은 완전 어간 žg–에 속하는 기본 교체자이며, 이는 –l-a 또는 –u 같은 성음절적 어미(syllabic desinence) 앞에서만 어간이 모음을 가지거나 결여 시킬 수 있기 때문이다. 마지막 자음에 관해, 그것은 모음 앞이나 l 앞에 나타나는 유성음 g이어야 하며, 이 위치에서 비유성음(unvoiced) k도 나타날 수 있다.

1인칭 단수 현재 p'ik–ú ~ 2인칭 단수 p'ič–ó-š 의 교체에서, 자음 k는 기본 교체자이며, 이는 접미사 –u 앞에서 k와 č가 모두 형태음운론적으로(morphophonemically)⁴ 허용되기 때문이다(참조. p'ik – ú 와 ričá – '포 효하다'에서 rič – ú). 반면에 접미사 – ó- 앞에서 k는 발생하지 않는다.

남성 과거 p'ók ~ 여성 p'ik – l-á (또는 v'od – '행동하다'에서 나온 v'ó – l ~ v'i – l-á)의 교체에서, 어간의 기본 형태는 강세가 없는 형태인데, 이는 어간 위의 강세가 오직 음소적으로 불가결인 단음절 형태에서만 가능하기 때문이다. 반면에 여성 과거에서 두 가능성이 모두 주어진다(p'ik – l-á 와 str'íg – '자르다'에서 온 str'íg – l-a).

1.33. 완전 어간의 중요성. – 완전 어간의 절단 또는 수정은 완전히 후행하는 어미에 달려있다. 이와 마찬가지로 교체하는 어미의 선택은 모두 선행하는 어간에 의해 결정된다.

따라서 완전 어간이 주어졌을 때, 그 어간, 어미, 강세의 위치와 관련된 전체 활용 어형계열체의 정확한 형태를 예측하는 것이 일반적으로 가능하다.

완전 어간의 유형

1.4. 어간 말(Stem Finals). 완전 어간은 비성음절적 음소(자음 또는 반모음 j) 또는 모음으로 끝난다. 전자를 닫혔다고(참조. 2.22) 하고 후자를 열린 완전 어간(2.21 참조)이라고 한다.

1.41. 닫힌 완전 어간의 한 유형은 열린 완전 어간이 절단을 겪는 위치에서만 온전히 나타나고, 다른 유형은 열린 완전 어간과 동일한 조건 중 적어도 일부에서 온전히 남아있게 된다. 첫 번째 하위 부류는 좁게 닫힌 (narrowly closed)로 불리고, 다른 하나는 넓게 닫힌(broadly closed)로 불

린다(2.221-222 참조).

1.42. 완전 어간의 마지막 자음이 연음이면,[5] 완전 어간도 연음적이고, 경음이면, 경음적이다.

1.5. 음절의 수. 영 모음을 가진 완전 어간(어미 또한)은 비성음절적이라고 불린다. 나머지 모두는 성음절적이다(2.5 참조). 후자는 단음절과 다음절로 나눌 수 있다(2.42 및 62 참조).

1.6. 강세의 위치. 강세 교체에서 어간의 기본 형태가 강세를 받지 않거나(참조. 1.32), 강세가 한정형에서 어간의 두 다른 음절 사이에서 교차해서 나타날 때, 우리는 그러한 완전 어간을 비강세로 명명하고, 이는 강세된 완전 어간과 대립한다(2.62 참조).

강세된 완전 어간은 특정 조건 하에서 어간에서 어미로 제거가능한 강세가 이동한 어간이거나, 어간에 결합된 제거할 수 없는 강세가 있는 어간이다(2.61 참조).

1.7. 생산성. 오늘날의 표준 러시아어에서 새로운 동사를 만들 수 있는 완전 어간의 패턴은 비생산적인 것과 대조적으로 생산적이라고 불린다(참조. 2.7).

일반적인 규칙

2.1. 동사 어미의 분포. 모든 과거 한정형과 미정형은 자음 어미 위에 만들어지고, 모든 현재 한정형과 명령형은 모음 어미 위에서 만들어진다.

현재 부동사와 두 형동사(능동 및 수동)도 마찬가지로 모음 어미를 사용한다. 과거 부동사와 능동 형동사에서 어미는 자음적이다. 오직 과거 수동 형동사에서만 자음과 모음 어미가 교체한다. 완전 어간이 좁게 닫히거나(참조. 2.221), 어간이 a, o, u, r로 끝나면, 어미는 자음적이다: –n[6] ~ –t; 그렇지 않으면 모음적이다: –ón ~ –in.

2.11. 자음 어미.

2.111. **과거(Preterit). 과거 시제를 지시하는 비종결(non-terminal) 접미사 -l- 뒤에 성 또는 복수를 가리키는 접미사가 온다 - 남성 영, 여성 -a, 중성 -o, 복수 -i. 접미사 -l- 은 뒤에 i가 오면 -l'-가 되며**, 이는 동사 접미사의 시작인 i(또는 i와 교체하는 영)가 선행하는 자음을 연음화하기 때문이다(2.122 참조). **과거 어미 앞에 온전히 남아 있는 자음 뒤에서, 모음이 그 뒤를 따르지 않으면, 접미사 -l- 은 탈락한다**(p'ók ~ p'ik–l-á, n'ós ~ n'is–l-á).

2.112. **미정형. -t' ~ -t'i ~ -č. 교체자 -č 는 연구개음으로 끝나는 어간 뒤에서 -t'를 대체한다**. 그리고 이 경우에 연구개음은 탈락된다(예: p'è –č '굽다'가 p'ék–t' 대신에 나타남); **강세 없는 어간의 동사에서**(2.62 참조) **-t'는 자음이 앞에 올 때 i를 얻는다**(예: n'is–t'i '가지고 가다'); 모든 나머지 위치에서 단지 –t'를 나타낸다.

2.12. 모음 어미.

2.121. **현재. 단일 모음으로 구성된 첫 번째(비종결) 접미사는 현재 시제를 나타낸다. 두 번째(자유) 접미사는 인칭과 수를 나타내거나**(1인칭 단수 -u, 1인칭 복수 -m, 2인칭 단수 -š, 2인칭 복수 -t'i) **인칭만을 나타낸다**(3인칭 -t). **모음 접미사 -u 앞에서 비종결 단모음 접미사는 발생할 수 없다**(모음 접미사 -a 혹은 현재 형동사 앞에서도 마찬가지로 발생할 수 없다: 참조.

2.21). 다른 곳에서는 첫 번째 접미사가 규칙적으로 나타난다.

3인칭 복수에서 (뿐만 아니라 특정 접미사 -šč-앞의 현재 형동사의 기본형에서도) 첫 번째 접미사는 −u ~ −á이고, 다른 모든 한정형에서는 −i ~ −ó이다. 문제의 차이는 오직 수를 변별하는 역할을 하는 3인칭 형태에서만 기능적 값을 추정한다: p'j − '마시다'에서 3 인칭 단수 p'j − ó-t, 3인칭 복수 p'j − ú-t. 언급했듯이 이 시제 접미사의 이중어(doublet, 二重語)(3인칭 복수의 것과 다른 한정형의 것이)는 모두 강세에 따라 교체될 수 있다.

강세가 없는 경우, 현재 어미는 고모음으로 시작한다(따라서 −ú-를 3인칭 복수에, −i-를 다른 한정형에).[7]

강세가 있는 현재 어미는 연음의 열린 완전 어간에서[8] **비원순 모음으로** (따라서 −á-및 −í-로) **시작한다**. 다른 곳에서는 원순 모음으로 시작한다 (따라서 −ú-및 −ó-로).

예를 들어, pláka − '울다'의 3인칭 복수 pláč − u-t, 3인칭 단수 pláč − i-t; uči − '가르치다'의 úč − u-t, úč − i-t; xran'í − '유지하다'의 xran' − á-t, xran' − í-t; v'is'é − '걸다'의 v'is' − á-t, v'is' − í-t; mičá − '음매하다'의 mič − á-t, mič − í-t; tají − '숨기다'의 taj − á-t, taj − í-t; talknú − '한번 밀다'의, talk − ú-t, talkn' − ó-t; rvá − '찢다'의 rv − ú-t, rv' − ó-t;ková − '단조하다'의 kuj − ú-t, kuj − ó-t; gríz − '갉아 먹다'의 griz − ú-t, griz' − ó-t.

2.122. 명령형. **명령형 단수는 앞 자음이 연음일 때 −i와 영이 교체한다**(2.111 참조). 교체자 −i는 두 자음의 뒤에서 혹은 제거할 수 없는 강세를 가지지 않은 어간 뒤에서 발생한다(2.61-2).

단일 자음과 제거할 수 없는 강세 뒤에 -i가 없는 예: trónu - '만지다', 명령형 trón'; pláka - '울다', pláč. 두 자음 뒤에 -i 가 있는 예: kr'íknu - '소리지르다', kr'íkn'-i; jézd'i - '타고 돌아다니다', jézd'-i. 고정 강세가 없는 어간 뒤에 -i가 있는 예: krád - '훔치다', krad'-í, 참조. 1인칭 단수 현재. krad-ú; s'id'é - '앉아 있다', s'id'-í, 참조. s'iž-ú; rub'i - '자르다', rub'-í, 참조. rubl'-ú (따라서 접두사 vi를 가진 상응하는 복합동사에서도 마찬가지이다: ví + krad'-í, ví + s'id'-í, ví + rub'-í).

그러나 **그룹 j-i는 완전 어간 자체가 ji-로 끝나는 경우에만 허용된다.**

예를 들어, tají - '숨기다', taj-í; pojí - '마시게 하다', paj-í, 그러나 stojá - '서있다', stój; p'j - '마시다', p'éj.

청유형(Inclusive - 청자와 화자를 포함하는)**은 특별한 형태가 없지만, 대명사 없이 완료상이나 정태 동사의 1인칭 복수형을 사용한다.**[9]
　두 복수형(청유 및 비청유) 모두 2인칭 복수형 -t'i를 상응하는 단수형에 더한다.

독특한 산디 법칙(sandhi laws: grap'-t'i '훔치다', sláf'-t'i '칭송하다', v'ér'-t'i '믿다'와 같은 형태에서 구개음화된 자음 앞의 음소적 구개음화)은 그것들의 어미가 뒤에 복수 접미사 -t'i가 후행하는 영 접미사로만 해석될 수 있음을 변별적으로 보여준다. 참조. 이 영 접미사 뒤에 '재귀' 접미사 -sa가 후행하는 다음 예 znakóm'-sa '알고 지내다', vís'-sa '높이

---

* 해당 동사의 어간에 강세 표기가 원문에 누락되어 표기함.

오르다', zabót'-sa '보살피다'는 유사한 클러스터와 현저하게 다르다. zabí-t-ca '자신을 잊다', skr'is-t'í-s '긁다'의 3인칭 단수 skr'ib'-ó-t-ca.[10]

2.21. 열린 완전 어간. 열린 완전 어간은 자음 어미 앞에서 그대로 유지되고, 모음 어미 앞에서 마지막 음소를 상실한다.

예를 들어, l'ožá- '거짓말하다', 과거 여성 l'iža-l-a ~ 3인칭 복수 현재 l'iž-á-t; poro- '찢다', paró-l-a ~ pór'-u-t; dv'ínu- '움직이다', dv'ínu-l-a ~ dv'ín-u-t; govor'í- '말하다', gavar'í-l-a ~ gavar'-á-t.

이 규칙은 모음으로 끝나는 모든 형태소가 모음으로 시작하는 접미사 앞에서 해당 모음을 더 일반적인 법칙을 내포한다(예: 형동사 과거 접미사 -ši는 모음 곡용 음접미사 앞에서 모음 –i를 상실한다: -š-ij, -š-àja, -š-òvo 등).

2.22. 닫힌 완전 어간. – 모든 닫힌 완전 어간은 모음 어미 앞에서 그대로 유지된다.

2.221. 좁게 닫힌 완전 어간. – **j v n m의 완전 어간은 자음 어미 앞에서 종결 음소를 상실한다.** 그것들은 같은 수의 음절을 유지하면서 규칙적으로 모음 어미 앞에서 닫히고 자음 어미 앞에서 열리는 유일한 어간이다.

예를 들어, d'élaj – '하다', 3인칭 현재 d'élaj – u-t ~ 여성 과거 d'éla – l-a; stán – '되다', stán – u-t ~ stá – l-a; žvi – '살다', živ – ú-t ~ ži – l-á.

2.222. 넓게 닫힌 완전 어간. – 다른 모든 닫힌 완전 어간(k, g, t, d, .s, z b, r 로 끝나는)은 모음 어미 앞에서 그리고 적어도 일부의 자음 어미 앞에서 그대로 남아있다. **닫힌 완전 어간의 종결 연구개음은 오직 미정형의 어미 앞에서만 탈락한다. 종결 치음 파열음은 과거형 어미 앞에서만 탈락한다.** s z b r로 끝나는 완전 어간은 절단되지 않는다.

예를 들어, p'ok – '굽다: 남성 과거 p'ók, 여성 p'ik – l-á ~ 미정형 – p'é – č; str'íg – '자르다': str'ík, str'íg – l-a ~ str'í – č; m'ot – '쓸다': m'ó – l, m'i – l-á ~ m'is – t'í; klád – '놓다': klá – l, klá – l-a ~ klás-t'; n'os – '가지고 가다': n'ós, n'is – l-á, n'is – t'í; v'oz – '태워 가다': v'ós, v'iz – l-á, v'is – t'í; t'r – '문지르다': t'ór, t'or – l-a(미정형에 관해서는 3.1 참조).

2.23. 더 깊은 축약(Deeper truncation). **어간 접미사 -nu – 가 순간성(momentariness)을 지시하지 않고 앞에 자음이 오는 경우, 이 접미사는 과거형에서 생략된다.**

예를 들어, gásnu – '소멸하다' ~ 남성 단수 과거 gás, 여성 gás – l-a; iščéznu – '사라지다' ~ iščés, iščéz – l-a.

j – 앞에서 그룹 vá는 a가 선행하면, 현재에서 생략되고 강세는 다음 음절에 온다.

예를 들어, daváj – '주다: 명령형 daváj ~ 1인칭 단수 현재 daj – ú, 3인칭 복수 daj – ú-t ~ 여성 과거 davá – l-a, 미정형 davá – t'.

2.24. 수반되는 변화. **탈락된 a – 앞에서 그룹 ov는 규칙적으로 uj – 로 대체된다; 비 시작(non-initial) 음절에서 강세는 á – 에서 új – 로 이동하고, 그 외의 경우에는 그 다음 모음으로 옮겨진다**(그러나 명령형의 경우는 2.12. 참조)

예를 들어, s'étova – '애도하다' ~ 1인칭 단수 현재 s'étuj – u, 명령형 s'étuj; darová – '수여하다' ~ darúj – u, darúj; ková – '단조하다' ~ kuj – ú, kúj; pl'ová – '침뱉다' pl'uj – ú, pl'új.

탈락된 j – 앞에서 단음절 어간의 모음 o와, 비성음절적 어간의 영이 i로 교체된다.

예를 들어, moj – '씻다' ~ 여성 과거 mí – l-a; p'j – '마시다' ~ p'i – l-á.

탈락된 비음 앞에서 비성음절적 어간의 영은 á로 대체된다. 예를 들어, žm – '누르다' ~ 여성 과거 žá – l-a; žn – '베다' ~ 여성 과거 žá – l-a.

2.3. 닫힌 완전 어간에서 종결 자음의 수렴. **넓게 닫힌 완전 어간의 모든 종결 치음과 순음은 미정형 어미 앞에서 s로 합쳐진다.** 그리고 이것은 이 위치에서 허가된 유일한 자음이다.

예를 들어, no's – '가지고 가다' ~ 미정형 n'is – t'í, gríz – '쏠다' ~ grís – t', m'ot – '쓸다' ~ m'is – t'í, v'od – '행동하다' ~ v'is – t'í, gr'ob – '노를 젓다' ~ gr'is – t'í.

2.4. 마지막 자음의 연음성과 경음성. 열린 완전 어간은 5개의 러시아어 모음 음소 i, e, a, o, u 중 하나로 끝날 수 있으며, 그것들은 모음 어미 앞에서 탈락된다. 열린 완전 어간의 마지막 자음은 i – 및 é – 앞에서 연음(구개음 또는 구개음화된 음)이며, u – 및 ó – 앞에서 경음이며, a – 앞에서 경음 또는 구개음(그러나 구개음화된 음은 아니다)이다. 닫힌 어간은 j로 끝날 수 있다. 나머지 경우는 경자음으로만 끝난다.

예를 들어, l'iší – '박탈하다', v'ér'i – '믿다, kišé – '무리지다', v'el'é – '명령하다'; gnú – '구부리다, kolo – '찌르다'; pr'áta – '숨기다', žda – '기다리다', stučá – '노크하다'; znáj – '알다', tr'as – '흔들다'

2.41. 연음 완전 어간. **완전 어간에서 마지막 자음이 연음이면, 해당 자음은 전체 어형계열체를 통해 그 연음성을 유지하고, 오직 1인칭 단수 현재에서만 연음성이 대체될 수 있다**(해당 자음이 연음화를 허용하는 경우에만). 대체 연음성(substitutive softening)[11]은 러시아 언어학에서 친숙한 개념으로 연구개음 혹은 치음이 구개음 자음 (k 혹은 t 〉 č, x s 〉 š, g d z 〉 ž, zg zd 〉 žǯ, sk st 〉 šč) 혹은 구개음화된 lʼ을 모든 순음에 추가 (p b f v m 〉 plʼ blʼ flʼ vlʼ mlʼ)하는 전이이다.

예를 들어, mʼétʼi – '표시하다': 1인칭 단수 현재 mʼéč – u, 3인칭 복수 mʼétʼ – u-t; mstí – '복수하다': mšč – ú, mstʼ – á-t, sʼidʼé – '앉다': sʼiž – ú, sʼidʼ – á-t; jézdʼi – '드라이브하다': jézǯ – u, jézdʼ – u-t: vʼisʼé – '걸다': vʼiš – ú, vʼisʼ – á-t; grožʼí – '위협하다': graž – ú, grazʼ – á-t; kupʼi – '사다': kuplʼ – ú, kúpʼ – u-t; lʼubʼi – '사랑하다': lʼublʼ – ú, lʼúbʼ – u-t: grafʼí – '선 그리다': graflʼ – ú, grafʼ – á-t; stávʼi – '머무르다': stávlʼ – u, stávʼ – u-t; šumʼé – '소리를 내다': šumlʼ – ú, šumʼ – á-t.*

2.42. 경음 완전 어간. **완전 어간의 마지막 자음이 경음이면, 다음 경우에만 연음이 된다.**

A. **다음절 어간에서 뒤에 a – 또는 o – 가 오는 자음은 모음 어미 앞에서 연음화된다. 이 연음화는 '대체적(substitutive)'이다**(주어진 자음이 허용하는 한).

예를 들어, pláka – '울다': 1인칭 단수 현재 pláč – u, 3인칭 단수 pláč – i-t, 3인칭 복수 pláč – u-t, 명령형 pláč; skaka – '점프하다': skač – ú, skáč – i-t, skáč – u-t, skač – í; iska – '찾다': išč – ú, íšč –

---

* '사다'의 의미를 가진 러시아어 동사 купить의 3인칭 복수형은 купят이므로 해당 사례는 kúpʼ – a-t이 되어야 할 것이다. 여기 예문에서 ?метят, ?ездят, ?купят, ?любят, ?ставят의 형태이어야 하는3인칭 복수의 어미가 -u로 원서에 쓰였으며, 역자의 견해로는 -a로 교정되어야 할 것이다.

i-t, íšč – u-t, 명령형 išč – í; brízga – '뿌리다': brížž – u, brížž – i-t 등; paxa – '쟁기질하다': paš – ú, páš – i-t 등; práta- '숨기다': pŕáč – u, pŕáč – i-t 등; gloda – '쏠다': glaž – ú, glóž – i-t 등; p'isa – '쓰다': p'iš – ú, p'íš – i-t 등; máza – '바르다': máž – u, máž – i-t 등: sípa – '뿌리다': sípl' – u, sípl' – i-t 등; ora – '쟁기질하다': ar' – ú, ór' – i-t, 등; kolo – '찌르다': kal' – ú, kól' – i-t 등.

B. 그렇지 않으면, 자음은 –u로 시작하지 않는 모음 어미 앞에서 '순(bare)' 연음화를 겪는다. 그러나 연구개음은 명령형 어미 앞에서만 '순' 연음화되며, 다른 곳에서는 '대체적(substitutive)' 연음화된다.

예를 들어, a – 로 끝나는 단음절 완전 어간: žda – '대기하다': žd – ú, žd' – ó-t, žd – ú-t, žd' – i 등; rva – '찢다': rv – ú, rv' – ó-t, rv – ú-t, rv' – í 등; lga – '거짓말하다': lg – ú, lž – ó-t, lg – ú-t, lg' – í 등. u – 로 끝나는 완전 어간: tónu – '가라앉는다': tan – ú, tón' – i-t, tón – u-t, tan' – í 등. 폐쇄된 완전 어간: pas – '경향이 있다': pas – ú, pas' – ó-t, pas – ú-t, pas' – í 등; p'ok – '굽다': p'ik – ú, p'ič – ó-t, p'ik – ú-t, p'ik' – í 등; b'er'og – '아끼다': b'ir'ig – ú, b'ir'iž – ó-t, b'ir'ig – ú-t, b'ir'ig' – í 등.

2.5. 삽입 모음(Inserted vowels). – 모음은 비성음절적 완전 어간 내에서 비성음절적 어미 앞에 삽입되며, 어간이 r로 끝나는 경우에는 임의의 자음 어미 앞에 삽입된다. 삽입된 모음은 미정형에서 é이고 다른 곳에서는 ó이다.

예를 들어, žg – '태우다': 남성 과거 žók, 여성 žg – l-á 미정형 žé – č; t'r – '문지르다': t'ór, t'ór – l-a.

2.61. 제거할 수 있는 그리고 제거할 수 없는 강세가 있는 완전 어간. 강세는 모든 한정 형태와 미정형에서 강세된 완전 어간과 동일한 음절에 있다. **열린 그리고 넓게 닫힌 완전 어간에서 강세가 마지막 또는 유일한 음절에서 모음 어미의 첫 번째 또는 유일한 음절로 이동한다는 제한이 있다.**

완전 어간의 전사에서 예음적 강세는 한정 형태에서 유일하게 악센트가 가능한 음절임을 표시한다.

예를 들어, sáxar'i – '설탕치다': 1인칭 단수 현재 sáxar' – u, 3인칭 복수 sáxar' – u-t, 남성 과거 sáxar'i – l, 여성 sáxar'i – l-a, 복수 sáxar'i – l'-i; carápnu – '긁다': carápn – u, carápn – u-t, carápnu – l, carápnu – l-a, carápnu – l'-i; v'el'é – '명령하다': v'il' – ú, v'il' – á-t, v'il'é – l, v'il'é – l-a, v'il'é – l'-i; krád – '훔치다': krad – ú, krad – ú-t, krá – l, krá – l-a, krá – l'-i; str'íg – '자르다': str'ig – ú, str'iž – ó-š, str'ík, str'íg – l-a, str'íg – l'-i; 그러나 좁게 닫힌 어간의 마지막(또는 유일한) 음절에서 강세는 제거할 수 없다. rugáj – '꾸짖다': rugáj – u, rugáj – u-t, rugá – l, rugá – l-a, rugá – l'-i; d'én – '놓다': d'én – u, d'én – u-t, d'é – l, d'é – l-a, d'e – l'-i.

2.62. 강세 없는 완전 어간. – 이 유형은 두 가지 변이형을 보여준다.
A) 열린 다음절(polysyllabic) 완전 어간을 가진 동사는 단순 또는 어미

가 복잡한 경우 선행 모음을 강세한다(참조. 1.2). B) 다른 동사는 강세가 올 수 있는 마지막(또는 유일한) 음절을 강세하지만, 오직 넓게 닫힌 완전 어간은 중성과 복수 과거 어미에서 강세를 끌어온다는 제한이 있다(참조. 1.32).

우리의 형태음운 전사에서 예음 강세의 부재는 비강세된 완전 어간임을 나타낸다.

예를 들어, 1) 열린 다음절 완전 어간: xoxota – '하하웃다': 명령형 xaxač – í. 1인칭 단수 현재 xaxač – ú ~ 2인칭 단수 xaxóč – i-š, 3인칭 복수 xaxóc – u-t 및 남성 과거 xaxatá – 1, 여성 xaxatá – l-a, 복수 xaxatá – l'-i; var'i – '요리하다': var' – í, var' – ú, vár' – i-š, vár' – u-t, varí – 1, var'i – l-a, var'i – l'-i; 2) 개방 단음절 완전 어간: žda – '기다리다': žd' – í, žd – ú, žd' – ó-s, žd – ú-t, ždá – 1, 여성 žda – l-á, 중성 ždá – l-a, 복수 ždá – l-i; 좁게 닫힌 어간: pliv – '수영하다': pliv' – í, pliv – ú, pliv' – ó-š, pliv – ú-t, plí – 1, 여성pli – l-á, 그러나 중성 plí – l-a, 복수 plí – l'-i; kl'an – '저주하다': kl'in' – i, kl'in – ú, kl'in' – ó-š, kl'in – ú-t, kl'á – l kl'i – l-á, 하지만 kl'á – l-a, kl'á – l'-i; l'j – '붓다': l'éj (참조. 2.122), l'j – ú, l'j – ó-š, l'j – ú-t, l'i – 1, l'i – l-á , 하지만 l'í – l-a, l'í – l'-i; 넓게 닫힌 어간: tr'as – '떨다': tr'is' – í, tr'is – ú, tr'is' – ó-š, tr'is – ú-t, tr'ás, tr'is – l-á, tr'is – l-ó, tr'is – l'-í, 미정형 tr'is – t'í; v'od – '데려가다': v'id' – í, v'id – ú, v'id' – ó-š, v'id – ú-t, v'ó – 1, v'i – l-á, v'i – l-ó, v'i – l'-í, v'is – t'í; b'er'og – '아끼다': b'ir'ig – í, b'ir'ig – ú, b'ir'iž – ó-š, b'ir'ig – ú-t, b'ir'ók, b'ir'ig – l-á, b'ir'ig – l-ó, b'ir'ig – 1'-í, b'ir'é – č(2.111 참조).

2.7. 생산성. 다음절의 강세 있는 완전 어간을 가진 모든 존재하는 동사 유형은 생산적이다. 어간은 고모음(i, u)으로 끝나거나 또는 어간의 모음 앞 교체자가 '출몰(mobile)' j로 끝난다(참조. 2.221 및 2.24).

예를 들어, xaltúr'i – '보일러를 켜다'; buz'í – '소란피우다'; bl'ofnú – '허세부리다'; šámaj – '먹다': 3인칭 복수 현재 šámaj – u-t ~ 여성 과거 šáma – l-a; v'igžel'áj – '흔들리다': v'igžil'aj – u-t ~ vigžil'a – l-a; xam'éj – '비열한 짓하다': xam'éj – u-t ~ xam'é – l-a; tr'est'írova – '신뢰하다': tr'ist'íruj – u-t ~ tr'ist'írava – l-a; m'it'ingová – '모이다': m'it'ingúj – u ~ m'it'ingavá – l-a.

2.8. 결론. 위에서 공식화되고 굵은 글씨로 된 규칙은 학생이 완전 어간의 목록을 살펴보고 어간과 어미, 억양의 모든 관련 교체와 함께 전체 활용 패턴을 추론할 수 있도록 한다. 이러한 몇 가지 개론적 규칙이 추가되면 동사를 완전 어간으로만 나열하는 사전만으로도 독자에게 동사의 활용에 대한 완전한 지식을 제공하기에 충분할 것이다. 그리고 이러한 규칙은 교육 목적으로 대중적인 형태로 제시될 수 있다. 완전 어간이 나열되지 않은 경우, 기본 형태로 설정하려면 두 가지 동사 형태 – 여성 과거형과 1인칭 단수를 제외한 일부의 현재형(이 작업에 가장 실용적인 것은 3인칭 복수이다)이 필요하다. 정서법을 마스터하려면 몇 가지 추가 기본 규칙이 필요하다. 그리고 마지막으로 소수의 '예측할 수 없는' 불규칙성을 특별히 학습해야 한다.

예외

3.1. 단일 불규칙형.

xot'é – '원하다', 2 및 3인칭 단수 현재 xóč – i-š, xóč – i-t (예상된 형태는 xat' – í-š, xat' – í-t).

b'ežá – '달리다', 1인칭 단수 현재 b'ig – ú, 3인칭 복수 b'ig – ú-t, 명령형 b'ig' – í (b'iž – ú 등 대신에)

kl'an – '저주하다', 미정형 kl'ás – t'(kl'a – t' 대신에).

id – '가다', 미정형 i – t'í (is – t'í 대신; 과거형은 보충법이다).

m'r – '죽다', p'r – '밀다', t'r – '문지르다', 미정형 m'ir'é – t', p'ir'é-t', t'ir'é-t. (m'ér – t', p'ér – t', t'er – t' 대신).[12]

sípa – '뿌리다', krápa – '물이 똑똑 떨어지다': 명령형 síp', kráp' (sípl' – i, krápl' – i 대신).

3.2. 전모음(prevocalic)과 전자음(preconsonantal) 어간 모양의 불일치.

예상되는 자음 교체가 네 동사에서 발생하지 않는다.

ará – '소리치다' ~ 3인칭 복수 현재 ar – ú-t; sosá – '빨다' ~ sas – ú-t; stona – '신음하다' ~ stón – u-t; žážda – '목마르다' ~ žážd – u-t.

경. 연자음의 분포(참조. 2.41-2)와 원순 및 비원순 현재 접미사의 분포(참조. 2.12)는 네 동사가 패턴에서 벗어난다. spa – '자다' ~ sp' – á-t; r'ov'é – '포효하다' ~ r'iv – ú-t; sm'ejá – '웃다' sm'ij – ú-t-ca; ržá – '말이 울다' ~ rž – ú-t.

4개의 동사에서 t의 '대체적 연음화'는 정규의 č 자리에 šč를 제공한다.

kl'ev'eta – '비방하다' ~ kl'iv'éšč – u-t; ropta – '투덜거리다' ~ rópšč – u-t; skr'ežeta – '삐걱거리다' ~ skr'izéšč – u-t; tr'ep'eta – '두근거리다' ~ trip'éšč – u-t.

두 동사가 자음의 불규칙한 교체를 나타낸다. slá – '보내다' ~ šl' – ú-t; jéxa – '타고 가다' ~ jéd – u-t.

불규칙한 모음 교체는 세 동사에서 발생한다. molo – '갈다' ~ m'el' – u-t; poj – '노래하다' ~ 여성 과거 p'é – la; br'éj – '면도하다' ~ br'í – l-a.

불규칙한 영 모음 교체는 네 동사에서 나타난다: zva – '부르다' ~ zav – ú-t; bra – '가지다' ~ b'ir – ú-t; dra – '찢다' ~ d'ir – ú-t; tolok – '때리다' ~ talk – ú-t.

네 동사는 일반적인 강세 패턴을 따르지 않는다: rod'í – '낳다' ~ 여성 과거 rad'i – l-á, 중성 rad'í – l-a, 복수 rad'í – l'-i(완료상); pr'ad – '돌리다' ~ pr'i – lá, pr'á – l-a, pr'á – l'-i(2.62 참조); l'éz – '오르다' ~ 3인칭 복수 현재 l'éz – u-t(2.61 참조); dn'ová – '하루를 보내다' ~ dn'új – u-t(2.24 참조).

다섯 동사는 전모음과 전자음 어간 모양 사이에서 다중 불일치를 나타낸다. 3인칭 복수 현재 gón' – u-t ~ 여성 과거 gna – l-á '쫓다'; st'él' – u-t ~ stla – l-á '퍼지다'(규칙적인 st'il'í – l-a 대신에); l'ág – u-t ~ l'ig – l-á '눕다'; s'ád – u-t ~ s'é – l-a '앉다', búd – u-t ~ bi – l-á '-이다'.

3.3. 비정상적인 동사.

두 동사 – jés – t' '먹다'와 dá – t' '주다'는 현재와 명령형에 변칙적인 패러다임을 가진다: jé – m, jé – š, jés – t, jid' – í-m, jid' – í-t'i, jid' – á-t, 명령형 jé – š; dá – m, dá – s, das – t, dad' – í-m, dad' – í-t'i, dad – ú-t, dáj.

1948년 가을 뉴욕주 헌터에서 작성되었으며 Word, VI(1948년)에 처음 출판되었다.

미주

1. L. Bloomfield, Language 13.4. (New York, 1933)를 보라.
2. 참조. 블룸필드의 '이론적 기본 형태(theoretical basic forms)'(혹은 '인공적 기저 형태(artificial underlying form)' 라는 자극적 언급, op. cit., 13.9.
3. 블룸필드의 용어, '자동적으로(automatically)' 를 따라, 13.4.
4. 블룸필드의 용어, '문법적으로(grammatically)' 를 따라, 13.4.
5. 러시아어의 연자음에는 음소적으로 구개음화된(palatalized, e.g. t', p', r') 것과 구개음(palatal, 전구개음(prepalatal) c, 구개-치경 (palato-alveolar) s, z, 그리고 구개 반모음 j가 속한다.
6. 완전 어간이 a나 aj로 끝날 때.
7. 강세가 없는, 즉 약 위치에서 문제의 접미사는 고(확산 'diffuse'), 즉 가장 약한 모음민 허용하므로 이 진술은 '강도 끌림의 법칙(the rule of intensity attraction)'으로 표시될 수 있다.
8. 연자음은 날카로워진 예음성으로 특징지워지고 비원순 모음 대 원순 모음은 예음성(acute) 대 억음성(grave)이므로, 이 공식화된 규칙은 '예음성 견인 규칙 (the rule of acuteness attraction)'으로 명명될 수 있다.
9. 이것은 임의의 '유표적(marked, marque, merkmalhaltig)' 상이다. 참조. R. Jakobson, "Zero Sign" (본 책, 11장).
10. R. Jakobson, "러시아어 동사의 구조(Structure of the Russian Verb)"를 보라. [본 책, 1장].
11. 만약 경자음이 그 자음의 다른 변화 없이 단지 구개음화만 된다면, 러시아어 학생들은 그것을 'neperexodnoe smjagčenie(비전이적 연음화,

순 연음화(bare softening))'라고 부르고, 이에 수반되는 기본 조음 장소의 변화(연구개음에서 치음 혹은 구개음으로 전이) 또는 하나의 음소가 클러스터로 변화하는 것(구개음화된 자음의 삽입 'epenthesis of a palatalized consonant')은 'perexodnoe smiagčenie'(대체적 연음화 'substitutive softening')로 부를 것이다. 다음의 그룹이 해당된다.
k (k') č, s k (sk') šč, tk tk' −, g (g') ž, z g (zg') žǯ, x (x') š, t t' č, st st' šč, d d' ž, zd zd' žǯ, s s' š, z z' ž, p p' pl', b b' bl', f f' fl', v v' vl', m m' ml', n n' −, r r' −, l l' −.

12 닫힌 완전 어간의 접두된 동사 (u) + šíb − '상처주다'는 미정형을 열린 완전 어간 (u) + šib'í − 에서 형성한다.

제3장

러시아어 어간 접미사와 동사 상의 관계
(Relationship between Russian Stem Suffixes and Verbal Aspects)

"다양한 인도유럽어에서 형용사의 긍정, 비교급, 최상급은 음소의 수가 점차적으로 증가함을 보여준다. 예, high – higher – highest, altus – altior –altissimus. 이런 식으로 소리(signantia)는 의미(signata)의 단계적 영역을 반영한다.*** 복수의 기표(signans)는 형태의 길이가 늘어남에 따라 숫자 증분의 의미를 반영하는 경향이 있다.**** 다양한 슬라브어에서 더 긴 복수형/짧은 단수형이라는 다이어그램을 지속적으로 구축한 다양한 역사적 과정을 추적할 때, 언어 경험의 이러한 사실과 많은 유사한 사실은 '기표의 건전한 구조에서 기호의 값이나 의미에 닮은 것은 없다'는 소쉬르의 단언과 일치하지 않는다는 것을 증명한다.**"[1]

이 진술은 문법적 상을 구별하는 역할을 하는 러시아어 동사의 접미사로 예시될 수 있다. zamorózit' '얼리다(완료상)'와 zamorázivat' '얼리다(불완료상)'와 같은 두 동사는 동일한 접두사를 가지고 어휘 의미에서 동

---

*   기호와 관련된 용어들을 정리해서 본 역서에서 사용하고자 한다: signum (기호), signans (기표), signatum (기의), signata (의미), signantia (소리).

**   기호의 도상성(iconicity)에 관련되는 언급으로 볼 수 있다.

일하지만 각각 완료상과 불완료상이라는 다른 상을 갖는다. 완료상은 절대적 완료를 지시하는 서술된 사건을 제시하는 반면, 불완료상은 완료 또는 불완료와 관련하여 입장을 밝히지 않는다. 이에 상응하여 zamorózit'는 "동결을 완료하다"를 의미하는 반면 zamorázivat'는 '동결하다'를 의미하지만 해당 과정이 완료되어야 하는지 여부에 대한 부수적인 정보가 없음을 의미한다. 따라서 불완료와 대조적으로 완료상은 서술된 사건의 범위에 대한 제한을 함축한다.[2] 두 동사의 완전 어간 [za + moróz'-i –]와 [za + moráž-ivaj –]을 비교하면 몇 가지 차별적인 특성이 관찰된다;

(1) 불완료상 어간에서만 비성음절적 /j/가 종결 모음을 뒤따른다.

(2) 이 모음은 불완료상에서 집약음(compact)이지만, 완료상 어간에서 확산음(diffuse)이다: /a/ 대 /i/.

(3) 완료상 어간에서 접미사는 하나의 모음 – /a/ – 로 제한되고, 불완료상에서 접미사는 두 개의 모음과 그 사이의 한 자음으로 구성된다. – /iva/ –.

(4) 완료상 어간의 끝에 있는 확산의 전모음적 자음(diffuse prevocalic consonant) /z/에 불완료상 어간의 종결 집약적(final compact) /ž/가 상응한다. 예를 들어, 완료상 uslóvit'sja [u + slóv'-i – t'-s'a] 및 불완료상 uslávlivat'sja [u + slávl'-iva – t'-s'a]의 어간은 각각 단일 자음 /v'/ 와 자음군 (子音群: consonant cluster) /vl'/로 끝난다.

(5) 완료상 동사의 어근에 있는 비집약의 강세된 모음 /ó/는 불완료상 동사의 집약성 /á/에 대립한다.

두 상관된 동사 형태의 이 모든 차이는 문법적 의미와 대립적인 도상적 일치(iconic congruence)를 보여준다. 완료상은 서술된 사건의 제한된 범위를 신호하고 그에 따라 더 적은 수의 음소가 완료상 어간 접미사를 특징짓는다(항목 1 및 3). 두 상 사이의 동일한 의미 관계는 확산 대 집약 혹은 비집약 대 집약의 음소적 대립(항목 2, 4, 5)에 의해 반영되는데, 이는 "크기의 척도, 즉, 작은 대 큰의 상징주의"가 "일반 청취자들에게 확산 및 집약의 대립과 잠재적으로 연결되어 있기" 때문이며,[3] 즉, 확산 대 비확산 및 집약 대 비집약이라는 모순(contradictories)의 두 쌍으로 이분되는 두 반대(contraries)의 관계 때문이다.

외적으로는 어간 접미사(thematic suffixes)와 내적으로는 문법적 상이 다르지만 어휘적 의미에서는 다르지 않은 하나의 동일한 접두사가 제공되는 두 개의 러시아어 동사의 모든 쌍에 분석의 동일 원칙을 적용하면서, 상관된 불완료상과 완료상의 완전 어간 사이에 형식적 차이의 몇몇 유형이 있음을 발견하였다. 동일 접두사를 가지는 어간의 쌍은 접두사가 없는 어간과 별도로 논의되어야 한다. 먼저 우리는 복합 어간 쌍, 즉 접두사 있는 어간을 조사하고 이어서 단순 어간 쌍을 조사할 것이다.

복합 어간의 상 쌍은 차례로 다른 변형을 나타낸다. 그러한 불완료상 어간에 한 모음의 접미사가 제공되면, 그것은 항상 [-í-]이고 및 상응하는 완료상 어간은 접미사를 가지지 않는다. 예, uvozít' ~ uveztí, prinosít' ~ prinestí. 이 동사 쌍에서 불완료상 완전 어간의 모든 다른 접미사는 [-áj-], [-váj-] 및 [-ivaj-]이다. 접미사 [-áj-]의 불완료상은 다음의 완료상 어간에 상응한다. 1) 모음 접미사 없음 – propadát', vlezát' [-aj-] ~ propást', vlézt' [-#-]; 유사하게 produvát' ~ prodút', sogrevát' ~ sogrét'; 또는 2) 한 모음 접미사가 있음 – 일반적으로 확산의 [-í-] 또는 [-i-], 예: obvinját' ~ obvinít', zakupát' ~ zakupít', proverját' ~ provérit'; 비집약 [-é-] 또는 [-e-], 예: vletát' ~ vletét', stirát' ~ sterét', obižát' ~ obídet'. [-áj-]를 가진 불완료상 완전 어간에

완료상 완전 어간이 동등하게 집약음인 [-á-]로 대립될 때 그 차이는 완료상의 한 음소 접미사와 불완료상의 두 음소 접미사에 있다. 예, vbegát' ~ vbežát' (cf. vbegá'ju ~ vbegú), 게다가 자주불완료상의 상보적인 어근 모음이 완료상의 영으로 교체된다. 예, poryvát', udirát', peresylát' [-áj-] ~ porvát', udrát', pereslát' [-á-]. 불완료상의 [-áj-]가 완료상의 [-a-]에 상응한다면, 강세된 모음의 더 높은 강도가 불완료상 행위의 무제한적 배포를 도상적으로 표상한다.

완료상 동사의 두 음소 접미사 [-nú-] 또는 [-nu-]에 불완료상 어간은 세 음소 접미사 [-iva-] - podprýgnut' ~ podprýgivat', začerknút' ~ začërkivat' - 또는 두 음소 접미사 [-áj-]에, 그 완료상 접미사의 집약음 /á/ 대 /ú/ 또는 /u/에 상응한다. nameknút' ~ namekát', privýknut' ~ privýkat'.

완료상 어간 [-áj-] 또는 [-aj-]는 불완료상의 더 긴 접미사 [-ivaj-]에 상응한다. zapugát' ~ zapúgivat*, podslúšat' ~ podslúšivat'.

완료상의 접미사의 첫 모음 앞의 어간 자음이 상응하는 불완료상 어간에서 자음군으로 대체될 수 있다. pricepít' ~ pricepliát', uglubít' ~ ugluliját', potrafít' ~ potrafiját', vstávit' ~ vstavlját', uvedomít' ~ uvedomlját', ugodít' ~ ugoždát'. 어간 끝에 전모음 자음의 교체가 있는 경우, 완료상 동사의 확산 자음은 일반적으로 집약 자음과 짝을 이룬다. otvétit' ~ otvečát', smutít' ~ smuščát', ugostít' ~ usgoščát', spustít' ~ spuskát', provodít' ~ provožát', povýsit' ~ povyšát', priblížit' ~ priblizát'. 완료상 어간의 비집약 /ó/는 상응하는 불완료상 어간의 집약 /á/와 교체된다. nastróit' ~ nastráivat', unavóžit' ~ unavážívat', zabrósit' ~ zabrášyvat'.

완료 대 불완료, 접두사된 동사의 유일한 상적 대립은 단순, 즉 접두사 없는 동사의 두 상적 변별로 보완된다. 접두사 없는 불완료상 동사 중에서, 몇 쌍은 서술된 사건의 완전성(integrity)과 비단절성(unbrokenness)을 신호하는 정태 상(determinate aspect)과 이런 신호가 결여된 부정태 상에 속한다. 정태 동사의 더 높은 시간 감소(temporal reduction)는 복합 동사(compound verbs)를 완료 및 불완료로 나누는 동일한 문법 과정의 사용이라는 외적 표현으로 나타난다.

완료도 아니고 정태도 아닌 다수의 단순 동사(simple verbs)는 분리되어 러시아어 문어에서 사라지지만 여전히 구어에서 반복(iterative)과 비반복 상의 대립으로 자주 사용된다. 전자는 과거에 반복되고 일반적인 사건을 신호한다. 반복 행위에 포함되는 더 넓은 영역의 관점에서 동일한 접미사 쌍이 단순 반복 및 상응하는 비반복 동사에 의해 사용되고, 이는 복합 불완료와 완료 동사에 의해 사용되는 것과 마찬가지이다. 완료상과 불완료상의 변별을 위해 동일한 접두사를 사용한 동사의 쌍은 접두사가 제거되면, 다음 세 가지 상 대립 중 하나를 충족한다: 완료상 razrešít' ~ 불완료상 razrešát' – 완료상 rešít' ~ 불완료상 rešát'; 완료상 unestí ~ 불완료상 unosít' – 정태 nestí ~ 부정태 nosít'; 완료 zagovorít' ~ 불완료상 zagovárivat' – 비반복 govorít' ~ 반복 govárivat'.

접두어가 없는 동사의 상 쌍에서, 접미사 [-í–], [-i–], [-aj–]에 대비되는 비주제(athematic) 어간은 정태 동사를 지정한다: veztí ~ vozít', lézt' ~ lázit', polztí ~ pólzat'; 그러나 비주제 완료상 어간이 접미사 [-aj–]의 불완료상 동사에 대립하는 한 사례가 pást' ~ pádat'이고, 어간 접미사가 없는 비반복 동사가 완전 어간 접미사 [-áj–]에 대립하는 적어도 하나의 예가 ést' ~ edát'이다.

정태 어간의 한 음소 접미사는 부정태 어간의 두 음소 접미사와 쌍을 형성한다. bežáť ~ bégať, letéť ~ letáť, katíť ~ katáť.

모든 반복 동사는 상응하는 비반복 동사보다 더 긴 접미사를 가지며 공통 접미사가 제공될 때 이러한 모든 상 쌍은 완료상과 불완료상의 대립을 충족한다: 참조. esť ~ edáť 와 s"ésť ~ s"edáť, znať ~ znaváť 와 uznáť ~ uznaváť, peť ~ pevať 와 otpéť ~ otpeváť, pisáť ~ písyvať 와 pripisáť ~ pripísyvať, igráť ~ ígryvať 와 proigráť ~ proígryvať, kuríť ~ kúryvať 와 zakuríť ~ zakúryvať.

일반적으로 단순 완료상과 불완료상 동사의 쌍은 각각 접미사 [-í-] 와 [-áj-]를 사용하거나 [-n-ú-] 또는 [-nu-]의 어간을 불완료상 어간 [-áj-] 또는 [-aj-]에 대립시킨다. glotnúť ~ glotáť, čerpnúť ~ čérpať, prýgnuť ~ prýgať. 완료상의 [-nú-] 또는 [-nu-] 어간은 또한 단모음 접미사가 있는 불완료상 어간에 상응할 수 있다: 집약의 [-á-] - kríknuť ~ kričáť, 비확산 [-é-] 또는 [-ó-] - blesnúť ~ blestéť, svísnuť ~ svistéť, koľnúť ~ kolóť, 그리고 마지막으로 확산 [-í-] - skoľzíť ~ skoľznúť, ševelíť ~ ševeľnúť, kutíť ~ kutnúť. 이것은 더 짧은 불완료상 접미사의 유일한 상 쌍의 사례이고, 동시에 상응하는 완료상 접미사에서와 같이 균등하게 확산된 모음의 경우이다. 예외적으로, 완료상 접미사 [-nú-], [-nu-]와 불완료상 단모음 접미사와 상응하는 것과 유사 사례를 복합 동사에서 찾지 못하는 것은 중요하다. 참조. soskoľznúť ~ soskáľzyvať, poševeľnúť'sja ~ poševélivať'sja, vskríknuť ~ vskríkivať, prisvístnuť ~ prisvístyvať. 완료상 접미사 [-nú-] 또는 [-nu-]에 불완료상 단모음 접미사와 대립시키는 소수의 사례와 완전히 고립된 쌍 dúnuť ~ dúť의 사례를 제외하고, 접두사가 없거나 동일한 접두사가 있는 동사의 각 상 쌍은 다음 규칙을 따른다.

의미상 비제한적이거나 확장적인(expansive, 즉, 불완료, 부정태 또는 반복) 상의 동사는 반대 상의 상관 동사보다 더 긴 어간 접미사를 갖는다.

이 접미사의 마지막 또는 유일한 모음은 결코 상적 짝의 상응하는 모음에 확산 대 비확산(또는 비집약 대 집약)의 관계에 있지 않다.

관련된 문법적 과정의 역사적 배경이 무엇이든, 현대 러시아어의 상 디자인의 도상적 특성은 명백하다.

István Kniezsa Memorial Volume을 위해 1966년 6월 캘리포니아 라호야에서 작성됨.

미주

1. R. Jakobson, "Quest for the Essence of Language". *Selected Writings* II (The Hague: Mouton, 1971), p. 345 ff.
2. 러시아어 동사가 나타내는 문법적 과정과 개념에 대한 더 자세한 분석은 저자의 초기 연구인 "러시아어 동사의 구조"[본 책, 1장]; "러시아어 활용"[본 책, 2장]; "쉬프터, 동사 범주, 그리고 러시아어 동사" [본 책, 5장].
3. R. Jakobson, C. G. M. Fant, M. Halle, *Preliminaries to Speech Analysis* (Cambridge, Mass., M.I.T. Press, 1964), 2.413 참조.

제4장

러시아어 및 우크라이나어 명령법의 구조
(Structure of the Russian and Ukrainian Imperative)

I

심리학자들은 말의 청유적(hortatory, conative) 기능과 인지적 기능 사이의 본질적인 차이에 오랫동안 관심을 기울여 왔다. 명령형 문장에 포함된 정보를 분석하고 측정하는 방법의 복잡한 문제는 수학적 커뮤니케이션의 뛰어난 이론가인 맥케이(D. M. MacKay)에 의해 날카롭게 제기되었다("The Informational Analysis of Questions and Commands", *Information Theory*, ed. C. Cherry [런던, 1961]). 수학적 논리학 분야의 전문가들은 명령형 발화의 논리적 특성을 밝히고 평서문과의 수렴과 평서문에서 분기됨을 정의하기 위해 반복적으로 시도했다. 이러한 모든 시도 중에서 언어학에 관한 한 가장 유익한 것은 코펜하겐의 논리학자 요르겐센(Jörgen Jörgensen)의 "명령법과 논리"("Imperatives and Logic" in *Erkenntnis* VII (1938))라는 논문이다. 여기서 저자는 자신의 주제에 대한 엄격한 언어학적 정의에서 나아가고 있다. 그 정의는 명령법 문장을 주 동사가 명령법인 문장으로 특징짓고, 그 기준을 실제로 거기서 사용하였다. 이렇게 생각하면 명령문은 한편으로 명령(commands)의 개념을 넘어서 확장된다. 왜냐하면 "명령 뿐만 아니라 요청(requests), 탄원(pleas), 호소(appeals) 및 무언가를 하고 싶거나 하고 싶어하지 않기를 의도하거나 바라는 기타 언어적 표현을 포함하기 때문이다." 다른 한편으로 평서문 발화의 층위로 명령법 구문의 전이되는 다양한 형태가 문제가 되는 언어적 개념의 외부에 남아 있다는 것이다. 실제로 이 두 부류의 발화는 논리학자에 의해 자주 혼동된다.

요르겐센은 평서문에 대한 진리 테스트를 명령문에 적용할 수 없다고 올바르게 지적한다: "조용히 해! – 참 혹은 거짓인가? 무의미한 질문이다"(참고. W. Dubislav, "Zur Unbegründbarkeit der Forderungssätze", *Theoria*, III/ 1937; A. Hofstadter and J. C. C. McKinsey, "On the Logic of Imperatives", *Philosophy of Science*, VI [1939]; R. M. Hare, "Imperative Sentences", *Mind*, LVIII [1949]; H. S. Leonard, "Interrogatives, Imperatives, Truth, Falsity, and Lies", *Philosophy of Science*, XXVI [1959]). 평서문의 언어로 치환된 모든 것과 진정한 명령 구문을 날카롭게 구분하는 것에 그러한 테스트를 적용할 수 없다. 참–거짓 기준은 명령형 "일해!"에 적용할 수 없지만 직설법 대체물에 적용될 때 완전히 규칙적이다. "당신은 일해야 한다", "당신은 일할 의무가 있다", "당신은 일해야 한다", "당신은 일할 것이다" 같은 문장은 다음과 같은 판단에 즉각적으로 해당된다: 실제로 일할 의무가 있는지 여부, 수화자가 일해야 하는 것이 사실인지 여부, 그가 할 것인지 여부. 또 다른 유형의 전이는 대상 자체가 아니라 의지 표현이라는 사실 자체를 술어로 바꾸는 것이다. "내가 너에게 일하라고 명령한다", "내가 너에게 일할 것을 요구한다", "너는 일하라는 말을 들었다" 같은 경우, 테스트에 열려 있는 것은 바로 명령의 사실이다. 명령이 있다는 것이 사실인가?

이에 상응하여, 순수하게 언어적 수준에서 명령문을 의문문으로 직접 변환할 수 없다는 것은 명령법의 변별적 특성이다. 다른 모든 언어 구문은 상응하는 의문문으로 바뀔 수 있는 반면(예: "일하고 있나요? 일했나요? 일할 건가요? 일할 것 같나요?") 명령문 "일해라!"는 상응하는 의문문 형성이 결여된다. 조동사 shall과 should를 명령법의 집합에 포함시키는 라이헨바흐(H. Reichenbach)의 시도(*Elements of Symbolic Logic* [New York, 1947], p. 342)는 살아있는 언어에 대한 학자의 작업에 전형적인, 기초적 언어 개념의 불행한 혼란을 표상한다. You have done it. – Have you? '네가 그것을 할 것이다. – 할거니?' 같은 짝을 제외하고 You shall do it. – Shall you? '네가 그것을 해야 한다. – 해야지?' You should do it. – Should you? '네가 그것을 해야만 한다. – 해야만 하지?' 같은 문장의 짝은 단일한 Do it! '그것을 해라!'에 확연히 대조된다.

명령법 문장, 또는 다른 용어로, 그 문장의 등가물이 통사적 연구에서 적절하게 해명되었다 하더라도 명령법의 형태론적으로 변별되는 특성은 아직 충분한 관심을 받지 못했다.

II

이와 관련하여 슬라브 명령법의 역사적 운명과 현재 위상은 작지 않은 관심을 받는다. 굴절 접미사 없이 혹은 다양한 표현적 소사(particle)를 동반한 동사 어간은 단독으로 인도–유럽어의 명령법으로 사용되었고, 우리가 알고 있듯이, 원슬라브어(proto-Slavic)의 고대 기원법(old optative)

에 의해 만들어졌다. 기원법 형태가 진정한 명령법 형태가 되는 과정에서 겪은 일련의 변화는 지극히 교육적이다. 이러한 라인을 만든 이들은 인도-유럽어 형성에서 나타난 일종의 상습 범죄(recidivism)가 현대 러시아 명령법에서도 분명히 보인다는 것을 알아차렸다. 예를 들어, 독립적으로, 혹은 고립된 접미사들과 교착 방식으로 함께 사용되는, 명령형이 동사 어간 단독형과 유사해지는 것이다(위의 35-36쪽 및 아래 107-110쪽 참조). 음운론적으로 그것은 일종의 소사로 취급된다. 명령법 접미사를 그렇게 취급하게 된 직접적인 동기는 2인칭 복수형이었는데, 이 복수형은 동일 인칭의 단수형에 어미를 추가한 것이다: kín' – kín'te '던지다, nesí – nesíte '가지고 가다'. 접미사 -te 의 해방은 다음과 같은 점에서 분명하다. (1) "나와 너희들"과 "나와 너"를 변별하기 위해 1인칭 형태에 추가됨 - pojdemte '우리 같이 가자'(지난 세기에는 종종 poidem-te로 작성됨), (2) 감탄사에 동일한 접미사를 추가한다(nu-te, "지금, 너희 모두"). 이 소사의 자립성에 대한 인식은 로마노프(Pantelejmon Romanov)의 소설의 다음과 같은 대화에 의해 설명된다.

- Sadites' sjuda, - skazala Ket*** (여기 앉으세요. - 케트(Ket)가 말했다)
- Tol'ko "te" nužno vybrosit', zametil Miten'ka. – Sadis', a ne sadites'
(te는 빼야돼, 미텐카가 언급했다. – 사디스지, 사디테스가 아니야)

형태소 접합부에서 적용되는 일반적인 음성 법칙과 대비되고, 단어 경계와 어간과 명령법 접미사 사이의 접합부에서는 동일한 법칙이 작용한다. 예를 들어 명령형 /p'át'sa/ pjat'sja '뒤로 가다'를 직설법 /talp'átca/ tolpjatsja '그들이 모여 있다' 및 미정형 /kupátca/ kupat'sja '목욕하다'

와 비교하시오. 또는 명령형 /zabút'sa/ zabud'sja '잊어라'을 직설법 / skr'ibútca/ skrebutsia '그들이 긁다'와 미정형 /zabítca/ zabyt'sia '자신을 잊다'와 비교하시오. 또한 치음 앞의 연음 치음과 순음에 주목하시오. 이 경우가 아니면 단어 내에서 이 음들은 발생하지 않는다. /ad'én'sa/ oden'sja '옷 입어라', /žár'sa/ žar'sa '일광욕해라', /pr'ibl'ís'sa/ pribliz'sja '가까이 오라', /upr'ám'sa/ uprjam'sja '고집부려라', /gatóft'i/ gotov'te '준비해라', /gráp't'i/ grab'te '훔쳐라'.

　명령형의 끝과 단어의 끝을 연결하는 유사한 형태론적 현상이 다른 슬라브어에서도 관찰된다. 예를 들어 유성 및 무성 자음은 체코어와 폴란드어 모두에서 대립하는데, 특정 폴란드어 및 체코어 방언에서 무성 자음이 공명음 앞에서 유성음화되지만, 반대로 일부 다른 방언에서는 상응하는 위치에서 유성 자음이 무성음이 된다. 이 두 경우에 명령형 어간의 마지막 자음은 일인칭 복수 접미사 앞의 위치에서 정확하게 동일하게 처리된다. 단어의 마지막 자음이 첫 공명음 앞에서 유성음화되는 방언에서 [유성 자음이 명령형에서 /m/ 앞에 나타난다. 그래서 폴란드어 방언에서] 우리는 groźmy와 powiedzmy 뿐만 아니라 nieźmy와 pledźimy도 발견하는 반면 체코어는 nezme 뿐만 아니라 vezme도 있고 따라서 vez mi와 nez mi도 있다. 그래서 공명음 앞 단어의 마지막 자음이 무성음인 방언에서 무성 자음이 명령형의 /m/ 앞에서도 나타난다. 따라서 nieśmy, plećmy, grośmy, powiecmy와 체코어에서 nesme, vesme(어근 nes 및 vez에서)는 단어 조합인 nes mi, ves mi와 같이 나타나고, 반면에 유성음화는 단어 내에서 /m/ 앞의 위치에 유지된다: vezme '그는 잡을 것이다'.

III

우크라이나 명령형의 독특한 발전은 연구자들에게 끊임없는 수수께끼였다. 일련의 질문 전체가 잘려나갔다. 왜 명령형 어미 -mo와 -te에서는 모음이 사라지고 현재 시제의 상응 형태에서는 동일한 모음이 일관되게 유지되는가? 즉, pasémo, paséte 같은 1인칭과 2인칭 복수 직설법과 이에 상응하는 명령형 pasím, pasít' 사이에서 단어의 최종 위치의 차이를 어떻게 설명할 수 있는가? 후자 형태의 최종 자음의 연음성에 대한 어떤 역사적 이유가 있는가? 비록 우크라이나 자음이 /e/ 앞의 위치에서 원래 부드러웠다는 가정을 받아들인다 하더라도, 이 어미에서 마지막 /e/의 상실이 /e/ 앞의 자음이 경음화되는 것보다 이전에 우크라이나어에서 일어났을 수 있다는 것을 인정하기 어렵다.

우크라이나 소리의 역사가 증명하듯이, /e/ 앞에서 자음은 이미 13세기에 경음이었다. 반면에 어말에 /e/가 없는 2인칭 복수 명령형의 예는 16세기 말보다 오래되지 않았다. 절단된 어미가 "명령형에서만 발생하고 현재 직설법에서는 절대 발생하지 않았다는" 사실은 인문학자들에게 오랫동안 걸림돌이 되었고, -te의 명령형이 가정된 원슬라브어 명령형 변이형 *-tŭ*와 교차되었다는 결과의 다소 있을 법하지 않은 가설을 상정하도록 자극했다(참조. G. Il'inskij, "Zur Geschichte des Imperativs im

---

* 원문의 u는 하단에 부드러운 원형의 호(breve)를 가진다. 다음과 같이 원문에서 표기된다: *tŭ. 이는 초단모음 u를 표기하는 방식이며, 다른 슬라브어 역사언어학 서적에 많이 사용된다. 그러나 IPA(국제 음성학회)의 표기법에 따르면 초단음 표시는 해당 모음의 위에 단음 기호(breve)를 표기하는 것을 원칙으로 한다: ŭ. 참고. https://en.wikipedia.org/wiki/Breve

Kleinrussischen", *Zeitschrift für slavische Philologie*, II/1925, pp. 127-133). 일인칭 복수에서 우크라이나어 명령형이 두 방언적 변이형 -to와 -tъ 사이의 교체를 차용했고, 이인칭 복수의 축약 형태는 이 교체의 유추로 발생했다는 추측과 왜 이 두 변이가 모두 "명령형의 독점적인 특권"으로 남아 있었는지에 대한 질문은 전문가들에게 계속해서 혼란의 원인이 되었다.

이제 우크라이나어 명령형의 어형계열체는 동사의 다른 형태와 비교하여 명령형의 특정 특성에 비추어 정확하게 고려되면 명확하고 근본적으로 일관성이 있음이 밝혀졌다. 약 예리(weak jers)가 상실되면서 즉각적으로 우크라이나어에서 다른 원슬라브어의 분기어와 마찬가지로 명령형 단수형을 순수 어간으로 줄이는 분명한 경향이 관찰된다. 이러한 경향은 두 가지 한계에 부딪힌다. 두 개 이상의 비성음절적 음소가 앞에 오는 경우 이 어미가 유지된다(stúkny, pidkrésly). 더욱이, 비강세 어간의 동사에서 완료상 접두사 vy-가 추가되더라도 최종 강세를 끌어들이는 결과로 어미가 유지되는 반면(nesy, vynesy), /j/가 마지막 비성음절적 음소인 경우, 마지막 모음은 항상 제거된다(taj, dij, stij). 언급된 두 가지 조건 중 어느 것도 충족되지 않는 경우, 즉. 마지막 모음 앞에 두 개의 비성음절적 음소의 조합이 없거나 비강세 어간이 아닌 경우, 어미는 일관적으로 상실된다.

만약 우리가 이 교체에서 기본적인 교체자(basic alternant) – 블룸필드(L. Bloomfield)의 용어로 – 는 무엇인가 묻는다면, 모음의 존재인가 혹은 부재인가를 묻는다면, 또는 부재에 대한 기본 대체가 무엇인지 스스로에게 묻는다면, 우리는 기본적 교체자의 역할을 정확히 모음의 부재에 돌려야 한다. 그 이유는 *kýny, *rády(kyn', rad' 대신) 등과 같은 존재하지

않는 형태가 우크라이나어 음운법칙의 틀 내에서 가능하지만, *hlýpn',
*bubn', *krýkn', *nes' 같은 강세 없는 모음을 가진 형식(hlýpny, búbny,
krýkny, nesý 대신에)은 이러한 법칙에 모순된다. 따라서 굴절 접미사가
없는 어간(theme)*은 공시적으로 기본 형태로 사용되는 반면 외부 조건
교체자 -y는 단순히 모범 모음(paragogical vowel: rad', kyn', výkyn', vir)
으로 나타나며, 이러한 마지막 모음의 상실은 우크라이나어에서 복수형
어미의 모음 선어말 접미사(vocalic prefinal suffix)까지 퍼진다(rád'mo,
rád'te, kýn'mo, kýn'te, vírmo, vírte, hrájmo, hráite, 하지만: nesím, nesít',
výnesim, výnesit', stúknim, stúknit', pidkréslim, pidkréslit'). 러시아어, 벨
로루시어, 폴란드어, 체코어 및 슬로바키아어의 역사에서 유사한 현상
과 비교하라. 서슬라브어들은 이러한 어미의 제거가 살아있는 과정이었
다는 사실을 증명한다. 14세기의 폴란드어 문헌과 그 세기 초의 체코어
문헌에서는 어말 강세의 상실에도 불구하고 prosi 같은 형태가 생존했지
만, 그 이후에 이전에 강세된 -i를 가진 모든 형태에서 마지막 모음이 상
실되었다(폴란드어 proś, 체코어 pros). 또한 동일한 원칙이 우크라이나어
의 이러한 어미에서 마지막 접미사의 모음에 확산된다: 모음 앞에 두 개
의 비성음절적 음소가 있으면 유지되지만 앞에 하나만 있으면 손실된다
(stán'mo, stán'te 와 stúknim, stúknit'를 비교하라).

방언에서 이러한 일반화는 단수 명령형의 마지막 모음에서 복수형의
마지막 모음으로 확산되었고, 이것은 2인칭에 한정된다. 반면에 1인칭
형태에서 마지막 모음은 유지되었다(nesím - nesít', stúknimo - stúknit',

---

*   어간은 stem, base, theme이라는 용어를 사용한다. 첫번째를 주로 사용하지만 러
시아어 동사의 활용과 관련하여 세번째 theme이라는 용어도 사용한다. 동사의 상
을 논의할 때 theme vowel을 어간 모음으로 부르는 것이 적절하다.

provítrymo – provítrit'). 결과적으로 2인칭 복수형에서 종결 모음이 있는 형태와 없는 형태 사이의 교체는 1인칭 복수형에서 해당 교체의 영향으로 전혀 발생하지 않았으며 이를 스말–스톡키(S. Smal-Stockyj)가 추정하였다 (*Grammatik der ruthenischen Sprache* [Vienna, 1913], §9). 단수 명령형에서 동일한 교체 모델에 직접적으로 영향을 주었다. 그래서 복수의 2인칭에서 종결 모음과 영 모음(zero) 사이의 교체의 유추에서, 우크라이나 방언의 일부는 명령형의 1인칭 단수 형태에서 유사한 대안을 획득했다.

명령형 어미에서 체계적인 영모음 교체(vowel-zero alternation)를 가진 방언인 우크라이나 문헌어의 서부 변종은 V. Simovyč의 Hramatyka ukraïns'koï movy(Kiev, 1919)의 기초를 형성했고, 이 방언은 하는 명령법에서 두 유형의 어미를 작동시킨다: 단수에서 #/V와 복수에서 #/V + C + V/# (#은 영(zero), V=모음, C=자음). 이러한 영을 포함하는 교체는 모두 비접두된 동사 어간의 구조, 즉 어간에 강세가 있는지 여부, 그리고 어미 앞에 오는 비성음절적 음소의 군(cluster) 유무에 따라 자동으로 조건이 지정된다. 따라서 어미의 모델은 단수에서 # 및 복수에서 이에 상응하는 # + C + V, 또는 단수에서 V와 복수에서 이에 상응하는 V + C + #의 두 가지 조합 변이형으로 표현된다. 여기에서 분석한 방언 유형에서 우리는 비성음절적 음소의 군집 뒤에서 명령형 굴절 접미사는 모음을 요구하고, 접두사가 없는 동사의 이러한 어미에서 강세가 없는 모음은 비성음절적 음소의 군집 뒤에서만 허용된다. 따라서 자음만이 명령형 복수 어미의 분리할 수 없는 요소이다.

우크라이나어 명사 어미에서 경자음과 연자음 짝이 없는 반면(즉, 예음성(sharpness) 기능의 유무에 따라 짝짓기), 동사 어미에서 짝지워진 자음은 어말 위치에서 연음이고(báčyt, báčat', berít'), 그러나 마지막 모음 앞에서는 항상 경음이다(státy, stála, stály, stánete, stán'te). 공시적 관점에서 우리는 명령형, 즉 제로 어미가 모음 어미와 교체되는 유일한 형태론적 범주에서 위에서 언급한 연음과 경음 사이의 분포의 원리가 어간의 종결 자음 음소에도 확산되었다는 것을 관찰한다. 여기에서 음소(경음성과 연음성에 짝지워진)는 단어의 마지막 모음 앞에서 경음이고 다른 모든 위치에서는 연음이다: svýsny, žený 와 kyn', kýn'mo, kýn'te, svýsnim, svýsnit'를 비교하라.

역사적으로 그 유추는 반대 방향으로 진행되었다고 가정해야 한다.

letý(경음의 모음 앞의 t 포함): trat'(연음 어말의 t'포함), = trát'te (경음의 모음 앞의 t 포함) : "x", 예 letít' (연음 어말의 t'포함).

따라서 2인칭 단수에서 어말 자음의 연음성은 종결 모음 앞의 동일 자음의 경음성에 대조적이고, 이 연음성은 2인칭 복수에서 어말 자음의 연음화의 동력으로 기능할 수 있으며, 이는 종결 모음 앞에서 그것의 경음성에 대조된다. 물론 우크라이나어 굴절 접미사 끝에서 이러한 짝을 이루는 모든 자음이 연음이라는 사실은 위에서 언급한 동력에 유리하게 작용했다. 이 연결에서 이와 관련하여 3인칭 단수 및 복수 현재 시제 어미에서 경음 /t/가 있는 대부분의 방언은 2인칭 복수 명령형에서도 종결 경음 /t/를 표시한다는 점에 주목하는 것이 흥미 롭다(참조. S. Bevzenko, *Istoryčna morfolohija ukraïns'koï movy* [Užhorod, 1960], p. 337).

우크라이나어 명령형과 일반적 한정형의 종결 모음에 관해, 특정 인칭 범주, 즉 1인칭과 2인칭 모두는 이 모음들의 변별적 특징에 의해 분명하게 구별된다는 점을 언급할 수 있다. 그 형태가 모음으로 끝나면, 1인칭과 유표적 인칭은, 무표적인 2인칭에 대조적으로 (위 1장의 VI 참조), 이 모음의 원형성(rounding)(평탄성(flatness))으로 특징지어진다(cf. kýn'mo 대 svýsny, kýn'te 또는 직설법에서 pasú, pasémo 대 paséte). 더 나아가, 단수의 인칭 형태의 종결 모음의 좁음(narrowness) (확산성(diffuseness))은 복수의 인칭 어미의 종결 모음에서 상대적인 넓음(relative broadness)(확산성의 부재)에 반대된다(svýsnu 와 svýsny 대 pasémo, paséte 와 kýn'mo, kýn'te). 그래서 종결 모음의 평탄성은 1인칭에 독점된 것처럼 보이며, 이는 2인칭뿐만 아니라 적절하게 말해서, 소위 '3인칭'인 무인칭 범주(impersonal category)에도 반대된다. 그에 따라, 모음은 1인칭 어미(im, xválymo, xvalím)에서 낮은 음조성(tonality)을 갖지만, 2인칭 및 3인칭 어미에서는 높은 음조성을 갖는다(ïsý, xvályš, xvályte, xvalít; xvályt', xváljat').

우크라이나 명령법과 그 활용 일반에 대한 분석은 슬라브어 동사 체계에 대한 유형론적 및 역사 비교의 연구의 맥락에서 봐야 한다. 이러한 구조 분석이 모든 부분과 결과를 아우를 때, 슬라브어 동사의 형태론적 구조와 발달에 의심할 여지 없이 새로운 빛이 비춰질 것이며, 그리고 다른 문법 범주 중에서 명령법이 차지하는 특별한 위치가 더 명확하게 드러날 것이다. 통사적 본질의 다양한 예비 고려 사항들을 논의를 위해 제시하는 것이 이미 가능할 것이다.

이 논문("Строй украинского императива")는 1963년 초 시카고에서 Zdzistaw Stieber 의 축하 논문집인 - Studia z filologii połskiej i slowjańskiej V(1965)를 위해 작성되었으며 마사릭 대학교(Masaryk University)의 학과 세션 강의(Brno, 1933)와 예일 언어학 클럽 강의(Yale

Linguistic Club, 1943), MIT 강의(1961)를 기반으로 한다.

제5장

전환사, 동사 범주, 그리고 러시아어 동사
(Shifters, verbal categories, and the Russian verb)

전환사와 다른 이중 구조들

1.1. 발신자에 의해 보내진 메시지는 그 수신자에 의해 적절하게 인식되어야 한다. 발신자에 의해 인코딩된 메시지는 수신자에 의해 디코딩된다. 수신자가 발신자가 사용한 코드에 더 근접하게 될수록, 얻는 정보의 양은 더 많아진다. 메시지(M)와 내재된 코드(C) 모두는 언어적 의사소통의 매체이지만, 둘 다 이중적으로 기능한다. 그것들은 즉시 활용되고 지시될(=가리켜질) 수 있다. 그래서 메시지는 코드를 지시하거나 다른 메시지를 지시할 수 있고, 다른 한편으로 코드 단위(code unit)의 일반 의미는 코드 혹은 메시지의 지시(reference, renvoi)를 암시할 수 있다. 따라서 4개의 이중 유형이 구분되어야 한다: 1) 두 종류의 순환성(CIRCULARITY) — 메시지를 지시하는 메시지(M/M), 코드를 지시하는 코드(C/C); 2) 두 종류의 중첩(OVERLAPPING) — 코드를 지시하는 메시지(M/C), 메시지를 지시하는 코드(C/M).

1.2. M/M) "보고된 발화(REPORTED SPEECH)는 발화 내의 발화이며, 메시지 안의 메시지이다. 그리고 동시에 발화에 대한 발화이고, 메시지에 대한 메시지이다"라고 볼로쉬노프는 이 중요한 언어적이고 문체적 문제에 대한 자신의 연구에서 이것을 공식화한다. 블룸필드의 용어를 사용하자면 "전달된(relayed)" 혹은 "옮겨진(displaced)" 발화는 우리의 담화에서 지배적일 수 있다. 이는 우리가 우리의 발화를 화자 자신에 의해 현재에 지각되는 사건으로 한정하는 것과 거리가 멀기 때문이다. 우리는 다른 사람과 자신의 이전 발화를 인용하며, 심지어 현재 경험의 일부를 자기인용의 형태로 제시하는 경향이 있다. 예를 들어, 다른 사람에 의한 진술로 현재의 경험을 대응한다. "Ye have heard that it hath been said*** But I say unto you***" 인용된 혹은 유사-인용된 발화에 대한 언어 과정의 다중 스케일(multiplex scale)이 있다: oratio recta, obiqua, 그리고 다양한 형태의 "표상된 담화(represented discourse(style indirect libre))". 불가리아어(안드레이친 Andrejčin), 콰키우틀어(보아스 Boas), 호피어(워프 Whorf) 같은 언어들은 타인의 증언으로만 화자에게 알려진 사건을 지시하는 특정 형태론적 장치를 사용한다. 그래서 투니카어에서, 전언에서 만들어진 모든 진술(직접 담화의 문장을 제외하고 대부분 텍스트의 문장을 포함한다)은 술어와 사용되는 인용 후치사 /-áni/의 존재로 식별된다(하스 Haas).

1.3. C/C) 고유 명사는 가디너(Gardiner)의 "논쟁적 에세이"에서 언어 이론의 매우 난해한(knotty) 문제로 다뤄지며, 언어 코드에서 특별한 위치를 차지한다: 고유 명사의 일반 의미는 코드를 지시하지 않고 정의될 수 없다. 영어의 코드에서 "Jerry"는 Jerry라는 이름의 사람을 의미한다. 순환

성은 분명하다: 그 이름은 그 이름이 할당된 임의의 사람을 의미한다. 보통 명사(appellative) pup는 어린 개를 의미하고, mongrel은 혼종의 개를 의미하고, hound는 사냥에 사용되는 개지만, Fido는 이름이 Fido인 개 이상을 의미하지 않는다. Pup, mongrel, hound같은 단어의 일반 의미는 puppyhood, mongrelness, houndness같은 추상화로 지시될 수 있지만, Fido는 그렇게 자격지울 수 없다. 버트란드 러셀을 재서술하면, Fido로 불리는 많은 개가 있지만, 그것들은 "Fidoness"의 어떤 특성도 공유하지 않는다. 또한 Jean, Jan, Joan, June 같은 이름에 상응하는 비한정 대명사(indefinite pronoun)인 "그녀의 이름(what's-her-name)", "당신이 부르는 그녀의 이름(what-do-you-call-her)", "당신이 그녀를 부르는 법(how-d'ye-call-her)"는 그 코드의 명백한 지시를 포함한다.*

1.4. M/C) 코드를 지시하는 메시지는 논리학에서 발화의 자립 방식(ATONYMOUS mode)이라는 용어이다. 우리가 "강아지는 매력적인 동물이다(the pup is a winsome animal)" 혹은 "강아지가 칭얼댄다(the pup is whimpering)"라고 말하면, 단어 pup는 어린 개를 지시하지만, 문장 ""Pup"는 어린 개를 의미하는 명사이다"이나 더 간단한 ""Pup"는 어린 개를 의미한다" 나 ""Pup"는 단음절이다"라는 문장에서 단어 pup는 카르납(Carnap)처럼 말하면 자신의 지칭(designation)으로 사용된다고 할 수 있다. 단어와 문장의 설명적 해석은 언어내적(완곡어법, 동의어)이거나 언어간(번역)일 수 있으며, 그것은 코드를 지시하는 메시지이다. 블룸필드가 지적한 것처럼 이러한 근본(hypostasis)은 발화의 반복인 인용과 밀접하게

---

* 코드의 기능을 의미 없는 지시로 보는 것이 언어의 랑그적 특성과 관련된다. 동시에 전체 체계인 순수 언어의 문제이다.

관계된다는 것이며, 이는 언어 사용과 습득에 중요한 역할을 한다.*

1.5. C/M) 임의의 언어 코드는 예스퍼슨(Jespersen)이 전환사(SHIFTER)로 이름 붙인 문법적 단위의 특정 부류를 갖는다: 전환사의 일반 의미는 메시지를 지시하지 않고 정의될 수 없다.

전환사의 기호학적 본질은 버크(Burks)가 퍼스(Peirce)의 기호를 상징, 지표, 도상으로 분류한 것에 대한 연구에서 논의된다. 퍼스에 의하면, 상징(예를 들어 영어 단어 red)은 표상된 대상과 관습적 규칙에 의해 연합되며, 지표(예, 가리키는 행위)는 그것이 표상하는 대상과 존재론적 관계에 있다. 전환사는 두 기능을 결합하므로 지표적 상징(INDEXICAL SYMBOL)이라는 부류에 속한다. 버크가 인용한 충격적인 예는 인칭 대명사이다. "나(I)"는 "나(I)"를 말하고 있는 사람을 의미한다. 한편으로 기호 "나(I)"는 후자인 "나(I)"(라는 소리)와 관습적 규칙에 의해 연합되지 않고 그 대상을 표상할 수 없다. 그리고 다른 코드에서 동일한 의미가 다른 연속체(sequences)인 I, ego, ich, ja 등에 할당된다. 결과적으로 "나(I)"는 상징이다. 반면에, 기호 "나(I)"는 대상과 존재론적 관계에 있지 않으면서 그 대상을 표상할 수 없다. 발화자를 지시하는 단어 I는 존재론적으로 그 발화와 관계되므로 지표로 기능한다(참고. 벤베니스트(Benveniste)).

인칭 대명사와 다른 전환사의 특이성은 단일하고 변화없는 일반 의미가 결여되어 있다고 간주된다는 것이다. 후설(Hursserl)은 " "나"라는 단어가 개별적으로 다른 사람을 의미할 수 있으며, 이런 식으로 항상 새로운 의미가 된다(Das Wort 'ich' nennt von Fall zu Fall eine andere Person,

---

* 이것은 A는 B이다 라는 형식으로 A에는 코드로 기능하는 단어, 설명되어야 하는 단어, B에는 A에 대한 설명, 서술이 들어간다.

und es tut dies mittels immer neuer Bedeutung)"라고 말한다. 문맥적 의미의 이런 다중성으로 인해 상징과 대조 구별(contradistinction)되는 전환사는 단순히 지표로 간주되었다(뷜러(Bühler)). 그러나 모든 전환사는 자신의 일반 의미를 갖는다. 그러므로 "I"는 그것이 속하는 메시지의 화자(addresser)를 의미한다(이 경우 "you"는 수화자(addressee)이다). 버트란드 러셀에게 전환사는 그의 용어로 "자기중심어(egocentric particulars)"이며, 전환사는 한 번에 하나 이상의 것에 적용되지 않는다는 사실에 의해 정의된다. 그러나 이것은 모든 비자립 단어(syncategorematic** words)에 공통적이다. 예를 들어, 접속사 but는 두 진술된 개념 사이의 반대 관계(adversative relation)를 매번 표현하며, 반대성(contrariety)의 일반적 사고를 표현하는 것은 아니다. 사실 전환사는 주어진 메시지를 의무적으로 지시한다는 유일한 차이점으로 모든 다른 언어 코드의 구성성분과 구별된다.

지표적 상징, 특히 인칭 대명사는 훔볼트적 전통에서 언어의 가장 기초적이며 원시적인 층위로 간주되지만, 반대로 그것은 코드와 메시지가 중첩되는 복합 범주이다. 그러므로 대명사는 어린이의 언어에서 늦은 습득에, 실어증의 초기 소실에 속한다. 만약 우리가 언어 과학자들 마저 다른 주어들이 동일하지만 간헐적으로 나타나는 기능을 의미하는 용어 I(혹은 you)의 일반적 의미를 정의하는데 어려움을 겪는 것을 관찰하게 된다면, 자신을 고유명사로 동일시하는 것을 배운 어린이가 인칭대명사 같은 분

** 명사, 동사, 형용사 등의 독립적이고 명확한 의미를 가지는 단어를 범주적 단어(categorematic words)라고 한다면, 전치사, 접속사, 관사, 소사 등은 독립적인 의미(참조 대상)를 갖지 않고, 다른 단어와 결합되어 문장 내에서 문법적·논리적 기능을 수행하는 단어를 공동범주적 단어(syncategorematic words)라고 합니다. 그러나 해당 용어보다 "비자립 단어"라는 용어가 언어학에서 빈번하게 사용되어 본 고에서도 비자립 단어로 표기합니다.

리가능한 용어(alienable term)에 쉽게 익숙해지지 않을 것은 매우 분명하다. 아이는 그의 대화자에 의해 you로 불릴 때 자신을 일인칭으로 말하는 것을 무서워할 수도 있다. 가끔 그는 이 명칭을 재분배하려고 할 것이다. 예를 들어, 그는 일인칭 대명사를 독점하려고 할 것이다. "너 스스로를 I로 부르려고 하지마. 오직 나만이 I이고, 너는 오직 you일 뿐이다." 혹은 그는 무분별하게 I나 you를 발화자와 수화자 모두에게 사용하여 이 대명사가 주어진 대화 속의 임의의 참여자를 의미할 수 있게 할 것이다. 마지막으로 I는 아이에 의해 철저하게 그의 고유 명사를 대체하여, 그 아이가 주변 사람들의 이름을 기꺼이 부르지만 고집스럽게 자신의 이름을 말하는 것을 거부할 수 있다. 그 이름은 그 작은 이름의 소유자에게는 오직 호격의 의미(vocative meaning)만을 가지며, I의 명명적 기능에 대립한다. 이런 태도는 유아적 생존으로 인내하며 지속된다. 그래서 가이 드 모파상(Guy de Maupassant)은 그의 이름을 자신이 발음할 때, 자신에게 매우 이상하게 들렸다고 고백한다. 자신의 이름을 발화하는 것을 거부하는 것은 사회적 관습이 될 수 있다. 젤레닌(Zelenin)은 사모아 사회에서 이름은 그 보유자에게 금기시되었다고 적고 있다.

1.6. 짐은 내게 "플릭스"가 영화를 의미한다고 말했다(Jim told me "flicks" means "movies"). 이 짧은 발화는 이중 구조의 모든 네 유형을 포함한다: 보고 발화(M/M), 발화의 자립적 형태(M/C), 고유 명사(C/C)와 일인칭 대명사와 사건이 메시지 전달에 선행함을 신호하는 과거시제인 전환사(C/M). 언어와 언어의 사용에서 이중성은 중요한 역할을 한다. 특히, 문법적 범주의 분류, 특히 동사 범주의 분류는 전환사의 지속적인 구별을 필요로 한다.*

---

* MM-told me, MC-A means B, CC-Jim, CM-me, told (과거시제).

2. 동사 범주 분류의 시도

2.1. 동사 범주의 분류를 위해 두 기본적 구분이 지켜져야 한다:

1) 발화 자체는 (s), 그 화제, 발화된 내용(n);
2) 사건 자체는 (E), "수행자(performer)"나 "피동자(undergoer)"같은 임의의 참여자는 (P).

결과적으로 네 항목이 구분된다: 발화된 사건(En), 발화 사건(Es), 발화된 사건의 참여자(Pn), 그리고 발화자(addresser)나 수화자(addressee)인 발화 사건의 참여자(Ps).

 2.11. 어느 동사라도 발화된 사건과 관련된다. 동사 범주는 사건 참여자를 관련시키거나 시키지 않는 두 하위범주로 나눠진다. 참여자를 관련시키는 범주는 참여자 자체를(P^n) 혹은 발화된 사건과 그들의 관계를 (P^nE^n) 특징지운다. 참여자들로부터 추상화된 범주들은 발화된 사건 자체를(E^n) 혹은 다른 발화된 사건들(E^nE^n)과의 관계를 특징지운다. 오직 하나의 발화된 항목 – 사건(E^n)이나 참여자(P^n) – 을 특징지우는 범주에 대해 지시사(DESIGNATOR)라는 용어를 사용하고, 하나의 발화된 항목(E^n 혹은 P^n)을 또 다른 발화된 항목(E^nE^n 혹은 P^nE^n)과 관계 속에서 특징지우는 범주는 연결사(CONNECTOR)라는 용어를 사용할 것이다.
 지시사는 발화된 항목의 질과 양을 보여주며, 이것들은 각각 질화사(QUALIFIER)와 양화사(QUANTIFIER)라는 용어를 사용할 것이다. 지시사와 연결사 모두 발화된 사건(narrated event: procès de l'énoncé)과/혹은 그 참여자들을 발화 사건(speech event: procès de l'énonciation)(. . /E^s) 혹은 그 참여자(. . /P^s)를 지시하거나 지시하지 않고 특징지울 수 있다. 그러한 지시를 함의하는 범주에 대해 전환사(SHIFTER)라는 용어를 사용하며, 그런 지시를 하지 않는 것들을 비전환사(NON-SHIFTER)라고 할 것이다.

이런 기본적 이분법과 관련시켜 어느 일반적(generic) 동사 범주들이라도 정의될 수 있다.

2.2. P^n) 발화된 사건의 참여자를 연루시키는 범주 중에서 성(GENDER)과 수(NUMBER)는 발화 사건을 지시하지 않고 참여자를 특징지운다. 성은 참여자를 질적으로 한정하고(qualifies), 수는 양적으로 한정한다(quantifies). 예를 들어, 알곤키안어(Algonquian)에서 동사 형태는 한편으로 수행자(performer)와 다른 한편으로 경험자(undergoer)가 활성인가(animate) 아니면 비활성인가를(inanimate) 보여준다(Bloomfield, 1946). 그리고 수행자와 경험자의 단수성, 쌍수성, 혹은 다수성은 코랴크어(Koryak)의 활용에 표현된다(Bogoraz).

2.21. P^n/P^s) 인칭(PERSON)은 발화된 사건의 참여자를 발화 사건의 참여자와 관련하여 특징지운다. 그래서 일인칭은 발화된 사건의 참여자의 정체가 발화 사건의 수행자라는 것을 신호하며, 이인칭은 발화 사건을 실재적 혹은 잠재적으로 겪는 사람을 식별한다.

2.3. E^n) 상태(STATUS)와 상(ASPECT)은 참여자를 관련시키지 않고 발화 사건을 지시하지 않으면서 발화된 사건을 특징지운다. 상태(워프의

용어)는 사건의 논리적 질을 정의한다. 예를 들어, 길리약어(Gilyak)에서 긍정(서술: affirmative), 추정(가정: presumptive), 부정(negative), 의문(interrogative), 부정-의문(negative-interrogative) 상태들은 특별한 동사 형태에 의해 표현된다(Krejnovič). 영어에서 단정(assertive) 상태는 "do"-조합을 사용하는데, 이는 특정 조건의 긍정 단언에서 선택적이지만 부정이나 의문 단언에서는 의무적이다. 발화된 사건을 양적 한정하는 상에 대해서는 3.3의 예를 보라.

2.31. E^nE^s) 시제(TENSE)는 발화 사건을 지시하면서 발화된 사건을 특징지운다. 그래서 과거 시제는 발화된 사건이 발화 사건에 선행한다는 것을 우리에게 알려준다.

2.4. P^nE^n) 태(VOICE)는 발화된 사건과 그 참여자들 사이의 관계를 발화 사건 혹은 화자와 상관없이 특징지운다.

2.41. P^nE^n/P^s) 법(MOOD)은 발화된 사건과 그 참여자 사이의 관계를 발화 사건의 참여자와 관련하여 특징지운다. 비노그라도프는 "이 범주가 행위와 행위자 혹은 목표 사이의 연결의 특징에 대한 화자의 견해를 반영한다"고 명백하게 서술한다.

2.5. E^nE^n) 이 범주에 대한 표준화된 이름이 없다. "상대적 시제" 같은 명칭은 다양성의 한 면만을 다룬다. 블룸필드(1946)의 용어인 "순서(order)" 혹은 그리스어 모델인 "탁시스(taxis)"가 가장 적절한 것으로 보인다. 탁시스(TAXIS)는 발화된 사건을 다른 발화된 사건과 관련하여 특징지우

고 발화사건과는 관련이 없다. 그래서 길리약어는 독립 탁시스의 세 종류를 구별하는데, 그것은 요구, 허용, 그리고 의존 탁시스를 제외하는 독립 탁시스이다. 의존 탁시스들은 독립 동사와 동시성(simultaneity), 선행성(anteriority), 중단성(interruption), 양보 연결(concessive connection) 등의 다양한 관계를 표현한다. 유사한 호피어의 패턴이 워프에 의해 기술된다.

2.51. $E^n E^{ns}/E^s$) 증거성(EVIDENTIAL)은 발화된 사건, 발화 사건, 발화된 발화 사건(E^{ns})의 세 사건을 고려하는 동사 범주의 임시 명칭이고, 발화된 발화 사건은 발화된 사건에 대한 정보의 추정된 근원이라고 볼 수 있다. 화자는 사건을 보고하는데, 다른 이의 보고에 기반하거나(인용, 즉, 풍문 증거: hearsay evidence), 꿈에 기반하거나(계시적 증거: revelative evidence), 추측에 기반하거나(추정적 증거: presumptive evidence), 자신의 이전 경험에 기반할 수 있다(기억 증거). 불가리아어의 동사 변화는 두 의미적으로 대립적인 형태의 세트를 구분한다: "직접 발화(direct narration)" (E^{ns} = E^s) 대 "간접 발화(indirect narration)" (E^{ns} 1 E^s). 증기선 에브도키야호에서 어떤 일이 있었는가라는 우리의 질문에 한 불가리아인이 처음으로 대답했다: zaminala "출발했다고 하네요(it is claimed to have sailed)", 그리고 추가했다: zamina "내가 확인했다; 그것은 출발했다(I bear witness; it sailed)". (런트(H.G. Lunt)의 "확인된(vouched for)" 그리고 "거리를 둔(distanced)" 사건 사이의 마케도니아어 동사 패턴에서 나타나는 체계적 구분에 대한 연구 참고.)

2.6. 이 모든 일반적 범주의 상호 관계는 다음의 도식에서 예시된다.

	참여자 포함된		참여자 포함되지 않은	
	지시사	연결사	지시사	연결사
질화사: 양화사:	성 수		상태 상	
		태		탁시스
전환사: 전환사:	인칭	법	시제	증거성

전환사 대 비전환사 대립과 관련해서 위 모델을 더 단순한 표로 압축할 수 있다.

	참여자 포함된		참여자 포함되지 않은	
	지시사	연결사	지시사	연결사
비전환사: 전환사:	P^n P^nP^s	P^nE^n P^nE^n/P^s	E^n E^n/E^s	E^nE^n E^nE^{ns}/E^s

3. 러시아어 동사의 문법적 개념

3.1. 러시아어 동사 형태에 의해 표현되는 문법적 개념을 목록화하고 분류해보자. 이 목록은 1932년과 1939년의 연구를 수정하고 보완한다. 이 연구에서 지적된 것처럼 두 상호 대립하는 문법적 범주 중 하나는 "유표적(marked)"이고, 다른 하나는 "무표적(unmarked)"이다. 유표적 범주의 일반 의미는 특정 자질 A가 (긍정적이거나 부정적이거나) 존재하는 것을 상술한다. 상응하는 무표적 범주의 일반 의미는 A의 존재에 대해 아무것도 상술하지 않으며, 주로 A의 부재를 보여주기 위해 사용되지만, 오직 그것만을 보여주는 것은 아니다. 무표적 용어는 항상 유표적 용어의 부정

(否定)이지만, 일반 의미의 층위에서 두 모순의 대립은 "A의 진술" 대 "A의 진술 없음"으로 해석될 수 있다. 반면에 "협소한(narrowed)" 핵심 의미(nuclear meaning)의 층위에서 우리는 "A의 진술" 대 "비(非)A(non-A)의 진술"의 대립을 만날 수 있다.

대립하는 문법 범주의 쌍을 언급할 때, 우리는 항상 그것들을 유표적 대 무표적이라는 순서로 특징지운다. 마찬가지로 부류(class)를 언급하면서 첫번째로 지시사과 연결사이 순서대로 언급된다. 각각의 부류 안에서 P와 관련되는 범주들은 E로 한정된 범주들 전에 목록화된다. 마지막으로 상응하는 비전환사에 앞서 전환사들을 다루는 것이 적절하다.

모든 동사 범주들이 다루어졌고, 동사와 형용사 모두에 문법적으로 관련되는 혼종 부류인 형동사는 제외되었다.

3.2. 인칭(PERSON): a) 인칭($P^n=P^s$라는 것을 신호하는) 대 무인칭; b) 인칭 안에서: 일인칭(발화자를 신호하는) 대 이인칭(임의의 상상할 수 있는 P^s와 더 좁게는 수신자를 신호하는); c) 이인칭 안에서: 포함적(발화자의 참여를 신호하는) 대 배타적(그런 지시가 없는). 명령법과 청유형은 이 구분을 사용한다: 참고. otdoxnem 과 otdoxni, otdoxnemte와 otdoxnite.

3.21. 성(GENDER): a) 주어적(subjective)(P^n의 존재를 신호하는) 대 중성(neuter); b)주어적 내: 여성(P^n이 남성이 아님을 신호하는) 대 남성(성을 특정하지 않는): Vošel staršij vrač, ženščina let soroka.

수(NUMBER): 복수(P^n의 복수성을 신호하는) 대 단수.

3.3. 시제: 과거 대 현재.

3.31. 상태(STATUS)는 러시아어에서 형태론적 층위가 아닌 통사적 층

위에서 표현된다: 참고. Ne on ⋯ Ne pojdet ⋯ On li? ⋯ Pojdet li? '그가 아니라...갈 것이 아닌가...그가?...갈까?'

상(ASPECT): a) 완료상(E^n의 절대적 완수와 관련되는) 대 불완료상(완수나 비완수에 관련되지 않은): 참고. 불완료상 pet' '노래하다'와 완료상 spet' '노래부르기를 마치다'; 불완료상 dopevat' '노래부르기의 마지막 단계에 있다'와 완료상 dopet' '노래부르기의 마지막 단계를 완료하다'; 불완료상 zapevat' '노래부르기의 시작 단계에 있다'와 완료상 zapet' '노래부르기의 시작 단계를 완료하다'; 과거는 두 사건 중에서 E^n이 E^s를 선행하는 것을 신호한다. 현재는 그런 순서를 함의하지 않는다. 결과적으로 완료상 동사는 과거 시제에 반복되는 완료로 사용될 수 없으며, 이는 시간적 순서에서 마지막 완료만이 완료상에 의해 표현되기 때문이다: Inogda on pogovarival (불완료) o reformax (완료상 pogovoril은 사용될 수 없다); To vystrel razdavalsja (불완료), to slyšalis' kriki (완료상 과거인 razdalsja, poslyšalis' 는 이 불완료상 형태를 대치할 수 없다). 만약 반복적 사건이 총합되고 그 마지막 완료가 진술되면 완료상의 과거가 사용될 수 있다: Za vse èti dni on ponagovoril o reformax. '이 모든 날에 그는 개혁에 대해 자주 이야기했다' 시간적 순서가 문법적으로 관련되지 않은 현재에는 각 완료가 절대적이고 완료상이 사용된다: Inogda on pogovorit o reformax; '가끔 그는 개혁에 대해 이야기한다' To vystrel razdastsja, to kriki poslyšatsja. '총 소리가 났고, 고함이 들렸다' 완료상 과거는 E^n의 (E^s의 관계에서) 시간적 선행과 그 완료를 신호한다. 완료상 현재는 E^n이 E^s를 선행하는가의 여부를 보여주지 않으며, 협의의 핵심 의미로 사용될 때, 그것은 E^n이 E^s를 선행하지 않는다는 것을 암시한다. 그리고 그 예상된 완료는 E^s에 후행한다: 미래성은 완료상 현재의 가장 일반적인 의미이다. 예를 들어, Oni zakričat '그들은 소리를 지를 것으로 예상된다'.

b) 불완료상 안에서: 정태(determinate: E^n의 통합성, 비구분성을 신호하는) 대 부정태(indeterminate). 예를 들어, exat' – ezdit'.

c) 불완료상이면서 부정태 안에서: 반복(iterative: 형식적으로 반복되거나 습관적이고 이후 최종적인 E^n) 대 비반복(non-iterative): On pljasyval '그는 춤을 추었다가 후에 멈췄다' – On pljasal '그는 춤을 추었다'.

d) 불완료상 안에서: 기동(inceptive: E^n의 시작을 신호하는) 대 비기동.

e) 기동상 안에서: 완료화된(perfectivized: "미래") 대 비완료화된(non-perfectived). 기동상의 두 변이형은 불완료상 동사의 미정형과 조동사 "-이다(to be)"의 현재형이 결합된 분절적 형태(periphrastic forms)로 표현된다. 비완료화된 기동상은 조동사의 불완료상 형태를 사용한다. 완료상화된 기동상은 상응하는 완료상 형태에 의존한다. 불완료상 현재형은 영형태(zero form, #)에 의해 표현되고 불완료상 과거 byl 등과 한편으로 완료상 현재 budu 등에 대립한다. 비완료화된 기동상은 단순히 시작하는 행위를 진술한다: Oni kričat' '그들은 소리지르려 한다'; 완료상화된 기동상은 시작하는 행위의 완료를 예상한다: Oni budut kričat' '그들은 소리지를 것으로 예상된다'. 이 두 형태 사이의 관계는 Oni kričat과 Oni zakričat 사이의 일반적 관계와 유사하다. [Oni kričat' 같은 형태가 단순히 생략 구문(=Oni stali 혹은 načali kričat')으로 문장의 마지막 위치에 제한된 것으로 주장되고 외적이고 지각가능한 행위를 만드는 미정형에 제한된 것으로 보는 것은 거부되어 왔다. 한정형 동사가 위와 같은 표현에서 생략된 것이라는 믿음은 샤흐마토프에 의해 올바르게 무시되어왔고, 조동사 "-이다(to be)"의 영형태를 속담에서 과거형으로 대치하려는 노력도 허사였다. Ljudi molotit'; a on zamki kolotit' '사람들은 고통받을 것

이고, 그는 자물쇠를 두드릴 것이다'. "마지막 위치"와 "구체적 행위" 같은 제한적 지시나 이 유형의 구문에서 이인칭형의 사용을 문제로 삼으려는 오래된 시도는 발화의 현재 변화(이사첸꼬에 대한 답이라고 하자: Ty filosofstvovat', da vsë bez tolku '너는 철학을 하려하지만, 여전히 어떤 의미도 갖지 않는다')를 고려하지 않는다.]

3.4. 법(MOOD): a) 조건적(conditional: 화자의 관점에서 일어날 수 있는, 하지만 실제 일어나지 않은 사건을 신호하는) 대 직설법(indicative).

참고. Žil by on na vole, ne znal by pečali '만약 그가 자유롭게 살았다면, 그는 슬픔을 몰랐을 것이다'와 Žil on na vole, ne znal pečali '그는 자유롭게 살았고 슬픔을 몰랐다'; Žit' by emu na vole, ne znat' by pečali '그가 자유롭게 살았었다면, 슬픔을 몰랐을 수도 있었을 것이다'; Žit' emu na vole, ne znat' pečali '그가 자유롭게 살고, 슬픔을 모르기를 바라네'; Žit' emu na vole! '그가 자유롭게 살기를!'

b) 명령(injunctive*: E^n이 참여자에 강요되는 것을 신호하는) 대 직설법.

명령법의 두 기본적 변이형이 있다: 순수한 요청(발화-형태)이거나 평서문(declarative statement)으로 변형된 것이다.

명령의 두 요청 형태가 구분된다: 청유(hortative: E^n에 참여를 신호하는) 대 명령(imperative). 후자는 E^n에 참여를 요구하며, 전자는 달래는 말을 추가한다. 완료상이고 정태 동사는 이 범주들을 단일동사 형태(univerbal

---

* https://en.wikipedia.org/wiki/Injunctive_mood 위키피디아의 설명에 따르면 주절에서 접속법이나 명령법의 의미로 사용되는 법의 하나라고 한다. 예로는 산스크리트어와 그리스어가 사용되었으며, 여기서 특별히 명령(imperative)과 다른 의미로 사용된 것은 아닌 것으로 보인다.

form)로 표현하고, 다른 동사는 포괄적 인칭을 보여주는 분절적 형태를 사용한다. 예를 들어, 청유형에서 완료상 동사 napisat'와 상응하는 불완료상인 pisat'는 어형계열체(paradigm)를 형성한다: 발화자 napišu-ka, budu-ka pisat', 수화자 napiši-ka, piši-ka, 수신자들 napišite-ka, pišite-ka, 발화자─수신자 napišem-ka, budem-ka pisat', (약화된 요청: davaj-ka pisat'), 발화자─수신자들, napisemte-ka, budemte-ka pisat' (약화된 davajte-ka pisat'). 명령법은 청유법과 같은 어형계열체를 제공하지만, 분사 ka와 유일한 발화자 형태(1인칭 단수)를 갖지 않는다. 명령법에서 수화자는 단수거나 복수로, 발화자의 참여 여부와 상관없이 항상 관련된다. 반면에 청유법은 수화자와/혹은 수신자와 관련된다. 오직 정태 동사의 청유법만이 1인칭 단수 형태가 결여된다.

명령(injuctive)의 평서문적 형태는 문법적 인칭이나 수의 특별한 구분을 갖지 않으며, 통사적으로 단복수의 소위 "세 인칭"의 각각에 적용될 수 있다. 조건절에서 사용되면, 화자의 반사실적 가정을 의미한다: Pobegi (혹은 begi) on, emu by ne sdobrovat' '만약 조깅하러 간다면, 그에게 나쁜 결과를 가져올 것이다'. 독립절에서 불완료상 동사의 이 형태는 P^s에 의해 추정되는 P^n에 대한 강요를 의미한다: Vse otdyxajut, a on begi '모든 이가 쉬고 있지만, 그는 달려야 한다'. 상응하는 완료상 형태는 P^n에 의해 수행되는 행위를 의미하지만 P^s에게는 너무 놀라운 일이어서 마치 반사실적으로 느껴진다: Vse otdyxajut, a on (ni s togo, ni s sego) pobegi '모든 이가 쉬고 있지만, 그는 (갑자기) 달리기 시작한다'. 이런 담화적 명령(narrative injunctive)이 불완료상 동사에서 만들어질 때, 분절적 명령형(imperative form)에 의존한다: Vse otdyxajut, a on (ni s togo, ni s sego) davaj bežat' '모든 이가 쉬고 있지만, 그는 (갑자기) 달리고 있다'. 완료상 동사를 가진 담화적 명령은 수화자 명령 형태("이인칭 단수")를 사용하고, 불완료상 동사의 담화적 명령은 조동사 davaj를 사용하는 수화자 명령 형태를 사용한다. 오직 불완료상 동사만이 독립절에서 사용될 때 평서문적 명령의 두 변이형 사이의 차이를 표현한다: 추정적 begi와 담화적 davaj bežat'.

3.41. 태(VOICE): 재귀(reflexive) 대 비재귀(non-reflexive). 후자와 대비해서, "재귀"는 발화된 사건의 참여를 제한한다. 재귀 동사에 상응하는 비-재귀 동사는 통사적으로 타동(transitive) 혹은 자동(intransitive)일 수 있다. 타동은 두 주요 P^n인 주어와 직접 목적어를 허용하고 재귀형은 그 둘 중 두번째를 배제한다. 참고. Sonja myla posudu '소냐가 접시를 닦았다'와 Sonja mylas' '소냐가 씻었다' 혹은 Posuda mylas' '접시들이 닦였다'. 문법적 주어는 자동사에 의해 용인되는 유일한 주요 참여자이다. 규칙적으로 상응하는 재귀형이 주어를 제외한다면 무인칭 구문으로만 사용된다(참고. Ja tjaželo dyšu '나는 힘겹게 숨쉬고 있다'와 Tjaželo dyšitsja '숨쉬는 것이 힘들다'); 혹은 약간의 경우에 행위의 영역이 본질적 제한을 겪는다(참고. Parus beleet '돛이 하얗게 보인다'와 Parus beleetsja vdali '돛이 멀리서 희미하게 희게 보인다'; zvonju '내가 전화 건다(I ring)'와 zvonjus' '난 도어벨을 울린다(I ring at the door)').

3.5. 증거성(EVIDENTIAL)은 러시아어에서 오직 통사적 층위에서만 표현된다. 참고. de, mol 같은 소사들과 직접, 간접 화법의 다양한 형태로 사용되는 장치들.

3.51. 탁시스(TAXIS): a) 의존(dependent: 한 E^n이 다른 주요 E^n과 동시

발생하는 것을 신호하는) 대 독립. 의존 탁시스에서 시제는 하나의 탁시스처럼 기능한다: 그것은 주요 E^n과의 시제 관계를 신호하고 독립 탁시스에서 시제가 하는 것처럼 E^s와의 관계를 신호하지 않는다.

과거 대 현재 관계는 워프(Whorf)의 용어인 연속적(sequential: 두 E^n 사이의 시제 접촉을 신호한다)이라는 것으로 정의될 수 있는 대립으로 변화한다. 불완료상 과거 부동사(gerund): Vstrečav ee v rannej molodosti, on snova uvidel ee čerez dvadcat' let '그의 이른 유년시절에 그녀를 반복적으로 만난 후에, 그는 그녀를 20년 후에 다시 만났다'; Nikogda ne vstrečav ego ran'še, ja včera poznakomilsja s nim '이전에 그를 만난 적이 없지만, 어제 나는 그를 알게 되었다'. 불완료상 현재 부동사: Vstrečaja druzej, on radovalsja 혹은 raduetsja '친구를 만날 때, 그는 기뻤다(기쁘다)'; On umer rabotaja '그는 일하다 죽었다' (두 사건이 시간적으로 가깝게 연결되어 있다). 완료상 부동사의 과거와 현재형 사이에도 유사한 관계가 있다 – vstretiv과 vstretja. 다음과 같은 문장에서 전자를 후자로 대치하는 것은 거의 가능하지 않다: Vstretiv ee v rannej molodosti, on snova uvidel ee čerez dvadcat' let '그의 이른 유년시절에 그녀를 한번 본 후, 그는 그녀를 20년 후에 다시 보게 되었다' 혹은 nikogda s nej bol'še ne videlsja '다시 그녀를 보지 못했다'. 다음과 같이 말할 수 있다 Pročitav (혹은 pročtja) knigu, on zadumalsja '그 책을 읽은 후에 그는 생각에 잠겼다'. 그러나 pročtja는 다음 문장에서 쓰일 수 없다. Pročitav knigu, on vposledstvii často govoril o nej '그가 책을 다 읽고, 그 후에 자주 그는 그것에 대해 말했다'. 완료상 현재 부동사의 예들: vstretja vas, ja (pri étom을 더할 수 있다) ne poveril (혹은 ne xotel poverit') svoim glazam '너를 만난 후에, 나는 내 눈을 믿지 않았다

(믿고 싶지 않았다)': 두 사건은 거의 동시적이다. 만약 주절의 동사가 부동사를 선행한다면, 후자는 두 긴밀하게 연속적인 사건의 첫번째의 귀결(resultant)을 표현할 수 있다: On vnes predloženie, vstretja (pri étom) rjad vozraženij '그는 다수의 반대를 만족시키는 제안을 하였다'; Ona upala, povredja sebe (pri étom) rebro '그녀는 넘어져서 (이로 인해) 갈비뼈를 다쳤다'. 오직 소수의 동사만이 완료상 현재 부동사를 만들며, 그 파라다그마에서도 현재형을 과거형으로 대치하는 경향이 있으며, 이런 식으로 완료상 부동사에서 연속적임과 동시발생적임의 구별을 없앤다: On zažeg spičku, osvetiv (osvetja를 대치하는) komnatu '그는 성냥에 불을 붙였고, 그래서 방을 밝혔다', 그러나 On zažigal spičku, každyj raz osveščaja (osveščav은 불가) na mig komnatu '그가 성냥에 불을 붙일 때마다, 방을 순간적으로 밝혔다.'

네 세대의 모스크바 방언에서 연속적인 것은 두 순전히 전략적인 형태로 나누어졌다 — 결과적(consequential: 두 E^n 사이의 내적 연결을 신호하는) 대 비결과적(내적 연결을 함의하지 않는): Nikogda ne vstrečavši akterov, on ne znal, kak govorit' s nimi '그가 연기자들을 만나지 않았기 때문에, 그들과 이야기하는 방법을 몰랐다'; Nikogda prežde ne vstrečav akterov, on slučajno poznakomilsja s Kačalovym '이전에 연기자들을 만나보지 않았기에, 그는 카찰로프와 우연히 알게 되었다'; Vstretivši ego, ona gusto pokrasnela '그녀는 그를 만나지 않았었기 때문에 매우 붉어졌다', Vstretiv Petra, on vskore stolknulsja ešče s neskol'kimi znakomymi '그는 표트르와 만난 후에 곧 몇몇의 지인과 만났다'. Vstretivši 같은 형태를 vstretiv으로 대치하는 것은 그 반대의 경우보다 더 쉽다. 어떤 이가 Snjavši (혹은 snjav) pal'to, ja počuvstvoval pronizyvajuščij xolod '코트를 벗었을 때, 나는 (결과적으로) 찌르는 듯한 추위를 느꼈다'. 그러나 snjavši 형태는 Snjav pal'to, ja sel za stol '코트를 벗은 후에 나는 테이블에 앉았다' 같은 문장에서 거의 가능하지 않다. 그러므로 sxvatja, sxvativ, sxvativši나 poxalturja, poxalturiv, poxalturivši 형태의 동의성은 실제로 유효하지 않다.

3.6. 모든 동사의 형태 중에서 최소의 문법적 정보를 가지는 것은 미정형(infinitive)이다. 이것은 발화된 사건의 참여자나 다른 발화된 사건, 혹은 발화 사건에 대한 해당 발화된 사건의 관계에 대하여 어떠한 것도 말하지 않는다. 그래서 미정형은 인칭, 성, 수, 탁시스, 시제를 배제한다.

동사 범주들의 동시 발생(concurrence)은 미정형에서 보다 덜 제한적 법칙(restrictive laws)이 적용된다.

성과 유표적 수(복수)는 상호 배타적이다.

인칭과 성은 상호 배타적이다.

인칭은 수를 함의한다.

인칭과 유표적 시제(과거)는 상호 배타적이다.

P-지시사와 유표적 탁시스(부동사)는 상호 배타적이다.

유표적 상 중에서 1) 완료상과 정태(determinate), 반복(iterative)과, 2) 완료상과 반복, 기동(inceptive)은 상호 배타적이다. 그리고 오직 정태와 기동만이 양립가능하다: 예, On bežat' 와 On budet bežat'.

기동은 유표적 시제(과거), 유표적(비직설(non-indicative)) 법과 유표적 탁시스(부동사)를 배제한다.

반복은 현재와 명령(현재와 상관된)을 배제한다

조건과 현재는 상호 배타적이다.

명령의 호소 형태를 제외하면, 유표적(비직설) 법과 인칭은 상호 배타적이다.

호소 형태는 인칭 대 무인칭 대립을 제외하고 포함(inclusive) 대 비포함의 대립을 함의한다.

유표적(비직설) 법과 유표적 탁시스(부동사)는 상호 배타적이다.

상과 태는 모든 동사 범주들과 양립가능하다. 그러나 상 중에는 완료 대 불완료 짝과 정태 대 부정태 짝만이 모든 동사 범주를 받아들인다. 기동과 비기동 짝은 현재와 명령에 한정된다. 참고. My živali v stolice '우리는 예전에 그랬던 것처럼 더 이상 수도에 살지 않는다'; Esli by on ne žival v stolice, on skoree privyk by k derevne '만약 그가 예전처럼 수도에 살지 않는다면, 그가 시골에 적응하기 더 쉬웠을 것이다'; Živavši podolgu v stolice, on ne smog svyknut'sja s provinciej '수도에서 오랫동안 산 후에, 그는 지방에 적응할 수 없었을 것이다'; Emu privelos' živat' podolgu v derevne '오직 과거에만 그는 시골에 오랫동안 살았다'; V ètom gorode nam ne živat' '우리는 두번 다시 이 도시에 예전처럼 살 수 없다'; Na čužbine ne živat' – toski ne znavat' '오랫동안 외국에 살지 않았던 그는 향수를 경험해보지 않았다'.

비타동사에서 재귀 대 비재귀의 태 대립은 일반적으로 무표적 상(불완료상)의 무표적 인칭(무인칭)으로 한정된다.

4. 러시아어 동사의 문법적 과정

4.1. 임의의 러시아어 어형변화된 형태는 어간과 어미를 포함한다. 어간은 접두사되거나 비접두된다(단순). 우리의 예에서 어미는 어간과 긴줄표

(dash)로 구분되고, 접두사는 후행하는 형태소와 더하기(+)로 구분되고, 단순 어간 혹은 어미 내의 형태소는 붙임표(hyphen)로 구분된다. 예. /ví+rv-a – l-a-s/.

어간은 어간-접미사를 포함할 수 있다. 예. /rv-á – t'/, 혹은 비접미될 수 있다. 예. /gris – t'/. 동사 어간은 두 교체형(alternant)을 보여줄 수 있다 – 완전 어간과 절단 어간이며, 후자는 전자에서 일반적으로 마지막 음소가 생략되는 것으로 구분된다. 예. /znáj – /:/zná – /; /rvá – /:/rv – /. 완전 어간은 비성음절적으로 끝나는 닫힌 어간, /znáj – /, /star, -éj – /, /gríz – /과 성음절적으로 끝나는 열린 어간, /rvá – /, /dú-nu – / (자세한 설명은 우리의 1948년 논문을 보라).

어미 형태소(desinental morpheme)의 세 유형은 다음과 같이 구분된다; "시작 접미사(initial suffix)"는 다른 어미 접미사가 선행하지 않는 접미사로 /rv-a – l-á/나 /rv-a – l-á-s/, /rv'– ó-m/ or /rv'– ó-m-sa/; "종결 접미사(final suffix)"는 다른 접미사가 후행하지 않는 것으로, 예를 들어, /rv-a – l-á/, /rv'– ó-m/; "후치사(postfix)"는 종결 접미사에 추가될 수 있는 것으로, 예를 들어, /rv-a – l-á-s/, /rv'– ó-m-sa*/, /rv-á – f-ši/. 만약 어미가 하나의 접미사로 구성된다면, 후자는 동시에 시작이자 종결이다. 예를 들어, /rv-ú/, /griz'-á/. 어미는 자음적인 것과 모음적인 것으로 구분된다. 자음적 어미는 자음으로 시작되거나 /gríz-l-a/ 혹은 /griz'– ó-š/ 하나의 자음으로 구성된다 /zná-f/. 모음적 어미는 모음으로 시작되거나 /griz'– ó-š/, 하나의 모음으로 구성되거나 /griz – ú/, 한 모음과 교체되는 영(zero)으로 구성된다 /znáj – #/: /griz'– í/.

---

* 이 부분은 후치사가 이탤릭체로 되어야 하지만, 원서에서 연결 어미가 이탤릭으로 되어 있어서 역자가 수정했다.

다른 동사 범주들은 유사하지 않은 문법적 과정을 사용한다.

4.2. 인칭, 성, 수는 종결 어미 접미사(final desinential suffix)를 갖는다. 인칭이 표현될 때, 두 수 사이와 일, 이인칭 사이의 구분은 동일한 접미사에 의해 즉시 주어진다. 그러나 "삼인칭"은 종결에 의해 그 수는 첫(initial) 접미사에 의해 주어진다 /gar'–í-t/:/gar'–á-t/. 이는 발화된 사건의 참여자를 특징지우는 지시사로 종결 접미사 사용하는 것의 유일한 예외이다. 수와 "삼"인칭의 분리된 표현과 대명사 패턴을 비교해보라: 보충(suppletion)이 일인칭과 이인칭 대명사(/já/와 /mí/, /tí/와 /ví/)에서 사용되면, "삼인칭"은 어근에 의해 표현되고 성과 수의 차이는 어미로 표현된다: /ón–#/, /an–á/와 /an'–í/.

4.3. 시제를 신호하기 위해 모음 어미는 현재에 사용되고, 자음 어미는 과거에 사용된다. /znáj–u/:/zná–l-#/; /znáj–a/:/zná–f/; /rv'–ó-m/:/rv-á–l'-i/. 모음 어미는 현재와 현재 직설법과 상관된 명령법을 과거와 미정형 같은 다른 모든 동사 형과 구별한다. 후자는 한 접미사 자음 어미를 사용하며 그 어미는 모음과 교체되는 영형태로 끝난다(/zná–t'/:/n'is–t'í/).

4.31. 상은 어간(어간–접미사 혹은 접두사)에서 변형과 분절적(periphrastic) 형태로 구분된다. 정태 대 부정태 짝은 두 비접두된 어간의 교체에 의해 구별된다: 열린 완전–어간이 /-aj-/, /-áj-/로 끝나는 닫힌 완전–어간에 대립하거나 비접미된 어간이 접미된 어간에 대립한다: /b'iž-á–/:/b'ég-aj–/, /l'it'-é–/:/l'it-áj–/, /kat'-í–/:/kat-áj–/, /

n'ós – /:/nas-í – /. 반복과 비-반복 짝의 두 비접두된 어간은 반복 형태의 /-ivaj – / 혹은 /-váj – / 접미사에 의해 구별된다. 예를 들어, /p'ís-ivaj – /:/p'is-á – /, /čít-ivaj – /:/čit-áj – /, /zna-váj – /:/znaj – /. 만약 접두사가 반복 대 비-반복 혹은 정태 대 부정태 짝에 첨가되었고, 그 후에 그 짝의 어휘 의미가 분기하지 않았다면, 그 구성원 사이의 관계는 완료 대 불완료의 대립으로 변화한다. 정태와 부정태는 각각 완료와 불완료가 되고, 동시에 반복은 불완료로 변화하고 비-반복은 완료로 변화한다. 참고, /pr'i+n'ós – /:/pr'i+nas'-í – /; /ví+p'is-a – /:/vi+p'ís-ivaj – /. 완료 대 불완료의 다른 짝에서 접두된 어간은 비접두된 어간에 대립하고 열린 완전 어간은 /-aj – /, /-áj – /로 끝나는 닫힌 완전 어간에 대립한다. 예를 들어, /na+p'is-á – /: /p'is-á – /, /r'iš-í – /:/r'iš-áj – /, /p'ix-nú – /:/p'ix-áj – /, /at+r'éz-a – /:/at+r'iz-áj – /. 만약 완료 대 불완료 짝의 두 구성원이 모두 열린 어간을 갖는다면, 어간-접미사 /-nu – /, -nú – /는 완료 상 동사를 신호한다. 예를 들어, /kr'ík-nu – /:/kr'ič-á – /, /max-nú – /:/max-á – /.

기동 상은 해당 동사의 미정형과 "-이다" 동사의 완료와 불완료 현재를 결합한다.

4.4. 연결사 중에서 비-전환사는 후치사(postfix)에 의해 표현된다. 이 유표적 태는 상응하는 무표적 태의 종결 어미 접미사에 후치사를 결합시킨다; 재귀는 후치사 /-s/ 혹은 그 자동적 변이형 /-sa/, /-sá/와 /-ca/를 추가한다. 예를 들어, /fstr'éč – u-s/, /fstr'ét' – i-š-sa/, /fstr'ét' – i-t-ca/. 과거 부동사의 상관된 형태는 비-상관된 형태에 후치사 /-ši/를 추가한다, 예를 들어 /fstr'ét'-i – f-ši/:/fstr'ét'-i – f/. 그러나 이차 후치사의 앞에서,

즉 재귀 동사의 과거 부동사에서 상관 대 비-상관의 대립은 해소된다: /fstrʼétʼ-i – f-ši-s/ 형태만이 존재한다.

그래서 두 연속되는 후치사 중에서 선행하는 것은 잉여적이다.

법(moods)이라는 연결사의 부류에 관련되는 전환사는 후치 접어적 소사(enclitic particles), 워프의 용어로는 "부가어(annexes)"를 어미 접미사와 후치사 대신에 사용한다. 이러한 부가어의 선행하는 동사 형태소와의 조합은 외적 산디(external sandhi)*의 규칙이 적용되며, 반면에 일반 접미사와의 조합은 내적 산디의 규칙에 지배된다. 명령법에서 부가어의 선행 형태소와의 접촉은 한 단어 내에서 허용되지 않을 군(cluster)을 보여준다. 예를 들어, /pʼtʼ/, /fʼtʼ/, /pʼs/, /fʼs/, /tʼs/, /sʼs/, /pʼk/, /fʼk/ 혹은 /mʼtʼ/:/mtʼ/, /mʼs/:/ms/, /mʼk/:/mk/ 같은 구분이 있다. 참고. /pa+znakómʼ – #.-tʼi/와 /pa+jdʼ – ó-m-tʼi/, /pa+znakómʼ – #-sa/와 /pra+jdʼ – ó-m-sa/, /pa+znakómʼ – #-ka/ 와 /pa+jdʼ – ó-m-ka/. 우리의 전사에서 부가어와 붙임표, 긴줄표를 구분하는 공백은 특별한 특성을 상징한다. 직설법 /vʼilʼ – í-tʼi/에서 같은 단어의 이어지는 구개음화된 자음으로 인해 일반적으로 닫힌 변이형의 /í/를 나타내며, 명령형 /vʼilʼ – í-tʼi/에서는 가끔 표준 러시아어의 명시적 규범 안에서 /í/의 더 열린 변이형을 더 관찰할 수 있다. 변이형의 예는 단어 그룹인 /prʼi + vʼi – l-í tʼibé/이며, 그 이유는 이 그룹에서 내적 산디의 규칙이 작용하지 않기 때문이다. 명령형이 고정 소사를 다룬다면, 조건형은 이동가능한 소사 /bi/와 그 선택적 문맥 변이형인 /b/, /p/를 조작한다.

소사 /ka/는 명확하게 청유이고, 명령에 사용되는 두 다른 소사인 이인

---

* 〔언어학〕연성(連聲)《문맥에 따라 어두(語頭)〔어미〕의 발음이 변함: a [ə] dog, an [ən] apple》.

칭 복수 /t'i/와 재귀 /s/와 /sa/는 단순히 접미사와 후치사에서 부가어로 변화하였다. 이 소사들은 모두 결합되거나, 각각, 혹은 둘, 혹은 셋 모두 두 개의 부가어 없는(annex-less) 명령형에 첨부될 수 있으며, 이 명령형은 구분되어 사용될 수 있다. 이 형태들 중 하나는 어미적 접미사 –# (군(cluster) 뒤에서 혹은 어근이나 어간–접미사(stem-suffix)에 고정된 강세를 갖지 않은 어간 뒤에서 / – i/, / – í/로 대치되는)를 가진 동사 어간이다. 예, /fstr'ét' – # /,/kr'íkn' – i/, /s'id' – í/, /ví + s'id' – i/. 전체 러시아어 동사의 패턴에서 이것은 어미의 기본적 교체형인 영의 유일한 예이다. 다른 부가어 없는 형태는 완료상 현재의 일인칭 복수형과 동일하지만 후자와 통사적으로(대명사의 부재), 의미적으로(이것은 '나와 당신으로 하여금'을 의미한다), 화용적으로 구분된다: /fstr'ét' – i-m/은 /fstr'ét' – i-m- t'i/와 단수의 수신자 대 복수의 수신자로 대립한다. 그리고 /fstr'ét' – i-m -ka/와는 명령 대 청유로 대립한다. 참고. 문법 형태소의 최대 누적은 /pa + v'id-áj – i-m- ti - s - ka/이다. 또한 완료상 현재의 일인칭 단수는 명령형에서 사용되지만 오직 부가어 /ka/와 같이 쓰여야 한다.

약간의 명령법의 분절적 형태는 동사의 미정형과 조동사의 명령형이 조합되는 것이다: /búd' – i-m/, /búd' – i-m- t'i/, /búd' – i-m- ka/, /búd' – i-m –t'i-ka/, /da-váj – #/, /da-váj – # t'i/, /da-váj – #- ka/, /da-váj – # t'i - ka/.

4.5. 종합하면 불완료상 동사의 몇몇 분절적 형태를 제외하면, 러시아어 동사 범주의 표현은 대략적으로 다음의 패턴을 보여준다:

P–지시사 (참여자의 지시사)는 전환사이거나(인칭) 비–전환사이고(성과 수), 종결 어미 접미사(final desinential suffix)를 사용한다.

E-지시사(사건의 지시사)는 어말 접미사(final suffix)에 선행하는 단어-성분(word-component)를 다룬다. 전환사(시제)는 시작 어미 접미사(initial desinential suffix)를 이용하고, 비-전환사(상)는 더 뒤로 가서 어미(desinence)를 무시하고 어간 - 그 접미사와 접두사와 작동한다.

연결사는 널리 어말 접미사에 후행하는 단위를 사용한다. 비전환사(태와 탁시스)는 후치사를 다루고, 전환사(법)는 어미를 영으로 축소하는 경향이 있고, 일반적 어미 접미사를 자립적 부가어(autonomous annexes)로 대치하거나 일부는 어미를 부가어로 변화시키거나 또는 부분적으로 새로운, 순수한 양상 소사를 첨가하는 경향이 있다.

1956년 캠브릿지, Mass.에서 하바드 대학교의 슬라브어문학과의 후원을 받은 프로젝트 "현대표준러시아어의 기술적 분석(Description and Analysis of Contemporary Standard Russian)"을 위해 준비했고, 이 학과에 의해 1957년에 출판되었다. 1과 2 부분은 1950년의 다음 두 논문의 시놉시스이다: "Les catégories verbales", Société Genevoise de Linguistique (참고. Colliers Ferdinand de Saussure, IX, 6). 그리고 "Overlapping of code and message in language", University of Michigan.

참고문헌

L. Andrejčin, *Kotegorie znaczeniowe konjugacji bułgarskiej* (Cracow, 1938).

E. Benveniste, "La nature des pronoms", *For Roman Jakobson* (The Hague, 1956).

L. Bloomfield, *Language* (New York, 1933).

L. Bloomfield, "Algonquian", *Linguistic Structures of Native America* (New York, 1946).

F. Boas, *Kwakiutl Grammar* (Philadelphia, 1947).

V. Bogoraz (W. Bogoras), "Chukchee", *Handbook of American Indian Languages*, II (Washington, 1922).

A. W. Burks, "Icon, Index, and Symbol", *Philosophy and Phenomenological Research*, IX (1949).

K. Bühler, *Sprachtheorie* (Jena, 1934).

R. Carnap, *Logical Syntax of Language* (New York, 1937).

A.H. Gardiner, *The Theory of Proper Names* (London, 1940).

M. R. Haas, *Tunica* (New York, 1941).

E. Husserl, *Logische Untersuchungen*, II (Halle a. d. S., 1913).

R. Jakobson, "Zur Struktur des russischen Verbums", *Charisteria Guilelmo Mathesio* (Prague, 1932). [See above, pp. 1 ff.]

R. Jakobson, "Signe zero", *Mélanges Bally* (Geneva, 1939). (See below, pp. 151 ff.]

R. Jakobson, "Russian Conjugation", *Word*, IV (1948). [See above, pp. 15 ff.]

E. A. Krejnovic, "Nivxskij (giljackij) jazyk", *Jazyki i pismennost' narodov Severa*, III (Leningrad, 1934).

0. Jespersen, *Language: Its Nature, Development, and Origin* (New York, 1923).

H. G. Lunt, *Grammar of the Macedonian Literary Language* (Skopje, 1952).

B. Russell, *An Inquiry into Meaning and Truth* (London, 1940).

V. V. Vinogradov, *Russkij jazyk* (Leningrad, 1947).

V. N. Vološinov, *Marksizm i filosofija jazyka* (Leningrad, 1930).

B. L. Whorf, "The Hopi Language, Toreva Dialect", *Linguistic Structures of Native America* (New York, 1946).

D. K. Zelenin, "'Tabu slov u narodov vostočnoj Evropy i severnoj Azii", II, *Sbornik Muzeja Antropologii i Ètnografii*, IX (1930).

제6장

격의 일반 이론에 대한 기여: 러시아어 격의 일반 의미들
(Contribution to the General Theory of Case: General Meanings of the Russian Cases)

I

문법적 형태의 **일반 의미**(general meanings: Gesamtbedeutungen)의 문제는 언어의 문법적 체계 이론에 본질적으로 기본적이다. 지난 세기의 전반기에 체계론자(systematist)의 철학적 흐름과 연합될 수 있는 언어학적 사고에 이 문제의 중요성은 근본적으로 분명하지만, 종합적인 해결책은 언어학적 방법론의 더 독립적 발전과 개량 없이는 불가능했다. 그러나 후속하는 연구에서 이 문제는 미뤄졌고, 기계론적으로 지향된 언어학은 일반 의미를 지표(Index)로 분류하였다. 이 문제의 역사가 내 임무의 일부가 아니기에 나는 몇몇의 설명적 예로 임무를 제한할 것이다.

러시아의 저명한 언어학자 포테브냐(Potebnja)는 특정 의미들(particular meanings: Sonderbedeutungen)이 어형(accidence)으로 나타나는 것에서 나온 것이라는 문법적 일반 의미의 원칙을 거부한다. 그리고 "일반 의미"

가 단순한 추상화이고 "오직 개인적 사고의 산물이며 언어에 실제 존재하지 않는" 인위적 구성물이라고 주장한다. 언어나 언어학은 그런 일반 의미를 필요로 하지 않는다. 언어에는 한 형태의 개별적 사례들만이 있고, 그 형태의 개별 사례는 발화에서 오직 하나의 분석불가능한 의미를 가진다. "이는 더 정확하게 서술한다면, 각 사례에서 다른 형태이다". 단어의 다양한 개별 사용은 포테브냐에게 단순히 "하나의 동일한 가족의 유사하게 소리나는 단어들"이고, 그 모든 의미는 "동등하게 부분적이고 동등하게 필수적(equally partial and equally essential)"이다(33f.). 일반 의미의 부정은 고로 극단적인, 정말로 언어적 현상들의 전체적이고 깊은 뜻이 없는 **원자화**(total and unrevealing **atomization**)에 이르게 된다.

물론 문법적 형태에 대한 단일 개념을 구제하려는 시도가 있었으며, 그것이 없었다면 형태론은 그저 붕괴할 것이다. 여기서 형태와 그 기능을 분리하려는, 특히 문법 범주의 단일성(unity)과 그 의미의 균일성(uniformity)을 구분하려는 시도가 있다. 예를 들어, 마티(Marty)에 따르면, 격은 "어떤 일반적 개념의 매체(vehicle)가 아니며, 다양한 의미의 전체 묶음의 매체"이다(32 ff., Funke 57). 결과적으로 **기호와 의미의 관계(the relation between sign and meaning)**는 소실되었고, 의미의 문제는 기호 이론(기호학(semiology)과 특히 언어 의미론)에서 부당하게 제거되었다. 의미론은 언어학과 일반적으로 기호 이론의 핵심으로 조사의 대상을 빼앗겼다. 그리고 우리에게는 형태의 의미를 완전히 잊어버린 형태론이라는 그로테스크한 학문적 사업만이 남아 있다.

포르투나토프(Fortunatov) 학파의 저명한 언어학자인 페슈코프스키(Peškovskij)는 형태의 단일성이 단일 의미뿐만 아니라 "각 형태 안에서 동일한 방식으로 반복되는 다양한 의미의 단일 묶음"(24 ff.)에 의해서도 초래된다고 주장함으로써 문법적 형태의 의미적 특징을 유지하려고 시도하였다. 예를 들어, 다음은 하나의 동일한 격 범주(러시아어 조격) 안에서 통일된 것이다: 도구, 비교, 공간과 시간에서 확장이라는 의미들이 "공통점을 갖지 않지만" 하나의 문법적 단위를 구성하는 것은, 이 다양한 의미들이 "각 형태와 반복되기" 때문이다. 그래서 임의의 조격 어미는 이 모든 의미를 재생산할 수 있다. 이러한 특징 기술은 부정확하다: 러시아어 형용사에서 모든 남성 단수 조격 어미는 복수 여격 어미와 같다(zlym '악의', bož'im '신의'); 성질 형용사의 모든 남성 단수 주격 어미는 여성 단수 생격 어미와 같다(zloj – zloj, staryj '늙은' – staroj, tixij '조용한' – tixoj, sinij '파란' – sinej; 철자법의 구분은 인위적이다), 그럼에도 불구하고 각 격들이 문법 범주의 구분되는 것은 의문의 여지가 없다. 이것들은 단순히 동음이의 형태들의 짝이고, 만약 격의 개별 의미(individual meaning: Einzelbedeutungen)가 정말로 "공통점을 갖지 않는다면", 그 격은 필수적으로 여러 개의 연결되지 않은 동음이의적 형태로 분해될 것이다. 그러나 **언어에서 격의 객관적 실재**와 이와 대조적으로, 개별 의미로 분할하는 것의 주관성은 매우 분명하다.

페슈꼬프스키 자신도 "하나의 동일 형태에 대해 의미 목록을 결정하는 것과 그것들을 중심적, 주변적 의미로 분류하는 것은 유별나게 어려운 임무이고, 이 임무는 다양한 학자들에 의해 다양한 방식으로 보통 수행된다"라고 인정한다. 그럼에도 불구하고 페슈코프스키가 올바르게 결론내린 것처럼 문법 범주의 개념을 그 객관적 실재, 음성적으로 실현된 문법적 형태와 분리하는 것은 위험하다. 문법 범주의 개념을 그 객관적 가치(objective value), 즉, 모든 다른 범주와 구분되는 랑그(language ("langue"))에서의 그 의미와 분리하는 것은 부적당하다.

문법 형태의 일반 의미 문제는 적어도 동사의 러시아 이론에서 시작되었다. 그리고 이는 전체와 부분이 관계되는 임의의 문제 앞에서 원자적 사고라는 부분에 대한 미신적 공포에도 불구하고 상황은 격 의미 문제에서 더 나빴다. 원인이 된 문제의 증가된 복잡성 때문만은 아니다. 게르만어와 로망스어에서 명사 변화는 순전히 중요하지 않은 유산의 문제이다. 잘 발달된 곡용 체계를 가진 고대어 혹은 외국어에서 개별 격의 다양한 사용을 기술하면서, 서구의 언어학자들은 자신의 고유한 언어 행위를 통제 기제로 거의 의지할 수 없었다. 그래서 격이라는 쓸모 없을 것 같은 범주의 존재 문제는 격의 다양한 개별 의미의 기계적 목록으로 대부분 교체되었다. 그러한 조각난 기술을 통해 서구의 언어학자들은 여러 번 슬라브어 동사 상의 본질을 이해하기 위해 시도하였다. 그러나 동사 체계의 상과 많은 특성들은 러시아어와 다른 슬라브어에 너무 특징적이어서 부적절하게 서구에서 정의된 슬라브 언어학으로 들어갈 수 없었다.

이와 달리 슬라브어 자료의 해석을 위한 모델을 제공한 것은 산스크리트어 연구와 전통 인문학의 훌륭한 분야였던 격 이론이었다. 명사 곡용이 상대적으로 서구 언어에 이국적이라는 사실은 서구 언어학에 반영되어 있고, 후자의 영향으로 대부분의 슬라브어 체계에서 명사 변화의 중요성에도 불구하고 격의 문제를 슬라브 언어학에서 유리시켰다.[1] 토착 현상에 대한 외국적인 서구의 기준을 적용하는 실수와 오류의 예는 슬라브어 연구에서 드물지 않다.

II

카리스테리아 마테시오(Charisteria G. Mathesio)의 기념논문집(1932:

이 책, 1장)에서 나는 현대 러시아어의 구조적 문법의 한 스케치를 출판하였고 그 속에서 러시아어 동사 형태의 일반 의미를 다루었다. 같은 원칙이 러시아어 격 체계에 대한 현재 연구의 기초가 된다. 내게 그런 논의는 더 시기적절한 것처럼 보이는데 이는 격의 일반 의미라는 문제가 마침내 생생하고 유익한 논의의 주제가 되었기 때문이다.

1933년 로마에서 열린 국제 언어학자 대회(International Congress of Linguists)에서 도이치바인(M. Deutschbein)은 "인도 유럽어에서 격 의미"에 대한 강의를 했다(Atti를 보라). 그 강의는 기본 의미(basic meaning: Grundbedeutungen)의 체계에 대한 흥미로운 관찰을 담고 있지만, 경험적 자료의 모든 영역을 아우르지 않고 엄격한 기본 의미를 상정한다. 각 격의 일반 의미는 "해당 언어의 전체 격 체계에 의해서 결정되고," 오직 이 체계의 구조를 연구함으로써 성립될 수 있다. 일반적으로 도입(general import)되는 가설들은 오직 개별 언어 구조의 비교 분석과 유형론적 연구를 통해서만 성립될 수 있다. 항상 보편적으로 유효하고 격 대립의 특정 체계(혹은 체계 유형)에 독립적인 격 의미를 만들어낼 수 없다(Atti, 146을 보라).

격의 과학적 해결책에 대한 상당한 진전은 예름슬레우(L. Hjelmslev)의 중요한 책 '격의 범주(La catégorie des cas: 1935)'에 의해 이루어졌다. 치밀한 덴마크의 언어 이론가는 풍부한 모국어 전통의 지원에 의존했다. 다양한 문법 체계의 포괄적인 비교 조사의 필요성을 강조하는 라스크에서 페더슨까지 비교론자들의 현명한 관찰이 있었으며, 예스퍼슨의 내재적 기능 분석에 대한 광범위한 기반적 노력과 특히 브룬달(Brøndal)의 통합 구조 형태론(unified structural morphology)을 수립하려는 개척자적 시도가 그 지원의 예이다. 이 새 책의 중요성은 더 오래된 격 이론들의 비판적 개괄과 분명하고 신중하게 사고된 문제의 형성에 있다. 그의 주요 논제들은 이미 수세기 전에 그것들을 예견했던 빌너(Wüllner)의 수준 높은 작업과 관련된다: "문법은 기본 의미 혹은 가치의 이론이고, 그것들에 의해 형성되는 체계의 이론이고, 문법은 그 임무를 완수하는 데 있어 반드시 경험적으로 진행해야 한다"(Hjelmslev, 84). 이러한 서술과 함께 예름슬레우는 세 중심적 문제를 밝혔다: **기본 의미(basic meaning)**, **체계(system)**, **경험적 절차(empirical procedure)**.

첫번째 개념은 다음 정의에 의해서 분명해진다: "격은 일반적인 언어 단위처럼 여러 개의 다른 것을 의미하지 않는다; 그것은 하나의 단일한 것을 의미한다 – 그것은 단일한 추상적 개념을 가지고, 그것으로부터 구체적 응용이 파생될 수 있다" (85). 나는 이 이슈를 오직 **기본 의미(basic meaning: signification fondamentale)** 라는 용어만으로 다루며, 이는 **주요 의미(principal meaning: signification principale)** 라는 지시와 쉽게 혼동될 수 있으며, 그 저자가 생각하고 있는 것은 더 정확하게 **일반 의미(general meaning: signification générale)** 라는 용어로 표현된다.

경험적 과정(즉, 내재적이고 언어내적 과정)에 대한 요구에 반대할 수 없다. 실로 그러한 과정의 더 일관된 적용이 요구된다. 언어적 관점에서 같이 속한 것을 분리해 놓는 것 뿐만 아니라 언어적 관점에서 분리된 것을 인위적으로 결합해 놓는 것 또한 부적절하다. 두 문법적 형태 뿐만 아니라, 두 형태의 부류도 가치에서 차이를 지시한다. 언어에서 단어는 기능적 단위이고 이는 기본적으로 구와 다르다. 단어의 형태와 구의 형태는 언어적 가치의 구분되는 측면을 표상한다. 그러므로 두 격 범주의 일반 의미 사이의 차이 뿐만 아니라 **'단어'와 '구' 범주의 일반 의미들** 사이의 차이에 대해 이야기 하는 것이 가능하다. 그러므로 나는 예름슬레우의 "요소의 고정된 순서에 의해 만들어지는 구분은 격 형태에 의해 변별되는 구분과 같은 층위에서 작동한다"("les distinctions faites par un ordre fixe des éléments agissent sur le même plan de relation que les distinctions faites par les formants casuel")는 단언의 정확성에 의심을 갖는다. 러시아어의 정상적 어순은 주어, 술어, 직접 목적어이다: otec ljubit syna '아버지는 아들을 사랑한다'; syn ljubit otca '아들은 아버지를 사랑한다'. 도치는 허용된다: syna ljubit otec '아버지는 아들을 사랑한다'; žida naduet grek, a greka armjanin '유대인을 그리스인이 속이고, 그리스인을 아르메니아인이 속인다'. 이런 도치는 목적어가 발화의 출발점이고 주어는 끝점이라는 것을 보여준다. 목적어는 출발점일 수 있는데 이는 그것이 안티테제의 구성원이거나 선행하는 문맥 혹은 그 상황에서 알려진 개체의 지시로써이다. 혹은 이 개체에 주의를 끌기 위한 처음부터의 의도일 수도 있다. 어느 사건에서도 발화의 초점(예, 주어)과 문장의 시작점 사이의 일반적인 동일성은 위반된다. 그러나 그런 구문에서 두 명사의 어미가 격을 보이지 않을 때, 정상적인 어순은 위반될 수 있다. 예를 들어, mat' ljubit doč '어머니가 딸을 사랑한다'; doč' ljubit mat '딸이 어머니를 사랑한다' 혹은 "strax gonit styd, styd gonit strax" '두려움은 부끄러움을 쫓고, 부끄러움은 두려움을 쫓는다'라는 시가 있다. 어순에 기반하여, '두려움'이 첫번째 경우에 주어로 기능하고, 두번째에서는 '부끄러움'이 주어로 기능하는 것을 안다. Otec ljubit syna, syn ljubit otca 같은 문장에서 명사의 통사적 기능은 그 격형태에 의해 제시되지만, 격 형태가 분명하지 않은 경우에(mat' ljubit doč), 문장에서 명사의 기능은 어순에 의해 결정된다.[2] 후자는 곡용하지 않는 언어에서 이 기능을 완전히 가져와 버린다. 그러나 우리는 어순이 격을 표현할 수 있다고 단언할 수 없다. 어순은 단순히 단어의 통사적 기능을 표현할 수 있고, 이것은 같은 것이 아니다. 브론달은 격은 형태론적이고 본질적으로 통사적이지 않다고 올바르게 인식한다: "모든 격은 그 정의 혹은 '기능'을 가지지만, 격 기능과 통사적 기능 사이의 필요 관계(necessary relationship)는 없다; 격 이론과 형태론은 통사론이 아니다"(Atti, 146). 격 형태의 일반 의미의 문제를 형태론에서 통사론으로 옮기는 것은 격이 형태론적 범주가 아니라는 언어학적 틀 안에서만 발생할 수 있을 것이다.

전치사 구문(prepositional constructions)의 체계 또한 명사류 곡용과 호환되지 않는다. 그 이유는 양 범주를 모두 가진 언어들은 우선 전치사가 사용된 해당 격의 통사적 사용을 전치사가 사용되지 않은 것에 대비시키며(간접 대 직접 연결), 그리고 의미의 두 특별 유형으로 격의 의미와 전치사의 의미를 분명하게 구분하기 때문이다. 하나의 동일 격은 여러 전치사를 취할 수 있고, 같은 전치사는 다양한 격을 필요로 할 수 있다. 소위 곡용 체계에서 분석적 체계로의 전이는 사실 곡용적이고 분석적 체계의 동시적 존재에서 후자의 독점으로 전이이다. 전치사 구문과 격의 독립 체계를 결합하는 언어에서 두 체계에서 의미는 전치사가 사용될 때 관계 자체에 초점을 둔다는 의의에서, 그리고 전치사 없는 구문에서 그 관계는 지시되는 대상의 한 종류의 특성이 된다는 점에서 구별될 수 있다.

예름슬레우는 다음과 같이 정확하게 기술한다. "체계를 연구의 출발점과 목표로 동시에 만드는 전반적 견해로 원자적 과정을 반박하여야 한다. 그러나 이러한 접근은 실재와 거리가 있으며, 지금까지 격 이론은 실현되지 않고 있다"(86 f.). 개별 격을 격리하여 정의하려는 시도는 무산되었고, **격 대립의 일반 체계**(general system of case oppositions)에서 시작하는 것이 절대적으로 필요하다는 것은 내재적 과정(경험적 과정에 대립하는)에서 자연적 결론으로써 도출되는 것이다. 이것은 격리되어 정의되고, 언어적 대립의 체계와 독립적으로 존재하는 형태의 의미가 존재할 여지가 없다는 것이다. 예름슬레우의 교육적 책의 말미에 있는 격 체계의 일반 구조에 대한 논문은, 내가 예정된 두번째 권의 등장 이후에 더 자세히 논의하기를 원하며, 격 체계 전체 안에서 격의 일반 의미를 다루고자 한다. 여기서 다시, 예름슬레우의 프로그램적 진술에 대해 약간이라도 반대할 사람은 없다. 그러나 저자가 격 체계의 자신의 고유하고 구체적인 연구에서 자신의 원칙을 충분히 고수하지 않았다는 사실에 대해서는 반대할 수 있다.

예름슬레우에 의해 제기된 근본적인 문제는 이것이다: 두 문법 범주, 특히 두 격 사이의 객관적 관계는 무엇인가? 특히 그 일반 의미는 어떻게 다른가? - 카리스테리아(Caristeria)에서 나는 다음과 같이 썼다:

"언어학자가 상호 대립하는 두 형태론적 범주를 연구할 때, 그는 자주 양 범주가 같은 가치를 가지고 각각은 자신의 고유한 긍정적 의미를 갖는다는 가정에서 자주 시작한다. 범주 I은 α를 의미하고, 범주 II는 β를 의미하거나, 적어도 I은 α를 의미하고, II는 α의 부재나 부정을 의미한다. 실제로 상관된 범주의 일반 의미는 다른 식으로 분포된다: 만약 범주 I이 α의 존재를 신호한다면, 범주 II는 α의 존재를 신호하지 않는다. 즉, 그것은 α가 존재하는지 아닌지의 여부를 말하지 않는다. 무표적(unmarked) 범주 II의 일반 의미는 유표적인 범주 I에 비교해서 'α-표지화(α-signalization)'의 결여로 제한된다(74)". [위의 p.1을 보라].

예름슬레우는 이 원칙을 인정한다: "La structure du système

linguistique n'est pas telle qu'il soit possible de maintenir la distinction entre un terme positif et un terme négatif… L'opposition réelle et universelle est entre un terme défini et un terme indéfini" (101). (언어 체계의 구조는 긍정적 용어와 부정적 용어의 구분이 유지되는 것을 허가하지 않는다… 실제적이고 보편적 대립은 한정적 용어와 비한정적 용어 사이의 대립이다.) 그러나 개별적 격 체계의 기술, 예를 들어, 고트어 명사 상당어구의 기술에서, 예름슬레우는 위의 가이드라인에서 벗어난다. 그래서 그는 고트어 주격과 대격을 다음과 같이 정의한다:

"Le nominative désigne à la fois éloignement et rapprochement, puisqu'il est à la fois cas 'sujet' et cas 'prédicat': mais il insiste sur la face negative de la dimension parce que la valeur de 'sujet' prédomine. En outre le nominative peut être neutre à l'égard de l'opposition; ainsi s'il est mis hors context ou s'il prend le role du vocatif. L'accusatif insiste sur la face positive de l'opposition parce que la valeur d' 'object' prévaut et est souvent la seule envisage. En outre l'accusatif peut être neuter à l'égard de l'opposition comme c'est le cas lorsqu'il indique le temps, l'espace temporelle à l'intérieur de laquelle un fait est situé" (116 f.)

(주격은 원거리와 근접을 동시에 지시하는데 이는 주격이 '주어'의 격이면서 동시에 '술어'의 격이기 때문이다: 그러나 주격은 '주어'의 가치가 지배적이기 때문에 이 차원의 부정적 측면을 강조한다. 게다가 주격은 문맥의 밖에 놓이거나 호격의 역할로 추정될 때 위의 대립과 관련하여 중립적일 수 있다. 대격은 '목적어'의 가치가 나머지에 대해 지배적이고 자주 상상할 수 있는 유일

한 것이기 때문에 대립의 긍정적 측면을 강조한다. 게다가 대격은 이 격이 무언가 놓여 있는 시간적 공간과 시간을 지시할 때 위의 대립과 관련해 중립적일 수 있다.)

여기서 일반 의미의 문제는 분명히 측면으로 밀려나는데, 이는 한편으로 **개별 의미의 전통적 목록** 혹은 두 격의 각각의 통사적 기능의 목록을 위해서(예를 들어, 주어와 술어의 격으로써 주격, 그리고 술어 없음의 형태의 격으로써 주격, 그리고 호칭의 형태(address-form)의 격으로써 주격), 다른 한 편으로는 각 격(주격에서 "'주어'의 가치가 **지배적이고,**" 대격에서 "'목적어'의 가치가 **지배적이며** 자주 상상할 수 있는 유일한 것이다")의 주요 의미(principal meaning)을 위함이다. 그럼에도 불구하고 저자는 원칙적으로 그런 과정을 힐난하였다(6과 passim).

다음의 스케치는 현대 러시아어 곡용의 체계를 구성하는 **형태론적 상관관계**를 밝히려는 시도이다. 그리고 러시아어 격의 일반 의미를 이에 기반하여 설명하려는 시도이며, 그래서 미래의 격 비교 이론을 위한 데이터에 기여하려는 시도이다.

III

러시아어 주격과 대격을 비교하면서, 첫번째는 자주 어떤 행위의 주어를 지시하는 격으로 정의된다. 그리고 두번째는 행위의 대상으로 정의된다. 대격의 이런 정의는 대체로 옳다. 대격은 어떤 행위가 어느 정도까지 기술된 개체에 영향을 주고, 개체를 지향하고, 혹은 개체에 대해 설명되는가를 항상 지시한다. 우리는 여기서 "행위가 지향하는

(Bezugsgegenstand: 뷜러(Bühler)의 용어로) 개체(entity toward which an action is directed)"와 함께 해야한다(250).

이 일반 의미는 A(대격)의 두 통사적 다양성을 특징지운다: 1) A가 페슈코프스키에 의해 **"강지배(strongly governed)"**로 정의되면, A는 행위의 결과로 비롯되는 행위의 **내적 대상(inner object)**이나(pisat' pis'mo '편지를 쓰다') 행위의 효과에 영향을 받지만 행위와 독립적으로 이전부터 존재하는 **외적 대상(outer object)**를 지시한다(čitat' knigu '책을 읽다'). 2) **"약지배(weakly governed)"**의 A는 행위를 완전히 둘러싸는 시간이나 공간의 부분을 지시하거나(žit' god '한 해를 살다', idti verstu '일 베르스타*를 가다') 발화의 객관화된 내용을 지시한다(gore gorevat' '고통을 고통받다', šutki šutit' '농담을 농담하다', stoit' den'gi '돈이 값어치가 있다'). 약지배된 A는 강지배된 A와 그 내용이 불충분하게 객관화되었고 행위에서 충분히 독립적이지 않다는 점에서 다르다. 그래서 약지배 A는 목적어의 기능과 행위 주변 기능(부사구) 사이에서 동요한다. 이것은 자동사와도 사용될 수 있고 강지배 A와 함께 단문에 발생할 수 있지만(vsju dorogu menja mučila žažda '갈증은 나를 가는 내내 괴롭혔다'), 두 강지배 A는 호환되지 않는다.

이 A의 의미는 행위와 매우 긴밀하게 직접적으로 연결되어 **동사**에 의해 독점적으로 지배될 수 있고 그 독립적 사용은 항상 생략되고 함축된 동사를 제안한다: karetu! '마차(를)!' nagradu xrabrym! '용감한 이들에게 상을!' 이런 대격의 부름인 Van'ku! Lizu!(멀리서 부르거나 방언에서 널리 쓰이는 공감적 부름)나 nu ego [A] k lešemu! '그를 악마에게!'; pust'

---

* 러시아의 거리 단위이고 1베르스타는 1.0668km 이다. 참고. https://en.wikipedia.org/wiki/Verst

ego [A] kutit! '그를 술마시게 해라!'; "èk ego [A] zalivaetsja!"(고골) '그가 노래를 잘 하네!' 같은 감탄에서 대격의 목적어는, 만약 그것이 호소, 거절, 양보 혹은 존경의 하나라면 **화자 태도가 향하는 대상(object of the speaker's attitude)**으로 묘사된다. 방향성의 의미 역시 전치사 첨가된 A에 연결된다. 참고. 다음과 같은 표현들. na stol '책상 위로' – na stole '책상 위에', pod stol '책상 아래로' (방향격) – pod stolom '책상 아래에'(장소격), 등등.

A의 표준 정의가 일반적으로 옳다면, N(주격)의 전통적 특징설명인 행위하는 주어를 지시하는 격이라는 것은 N의 일련의 이용을 설명하지 않은 채로 남겨두는 것이다. 다음 문장 vremja – den'gi '시간은 돈이다'에서 주어의 N과 술어의 N은 능동(active)으로 유표되지 않는다. 문장 syn nakazan otcom '아들은 아버지에 의해 벌 받았다'에서 N의 내용은 행위의 목적어라는 것이다. A와 N 사이의 실제 대조는 단지 A가 행위가 지향하는 대상을 지시하고, N은 스스로 행위의 지향성의 존재, 부재를 특정하지 않는다는 사실에 있다.[3] **지향성의 존재의 기술은 N에 반대로 A에 유표이다(The statement of the existence of directedness [Bezug] is therefore the mark of the A as opposed to the N)**; 이는 우리가 A를 **방향의 상관관계(directional correlation: Bezugskorrelation)**의 유표적 구성원으로, N을 무표적 구성원으로 간주하게 한다. N이 명사류 어간과 추가된 성과 수의 의미만을 가진다는 힌디어 문법학자들의 진술과 N이 주어의 격으로 해석되지 않는다는 것을 반대한다는 점에서 델브뤽(Delbrück)이 옳지 않다는 적절한 견해(181)는 모두, 우리가 보아온 것처럼, 러시아어에서 유효하다.

A에 의해 유표된 목적어의 의존적 위상을 신호하는 데에서 격 형태는

문장에서 의존적 역할에 연결된다. 이는 N이 스스로 어떤 결합적 관계도 지시하지 않는 것과 대조된다. 러시아어의 N은 다른 격 형태에 의해 도입되는 복잡함 없이 자주 개체의 순수한 명칭으로 올바르게 정의되어 왔다(Peškovskij, 118). 영격(cas zéro: Karcevskij, Système, 18) 혹은 한 마디로, 무표적 격 형태로 정의되어 왔다. N이 모든 다른 격과 대조적으로 그것이 지시하는 개체의 역할을 어떤 방식으로도 제한하지 않는다(즉, 행위에 종속됨이나 발화의 내용에서 불완전한 존재를 의미하지 않는다)는 사실은 이 격이 본질적으로 다른 모든 격들과 다름을 보여주고 **단순 명명 기능**(pure naming function)을 가능하게 하는 유일한 매체로 만든다. N은 직접적으로 개체를 명명하고 다른 격들은 아리스토텔레스의 적당한 정의에 따르면 "이름이 아니라 그 이름의 격이다(not names, but cases of the name)". 명명 기능은 N의 유일한 기능일 수 있다: 명명은 단지 주어진 혹은 상상된 대상에 연결되는 것이다. 기호는 buločnaja 'bakery', Revizor '검찰관'이라는 것을 알리며 이것은 표시(label)와 머릿글(heading)의 언어이다. 화자는 인식된 대상(동물원의 방문자: medved', verbljud, lev '곰, 낙타, 사자')과 자신의 경험(xolod, toska '추위, 슬픔')을 인지하고 명명하거나 상상한 것을 명명함으로써 앞에 내어논다(예를 들어, 시인 발몽(Bal'mont): "Večer. Vzmor'e. Vzdoxi vetra". '저녁, 해변, 바람의 한숨'). 이 모든 예에서 주격은 발화의 밖에서 실재로 혹은 허구적으로 존재하는 상황과의 관계에서 일종의 술어로 기능한다.

   N은 발화의 명명 기능의 무표적 형태이다. 그러나 이것은 대상을 명명하는 것 뿐만 아니라 그것에 대한 추가적으로 무언가를 첨가하는 문장의 일부로 기능한다. 심지어 기술적인 발화에서도 N의 명명 기능은 항상 존재하며, 심지어 주된 것이다: N에 의해 지시된 개체는 **문장의 화제**(topic of the sentence)가 된다. 명명기능과 기술 기능의 불완전한 혼합은 osël [명명 문장], tot [기술 문장의 주어] ne trebuet bol'šogo uxoda '당나귀, 이것은 많이 돌볼 필요가 없다' (이 구문은 트라브니첵(Trávníček)에 의해 체코어에 기반하여 가장 철저하게 연구되었다(Věty, 137 ff.).

N은 동일한 기술 문장에서 여러 통사적 기능을 수행할 수 있고 이 다양한 주격 구성소(constituents)의 의미는 그 정도에 따라 달라질 수 있지만, 다양한 구성소는 필수적으로 하나의 동일 지시체, 즉 **문장의 주어에 의해 지시되는 지시체**를 가져야 한다. 오직 이 의미에서 문법적 주어의 격으로써 N의 논제(thesis)가 적절하다. 이는 N이 주어의 유일한 표현이 아니며(주어는 생격에 의해서도 표현될 수 있다), N의 유일한 통사적 기능이 주어의 기능이 아니라는 점 때문이다(참고. 서술적 N). 1) Onegin – dobryj moj prijatel' '오네긴은 나의 좋은 친구이다', 2) "Onegin, dobryj moj prijatel', rodilsja na beregax Nevy" (푸쉬킨) '오네긴, 나의 좋은 친구는 네바강변에서 태어났다'. 주어 주격과 술어 주격은 첫번째 문장에서 하나의 동일 지시체를 갖는다; 유사하게 두번째 문장에서 주어와 동격이 그러하다. 서술은 술어의 의미가 주어를 지시한다는 것을 보여주고, 동격어(와 부가어 일반)는 단지 그 의미가 동일한 지시를 가진다는 것을 보여준다. 두 의미의 유일한 상호 지시가 "이중 N"에 의해 형태적으로 주어지고, 그 명사 혹은 전체 문맥의 유일한 실제 의미가 두 의미 중 어느 것이 결정하는 의미이며 어느 것이 결정되는 것인지를 제안한다. 특히 시 언어에서 자주 주어와 명사 술어(혹은 동격어)의 차이는 다소 불분명해진다. 예를 들어 마야꼬프스키의 행진에서: "Naš bog [P] beg [S]. Serdce [S] naš baraban [P]" '우리 신은 달리기이다. 그 마음은 우리의 북이다'.

특수한 통사적 관점은 N의 특별한 위상에서 만들어진다: 주격의 지시체가 문장의 지도적 역할(leading role)을 하는 것으로 가정한다. 두 문장을 비교해보자: Latvija sosedit s Estoniej '라트비아는 에스토니아와 국경을 맞대고 있다' – Estonija sosedit s Latviej '에스토니아는 라트비아와 국경을 맞대고 있다'. 두 문장의 내용은 동일하지만, 첫번째에서는 라트비아에, 두번째에서는 에스토니아에 단언의 주된 초점이 놓인다. 후설(Husserl)은 언어 이론을 위해 너무 강조될 수 없는 중요성을 가진 그의 저서 "논리 연구(Logische Untersuchungen: Logical Investigation)"의 두번째 권에서 위와 같은 문장의 짝을 "a가 b보다 크다"와 "b가 a보다 작다"로 분석하였고, 두 문장이 동일한 상황을 기술하더라도 그 의미적 내용은 다르다를 입증하였다(48). 그것들은 **의미의 위계**(hierarchy of meanings)라는 점에서 구분된다.

문장 속 의미의 척도에서 대격 의미의 더 낮은 등급은 주어없는 문장에서 유효하다. 그러한 문장의 특수성은 **주된 지시체의 위치**(position of the main referent)를 삭제하지 않고 비워놓을 수 있다는 사실에 있다. 통사적으로 우리는 "영 주어(zero subject)"에 대해 이야기할 수 있다. Soldata [A] ranilo v bok '병사는 옆구리를 다쳤다', lodku [A] daleko otneslo '보트가 멀리 떠내려갔다'. 지시적으로 동일한 문장인 Soldat [N] ranen v bok, lodka [N] daleko otnesena에서 N에 의해 지시된 지시체는 등급에서 주요 위치를 점유하고 있다. A의 사용은 그 자체로 발화의 의미 위계에서 어떤 것이 더 상위 등급이라는 것을 지시한다. 예를 들어, N과 달리, 그것은 **의미 위계의 존재**(existence of a hierarchy of meanings)를 함의한다. 은유적으로 말해서 A는 더 낮은 등급의 한 점을 신호하고, 그래서 그 위의 다른 점의 존재(표현되었거나 표현되지 않았거나)를 전제하며, 이는 첫번째와 연결된다. 그래서 A는 발화의 '수직적(vertical)' 차원을 지시하고, N은 단일한 점만을 지시한다. 시에서 안드레이 벨릐(Andrej Belyj)가 ty vidiš' menja [A] '너는 나를 본다' 대신에 ty vidiš' – ja [N]를 쓸 때, 그는 통사적으로 오직 두 독립된 점을 통사적으로 지시하고 그러므로 의미의 위계를 제거한다.

격의 일반 의미의 문제는 형태론에 속하고 특정 의미의 문제는 통사론에 속한다. 격의 일반 의미는 그 환경에 독립적이고 특정 의미는 그 형태적이고 실재 지시 모두를 관련시키는 주변 어휘들의 다양한 결합에 의해 정의된다. 그러므로 말하자면, 특정 의미는 **일반 의미의 결합적 변형 (combinatory variants of the general meaning)**이다. 격 의미의 연구를 한 격의 일련의 특정 의미들로 추정하고 그것들의 적절한 공통적 이름을 일반 의미로 선택하는 것으로 제한하는 것은 문제를 과도하게 단순화하는 것이다. 통사적 혹은 성구적으로 결정된 특정 의미는 기계적 누적이 아니며, **특정 의미의 규칙적 위계**에서 비롯된다. 어떤 일이 있더라도 격의 일반 의미의 문제를 특정 의미 혹은 주요 의미의 문제로 대치하는 것을 지양해야만 한다. 그리고 무엇보다도 일반 의미에 의해 만들어진 특정 의미의 위계의 문제를 부정하는 것이 정당하지 않다. 특정 의미 뿐만 아니라 주요 의미는 지적인 허구가 아니라 언어의 실제 사실이다.

우리는 러시아어의 두 격이 상관되어 있음을 보았다. 예를 들어, 한 격의 일반 의미가 객관적 실재의 임의의 표식(α)이 존재하는 것에 초점을 맞추고, 다른 격의 일반 의미는 그 표식의 존재나 부재를 확인할 수 없다는 것이다. 첫 번째에 대한 지시에서 우리는 유표적 범주를 말한다, 두 번째에 대한 지시에서 무표적 범주를 말한다. 범주들이 대립적이라는 사실에서 표식의 부재 지시는 무표적 격의 특정 의미라는 것을 알 수 있다. 만약 A의 일반 의미에 대립적인 N의 일반 의미가 언급되는 개체가 임의의 행위의 주어인가의 여부를 특정하지 않는다면(α의 비표지화(non-signalization)), 이 격의 **특정 의미**(specific meaning: spezifische Bedeutung)는 발화가 그런 행위를 암시하지 않는 것이다(비α의 표지화; 참고, 카리스테리아(Charisteria), 84). 독립적으로 사용된 N도 역시 이 의미를 갖는다. 그러나 문맥이 주격의 지시체가 행위의 주어임을 지시할 때(α의 신호), 대격의 의미와 일치하는 N의 결합 의미는 "부적당한(improper)" 의미로 평가된다. 상관된 격의 의미와 직접적으로 대립하는 N의 특정 의미, 즉 행위하는 주어 의미거나 더 좋은 타동적 행위의 주어의 의미가 주격의 **주요 의미**(principal meaning)이다. 이 의미로 사용되는 다른 격은 없다. 어떤 이가 detej [G] prišlo! '많은 아이들이 왔네'; nikogo [G] ne bylo '거기에 아무도 없다'라고 말할 수 있지만, deti [N] sobirali jagody '아이들은 딸기를 땄다', nikto [N] ne pel '아무도 노래하지 않았다'라고 할 수 있다. 그러나 detej sobiralo jagody, nikogo ne pelo라고 하지 않는다. N의 통사적 사용은 이 의미를 명백하게 하고 자연적으로 무표적인 것으로 인식되며, 이는 N과 A 사이의 의미 차이를 중지시키는 사용과 반대된다. 이것은 능동 구문인 pisateli pišut knigi '작가는 책을 쓴다'; Puškin napisal Poltavu '푸쉬킨은 폴타바에게 편지쓴다' 같은 능동 구문이 무표적인 이유이다. 이는 knigi pišutsja pisateljami '책은 작가들에 의해 쓰인다'; Poltava napisana Puškinym '폴타바는 푸쉬킨에 의해 쓰인 편지를 받았다'같은 구문에 반대된다.

 능동 주어의 가장 적합한 표상은, 특히 타동 행위의 능동 주어가 **활성 존재**이고, 목적어 가장 적합한 표상은 **비활성 개체**이다(참고, Atti, 144). 역할의 교체는, 비활성 개체가 주격 주어로 기능하고 활성체는 대격의 목적어로 기능할 때 역할의 교체는 상응하는 의인화의 기미를 보인

다: gruzovik razdavil rebënka '트럭은 아이를 죽였다', fabrika kalečit ljudej '공장은 사람들을 불구로 만들었다', peč' požiraet mnogo uglja '화로는 많은 석탄을 삼켰다'. 톰슨(Thomson)은 주어와 목적어 사이의 활성/비활성의 두 의미 범주의 분포를 통사적으로 연구하였고 다음과 같은 결론을 내렸다: 타동사와 함께 인간은 주어이고 물건은 목적어이며, 동물명이 중간 위치를 차지한다(XXIV, 305). 비활성 목적어를 지시하는 A는 일반적으로 이해를 악화시키지 않고 N과 구분하는 형태적 표지를 결여할 수 있다. 대부분의 러시아어 명사류 어형계열체에서 비활성 목적어 A와 N이 같은 범주에 있는 것을 비교하라. 그리고 전형적으로 우리는 čto delaet '무엇을 하는가'에서 목적어가 질문의 대상이지 주어가 아니며, kto delaet '누가 하는가'는 이와 반대라는 것을 추정할 수 있다.

    N의 가장 주요한 기능이 타동 행위의 주어가 되는 것이며, 그것이 주격의 유일한 기능이 되는 언어(예를 들어, 바스크어와 북부 코카서스어)가 있다고 전에 언급되었다. 이런 언어에서 유표-무표적 격 관계는 러시아어(그리고 다른 주격-대격 언어들)와 관련해서 역전된다. 이 언어에서 유표적 격은 지시체가 행위의 목적어라는 것을 함의하지 않으며, 반대로, 지시체가 행위에 무언가를 종속시키며, 무표적 격은 이런 함의를 갖지 않는다. 울렌벡(Uhlenbeck)은 전자를 **타동어(transitivus)**, 후자를 **자동어(intransitivus)**로 부른다(이 문제의 흥미로운 개괄은 카츠넬손(Kacnel'son), 56ff.에서 발견된다). 전자는 타동사의 주어로써의 기능하고, 무표적 자동어는 자연스럽게 여러 개의 통사적 역할, 즉, 타동사의 목적어와 자동사의 주어 역할을 한다. 주격-대격과 타동-자동의 대립과 **동사 종류(genera verbi)**의 대립을 비교하는 것은 **명사와 동사의 상관관계 사이의 유사성**을 보여준다. 타동-자동 짝은 능동과 중립-수동 종류(neutropassive genus)의 대립으로 바르게 해석된다. N과 A의 관계를 중립-능동과 수동 종류의 대립으로 처리하는 것이 이와 상응하여 적절할 것이다.

IV

"매우 중의적"으로 알려진 생격(genitive)의 분석은 이 격을 일련의 상이하고 심지어 상호 모순적인 특정 의미들로 분해하는 원자적 접근법의 헛됨을 특히 분명하게 보여준다. 러시아어의 "개별 생격(individual genitives)"으로, 예를 들어, 분리의 G, "동사의 어간에 표현된 이동이 시작되는 대상"의 G, "행위가 지향하는 대상을 지시하고, 그로 인해 분리의 G와 직접 대립하는" 목표의 G가 등록되어 있다(Peškovskij, 264ff.). 이러한 대조(antitheses)를 정교의 구 신도와 구 신도의 문서로 주어진 새로운 교리 사이의 논쟁적 대조처럼 비교하라. 한편으로, begaj bluda [G] '외설을 회피하라'와 다른 한 편으로 želaj bluda [G] '외설을 원하라'가 그 예이다. 실재, '-로부터 방향(direction from)' 혹은 '-로 방향(direction to)'의 의미들은 동사 자체의 실제 의미에 의해 문장에 도입된다. 그리고 ot zari [G] do zari [G] '(저녁의) 석양에서 (아침의) 여명까지'와 같은 표현에서는 전치사의 의미에 의해 도입된다. G를 두 다른 방향을 지시하기 위해 사용하는 가능성은 G가 그 스스로는 방향적 함의를 가지지 않는다는 것을 보여준다.

G와 N, A의 비교는 G가 항상 **지시체의 발화 내용에 관여하는 것의 한계**를 지시함을 보여준다. 우리가 그 지시체의 관여의 영역을 지시하는 G와 이런 지시가 없는 다른 격(N, A) 사이의 대조를 **영역 상관(scope correlation: Umfangskorrelation)**으로 이야기할 수 있다. 이 명사적 대

립은 동사의 **상적 상관(aspect correlation)**의 대립과 비교될 수 있고, 명사 상적 상관(nominal aspect correlation)을 이야기할 수도 있다.

지시체를 지향하는 **행위(action)**의 표지화(signalization) 대 비표지화 사이의 대립에 관해 이 대조는 G에서 **제거된다**. 이것은 행위를 당하는 개체 혹은 독립적 대상을 G가 동등하게 지시할 수 있다는 것이다.

G는 자체로 발화의 내용에서 지시체 관련의 영역이 지시체의 전체 확장보다 적다는 것을 지시한다. 개체의 관련됨의 정확한 영역은 언어적 혹은 언어외적 문맥에 의해 결정된다. 생격의 지시체는 문장에서 (a) **부분적(partially)**으로 혹은 (b) **부정적(negatively)**으로 표상될 수 있다. 첫번째 사례에서 생격 사용은 관련의 한정적 혹은 비한정적 정도를 의미하고 (Genitivus partitivus) 공간적 혹은 시간적 경계를 수립한다. 두번째 사례에서 지시체는 발화의 내용 밖에 남아 있다. 그 문맥은 행위가 지시체에서 멈췄다는 것을 결정하거나(제한(limit)의 G) 행위가 지시체를 지향한다는 것을 추가적으로 결정하거나(목표(goal)의 G) 그것으로부터 멀어진다는 것(분리(separation)의 G)을 결정한다. 혹은 지시체가 제거되거나 제껴질 수 있다(부정(negation)의 G).[4] 두 유형의 생격의 개별적, 통사적 변이형을 살펴보자.

명명문에서 G: 1) novostej, novostej!는 대략적으로 '얼마나 많은 뉴스인가!'; 민속 방언에서 takix-to delov!는 대략적으로 '일이 얼마나 진행되었나!'; kakogo dela!는 대략 '그 일이 어찌 되었나보라!'이다.[5] 청과 상인의 외침인 kapusty! ogurcov! '양배추 약간, 오이 약간!' 2) "vody, vody! [G] ··· no ja naprasno stradal'cu vodu [A] podaval" (푸쉬킨) '물, 물··· 그러나 난 헛되게 고통받는 이에게 물을 주었다'; "spokojnoj noči! Vsem vam spokojnoj noči" (예세닌) '좋은 밤! 당신 모두에게 좋은 밤!'

"limončika by!" (A. 벨릐) '오, 레몬 조금만!'; "ni golosa" (마야코프스키) '목소리가 아니다'. 이 부분의 모든 예에서 생격으로 지시된 개체는 발화의 내용 밖에 있다. **독립적으로** 사용된 G는, 예에서 보는 것처럼, 비한정적이지만 인식가능한 정도로 그 지시체가 관련되거나(1) 관련될 것임을 (2) 지시한다.

주어 생격: 1) ljudej [G] sobralos' '(많은) 사람들이 모였다' – ljudi [N] sobralis' (같은 의미이만 대중에 대한 초점은 없음); "šutok [G] bylo" (레르몬토프) '(많은)농담이 있었다' – šutki [N] byli (큰 수는 지시되지 않는다); 2) nužno spiček [G] '성냥이 필요하다' – nužny spički [N] (그 사실적 부재에 초점을 두지 않는다); strašno smerti [G] '죽음이 두렵다' – strašna smert' [N] '두려운 것은 죽음이다'(첫번째 사례에서 죽음은 발화에서 부정적인 "주요 형상"이고 그 내용의 밖에 있다. 그 긍정적 "주요 형상"은 죽음 전에 몸을 웅크리는 사람이다. 반면에 두번째 사례에서 죽음은 긍정적이고 유일한 주요 형상이다); otveta [G] ne prišlo '답이 오지 않았다' – otvet [N] ne prišël '그 답은 오지 않았다' (첫번째 경우에 그 답은 발화의 내용에서 제거되는 것처럼 부정되고, 두번째에서 오직 그 행위가 부정된다).

부사적 G: 1) 부분적 대상의 생격은 다음과 결합한다. (a)양의 변화(증가 혹은 감소)를 직접적으로 지시하는 동사와 결합한다. 예를 들어, uspexi pridajut emu sil '성공은 그에게 힘을 줄 것이다'; pripuskaet ognja v lampe '그(녀)는 램프의 불을 키울 것이다'; nabiraet deneg '그(녀)는 돈을 모을 것이다'; s každym dn'ëm ubavljajut xleva '그들은 매일 빵을 줄였다'; (b)행위의 절대적 한계를 가리키는 완료상 동사와 결합한다("구조…", 3쪽; 부슬라예프(Buslaev, 283 f.); 예를 들어, poel [완료] xleba [G] – el [불완료] xleb [A] '빵을 먹었다', vzjal [완료] deneg

[G] – bral [불완료] den'gi [A] '돈을 가져갔다', nadelal [완료] dolgov [G] – delal [불완료] dolgi [A] '빚을 졌다', kupit' [완료] baranok [G] – pokupat' [불완료] baranki [A] '바란키(도넛 모양의 빵)를 산다', daj [완료] mne tvoego noža [G] '(잠깐) 내게 너의 칼을 주세요'.[6] 많은 완료상 접두사가 오직 생격에 연결된다는 페슈코프스키(266 f.)의 반대 가설은 틀렸다. 부분 생격과 사용될 수 있는 능동문들과 관련해서, 만약 지시체의 제한이 없다면, A가 있는 구문이 발생된다(nakupil ujmu '매우 많은 양을 사다', nogovoril kuču komplimentov '많은 칭찬을 하다'). 약하게 지배되는 G[*] 역시 나눠지거나 제한된 전체에 상응한다: èto proizošlo pjatogo janvarja '이것은 1월5일에 발생했다', šutoček našutili '농담을 했다', poezdka stoit bol'šix deneg '여행에 돈이 많이 든다'.

2) 제한의 G: "odnoj nogoj kasajas' pola" (푸쉬킨) '한 발로 바닥을 닿고', "dostig ja vysšej vlasti" (푸쉬킨) '나는 최고의 권력을 얻었다'; 목적의 G: "a on, bezumnyj, iščet buri" (레르몬또프) '그리고 그는, 미친 사람이고 소동을 찾는다', "svobod xoteli vy" (푸쉬킨) '당신은 자유를 원한다'; 분리의 G: izbežal vernoj gibeli '확실한 죽음을 피했다', bojsja kary '처벌을 두려워하라'; 부정의 G: "ne poj, krasavica, pri mne ty pesen Gruzii pečal'noj" (푸쉬킨) '노래하지 마라, 아름다운 소녀여, 내가 있는 곳에서 슬픈 그루지야의 노래를', ne čitaju gazet '나는 신문을 읽지 않는다', ne našel kvartiry '아파트를 찾지 못했다'. 이러한 사례에서 G는 문장에 의해 주어진 상황에서 지시체가 부재함을 지시한다. 그러나 이 부재는 강조되지 않고 사실 이전 문맥이나 언어외적 상황에서 지시체의 존

---

* 원문에서 대격의 의미로 A로 표기되었지만, 내용상 생격인 G가 맞다고 생각된다.

재로 무효화된다. 이 생격은 이후에 능동의 A로 교체된다: prosit' deneg [G] '돈을 요구하다', prosit' den'gi [A] '돈을 요구하다'(이는 이미 언급된 것이다 – 페슈코프스키의 예); "ja cel' svoju dostig" (레르몬토프) '나는 내 목표를 달성했다'. 지시체의 외부적 특성(external character)은 여기 지시되지 않으며, 결과적으로 목표는 발화의 영역으로 들어오게 된다. 이는 처음부터 알려진 것으로 묘사된다. 그러므로 우리는 čelovek vpervye dostig poljusa [G] '사람은 처음으로 극지방에 도달했다'이지 poljus [A]로 쓸 수 없다; ja ne slychal ètoj sonaty [G] '나는 이 소나타를 들어본 적 없다' – 강조는 화자의 부분에서 이 소나타를 모르고 있다는 점이다; ja ne slychal ètu sonatu [A] – 위의 강조는 부재하며 내가 그것을 듣지 않았다는 사실이 단순한 사건이며, 이 사건이 발화의 내용에서 그 소나타를 제거할 수 없다는 것이다. 즉, 소나타의 존재가 선행한다. 이 뉘앙스는 G에 대조되는 A를 필요로 한다.

형용사와 함께 쓰인 G: 1) polnyj myslej [G] '생각으로 가득찬'(부분 G의 변형); 참고, polnyj mysljami [I], 여기서는 양적, 부분적이라는 뉘앙스가 결여된다; 2) dostojnyj priznanija '인정의 가치가 있는' (제한 G의 변형), slašče jada '독보다 달콤한', ugovor dorože deneg '합의는 돈보다 귀하다' (분리 G의 변이형: 더 상위의 단계가 더 하위의 것을 억제한다).

대명사와 쓰인 G: čto novogo '무엇이 새로운가' (이 의미는 부분적이다).

관형사적(adnominal) G: 이미 언급된 것처럼, G는 그 지시체가 발화의 내용 밖에 있거나 오직 부분적으로만 표상된다는 것을 의미한다. 이 초점은 지시체에 있는 것이 아니라 같이 있는 내용이나 지시체의 부분에 있으며, **G의 환유적 본질**이나 부분 G의 경우에 환유의 특별한 종류 혹은 그

제유적 특성(synecdochic character)(그림(Grimm)이 깔끔하게 "좁은 대상화(narrow objectification)"로 표현함)을 신호한다. 이는 관형사적 G에서 특히 분명하다. 생격의 부사적 사용과 관형사적 사용 사이의 인위적 균열을 일으킨다는 사실은 이상하게도 문헌에서 일반적으로 간과된다(델브룩, 307 f.를 보라). G가 의존하는 명사가 생격인 대상의 영역을 직접적으로 제한하거나(stakan vody '한 잔의 물', čast' doma '집의 일부'), 이 지시체에서 그 자질(krasota devuški '이 소녀의 아름다움'), 발화(slovo čeloveka '이 사람의 세계'), 가혹한 상황(razgrom armii '군대의 파괴'), 관계(imuščestvo remeslennika '기술자의 재산'), 주변상황(sosed kuzneca '대장장이의 이웃') 중에서 무언가를 추상화하거나 반대로 행위자 혹은 피위자의 발화나 자질에서 그 스스로를 추상화한다(deva krasoty '아름다움의 여인', čelovek slova '말을 지키는 사람', žertvy razgroma '패배의 제물').

관형사적 사용은 G의 의미적 특이성을 가장 완전하고 분명하게 보여주고 순수한 명사로 지시할 수 있는 유일한 격이라는 것을 언급할만 하다. 즉, 의미의 동사적 뉘앙스로부터 자유로운 것이다. 우리는 **G의 관형사적 사용**을 이 격의 전형적 표현으로 간주할 수 있다.

G의 이런 순수한 관형사적 사용에 대립하여 **격 대조의 최대점으로써 부사적 사용(adverbial use, as the point of maximal case contrast)**이 있다. 능동 동사와 함께 A에 대립하는 것은 오직 G이며, 이는 강하게 지배되는 A가 항상 능동 동사를 전제하기 때문이다. 행위자를 생격의 지시체에서 분리하는 것을 가리키는 동사(izbegat' '피하다', trusit' '두려워하다', 등)는 적어도 문어에서 A와 사용될 수 없다. 왜냐하면 분리를 초래하는 개체가 능동적 요소로 간주되며, 행위의 대상이 아니기 때문이다. 동사 lišat' '훔치다'는 훔침을 당하는 피위자를 후자가 훔침당한 것, 다른 말로

발화의 내용에서 배제된 것에 대립시킨다. 피위자는 자연스럽게 대격의 목적어로, 다른 것은 생격의 목적어로 기능한다. 양쪽의 존재는 중요한 것이고, 첫번째 목적어를 두번째 앞에 위치시키는 것은 그것들 사이의 필수적으로 구분하는 것이며, 여기서 다시 말하지만, 격 대립은 필요 조건(prerequisite)은 아니다. 참고, lišil otca [A] syna [G] a mat' [A] dočeri [G] '아버지에게서 아들을, 그리고 어머니에게서 딸을 훔쳤다. 페슈코프스키가 정확하게 언급한 것처럼(265 f.), 부정과 목표의 생격(그리고 제한의 생격도)은 A와 혼동되는 경향이 있고, 그 구분은 자주 불분명하다. 가장 큰 구별의 힘을 가지는 대립은 부분 G와 A 사이의 대립이다(vypil vina [G] '와인 좀 마셨다' — vypil vino [A] '와인 마셨다'). 활성체(animate being)는 단수 부분 G로 예외적인 경우에만 기능할 수 있다(예, otvedal kuricy '닭을 먹어보았다'). 이런 이유로 A 대 G 대립은 활성체를 지시하는 명사와 관련되어 중요성을 거의 갖지 않는다. 그리고 활성체의 이름에서 A는 G 형태를 받으며, 이렇게 대부분의 어형계열체에서 대립이 삭제된다. 이 융합은 복수에서 일반화되어 의미 구분을 상실하게 된다. Kupil kartiny [A] '그림을 샀다'와 kupil kartin [G] '(다수의) 그림을 샀다'라는 표현은 목적어가 활성체인 경우에 단일 표현인 kupil lošadej [A-G] '말을 샀다'에 상응한다.[7]

 A와 G가 같아지는 것은 지시체가 활성이라는 것을 지시하지만, A와 N이 같아지는 것은, 대부분 비활성체를 지시하는 것에 제한됨에도 불구하고, 비활성과 관련해서 비중의적이지 않다(참고, mat' [N-A] '어머니', mys; [N-A] '쥐'). 러시아어 명사변화 체계에서 만약 활성 혹은 비활성의 표지가 있다면, 대립 자질은 중의적으로 대조적 표지에 의해 지시되는 경우가 항상 있다. N에서 소위 중성 어미는 비활성을 지시하고(유일한 예외

는 suščestvo '생물'과 životnoe '동물'이 어간의 의미에 의해 직접적으로 활성을 지시한다는 것이다), 다른 주격 어미는 활성과 비활성 개체와 관련하여 발생한다. 두 생격 혹은 두 전치격 형태의 존재는 비활성을 지시하지만, 격 분리의 부재는 아무 것도 지시하지 않는다(VII를 보라). 명사에서 성과 관련해서도 동일하다. 대부분의 경우가 남성을 지시하는 어미를 가지고 (예, 단수 G -a, D -u, I -om, 복수 N -a, G -ov), 이 격의 다른 어미들은 여성을 지시하지 않는다(예, 단수 G -i, D -e 혹은 -i, I -oju, 복수 N -i, G -ej 혹은 영 어미). 명사는 성이 단수 형용사에 의해서 분명히 구분된다. 두 성은 남성일 수 없는 유표적 범주와(여성) 남성 혹은 여성으로 지시되는 것을 가리키지 않는 대조되는 무표적 범주(소위 남성)로 서로 관계된다. 참고, tovarišč [남성] Ivanova [여성], zubnoj vrač [남성] '동지, 이바노바, 치과 의사'.

전치사적 G도 그 의미의 본질에서 다른 생격의 사용과 다르지 않다. 여기서 다시 지시체의 모두 혹은 부분을 제거함으로써 발화에서 지시체의 참여를 제한하거나 더 간단히 말하면, 그 영역-관계(scope-relationship)를 특정한다. 예를 들어, 1) nekotorye iz nas '우리 중 약간' (부분 G); 2) u, okolo, vozle reki '강의 옆에' (제한의 G); do reki '강에 이르기까지', dlja slavy '영광을 위해' (목표의 G); iz ruž'ja '총에서', ot reki '강에서' (분리의 G); bez zabot '근심 없이', krome zimy '겨울을 제외하고' (부정의 G).[8]

V

조격이나 **여격**은 영역-관계를 지시하지 않는다. 이 격들은 G와는 상관관계에 있지 않지만, N과 A와는 상관관계에 있다. A처럼 D는 역시 그 지시체가 행위에 관련된다는 것을 지시하고, 반면에 I는 N처럼 이에 대해 아무것도 말하지 않는다. 그리고 이 지시체가 스스로 행위를 하는가나 행위에 참여하는 가에 대해 아무런 말도 하지 않는다. 참고, strana upravljajetsja ministrami [I] '국가는 장관들에 의해 운영된다' – ministry upravljajut stranoj [I] '장관들은 국가를 운영한다'; oni byli vstrečeny rebënkom [I] '그들은 아이로 만났다' – oni vstrečali ego rebënkom [I] '그들은 그를 아이로서 만났다'. A처럼 D는 방향의 상관관계의 유표적 구성원으로 기능한다(A와 D는 **방향격**으로 무표적 N과 I와 대립한다). 대상을 향한 방향성의 존재 역시 A와 D의 전치사와의 사용에 지시된다. 예를 들어, v, na, za, pod, čerez, skvoz', po pojas '안에, 위에, 뒤에, 아래에, –를 지나, –를 뚫고, 허리띠까지'; k, navstreču, po potoku '–로, –에 정면으로, 흐름을 따라'. 방향의 의미는 이 전치사들이 동사 대신에 명사와 사용될 때도 유지된다: vxod v dom '집으로 들어감', doroga v Rim '로마로 가는 길', ključ k dveri '문의 열쇠'. 위에서 언급된 것처럼, A의 일반 의미에 대조되는 N의 일반 의미는 지시체가 행위에 영향을 받는지 여부를 보여주지 않는다. 그리고 N의 특정 의미(specific meanings)는 발화가 그런 행위를 말하지 않는다는 것을 지시한다. 그리고 N의 본질은 그 지시체가 행위의 행위자로서 보여질 때 특히 분명하다. 이것은 I-D 대립에도 역시 해당된다. 그리고 샤흐마토프가 I와 D 사이의 필연적 차이를 전자가 "동사로부터 독립적이고 동사의 유표적 자질의 효과에 종속적이지 않은 개념을 지시하지만, 반대로 전자가 유표적 자질의 해결에 도움을 주고 그 표현을 변화시키거나 결정하는 개념을 지시한다는 사실로 볼 때, 그가 생각하는 것이 I의 **주요 의미**(principal meaning)

이다(§444).

I와 D의 차이는 무엇이고, N과 A의 차이는 무엇인가? 퐁스(Pongs 245)의 두 용어로 바꿔쓰면, 나는 I와 D를 주변 격(peripheral cases)으로 N과 A를 완전 격으로 부르고, 두 유형 사이의 대립에 대해 **위상(status) – 상관관계(correlation)** [Stellungskorrelation]라는 지시를 이후에 사용할 것이다. **주변 격**은 그 지시체가 **주변적 위상(peripheral status)**을 전체 발화의 의미적 내용에서 차지하고, **완전 격(full case)**은 그런 위상에 대한 지시가 없다는 것이다. 주변은 중심을 전제하고, 주변 격은 **발화 내용에서 중심점의 존재(presence of a central point in the content of the utterance)**를 전제한다. 그리고 이것을 결정하는데 도움을 주는 것은 주변 격이다. 그러나 이 중심점은 필수적으로 언어적으로 표현될 필요가 없다. 예를 들어, 소설 제목인 Ognem [I] / i mečom [I] '불과 칼로써', I zolotom [I] i molotom [I] '황금과 망치로써'는 조격의 지시체가 도구로 행동하는 관련 행위를 전제한다. 제목 Ivanu Ivanoviču Ivanovu [D]는 여격으로 지시된 사람에게 의도된 무언가를 전제하고 이 무언가가 표현되지 않았지만 발화의 중심점으로, 수신자는 주변점으로 기능한다.

나는 주변 격에 특정한 것이 그 격이 발화에서 두 점의 존재를 지시하는 것이 아니라 한 주변 격을 다른 것과 관련해서 생각하게 한다는 것이라고 강조하고 싶다. A 역시 두 점의 존재를 지시하고, 하나는 위계적으로 다른 것보다 낮지만, A는 이 하급의 점(subordinate point)이 발화에서 경계적인 것(marginal one)임을 특정하지 않는다. 중심점을 악화시키지 않고 생략될 수 있는 점은 주변 격의 효과이다. 동사 delaet '하다'는 kto '누가'와 čto '무엇이'의 질문에 대답을 필요로 하고, ne delaet '하지 않다'는 kto와 čego [G]의 질문에 대답을 필요로 한다. N과 A (혹은 부정에서

G)의 부재는 발화에 생략적 특성을 부여한다. 실제 질문 čem [I] delaet, komu [D] delaet은 발화의 본질에서 발생하지 않으며, 그 중심과 직접적으로 연결되지 않는다. 말하자면, 그것들은 우연한 질문이다. 참고, delo delaetsja, sdelano '일이 되어가고 있다, 되었다'. 행위자를 질문하는 것 (kem [I])은 선택적이다: on dal vsë, čto mog dat' '그는 줄 수 있는 모든 것을 주었다'; každyj den' on posylaet pis'ma '매일 그는 편지를 보낸다' – D의 결여가 결함으로 느껴지지 않는다.

한편으로 tečenie [N] otneslo lodku '물살이 배를 가져가 버렸다'; olenja ranila strela [N] '화살이 사슴을 상처입혔다'; paxnet seno [N] '건초가 냄새난다'와 다른 한편으로 tečeniem [I] otneslo lodku; olenja ranilo streloj [I]; paxnet senom [I]과 같은 표현에서 지시체는 동일하지만, 의미적 내용은 다르다. 두 사례 모두에서 의미의 위계를 제외하고 행위의 수행자는 동일하다. 첫번째 사례에서 주어로 두번째 사례에서는 술어의 부가어(adjunct)로 표상된다. 조격의 형태는 지시체에 이차적 위상(secondary status)을 할당한다. 그러나 동사와 I의 결합 자체의 이차적 위상이 화자의 태도 때문인지 I가 실제 사실로 이차적 역할만을 수행하는 것인지를 서술하지 않는다.[9] 참고, risunok nabrosan perom [I] '그 그림은 펜으로 그려졌다' – risunok nabrosan xudožnikom [I] '그 그림은 화가에 의해 그려졌다': 첫번째 사례에서 I는 단순 수단, 즉 도구를 지시하지만, 두번째에서 그 일의 저자를 지시하고, 이 저자는 그 일과 관련해서 발화의 주변으로 움직이고, 다시 말하자면, 이 저자가 필수적 전제로 간주된다는 것이다. 능동 구문에서 I를 N 옆에 놓는 것으로 충분하고, I의 지시체는 객관적인 보조어(objective auxiliary) 특성을 갖는다. 지시체의 주변적 위상은 수단과 저자 사이의 대조로 표현된다: oxotnik [N] ranil olenja streloj [I] '사냥꾼은 사슴을 화살로 상처입혔다'; saraj [N] paxnet senom [I] '헛간은 건초 냄새가 간다'.

I의 일반 의미의 틀 안에서 세 의미 유형이 변별된다.

1. I는 행위의 조건을 가리킨다. **조건의 I(I of stipulation)**는 위의 예에서 이미 제시되었으며, 행위의 근원(the source of the action: ubit vragami '적에 의해 살해되다'), 동기(the motive: uvleč'sja sportom '스포츠에 열정적이다', tomit'sja bezdel'em '일이 없음에 괴로워하다'), 도구(the implement: žat' serpom '낫으로 수확하다', rasporjažat'sja den'gami '돈을 써버리다', upravljat' mašinoj '차를 조종하다', vladet' rabami '노예를 지배하다'), 방식(the mode: idti vojnoj '전쟁에 가다', 축자적으로 '전쟁과 함께 가다'), 이동이 발생하는 공간(the space through which motion occurred: idti lesom '숲을 뚫고 가다'), 행위의 시간(the time of the action: putešestvovat' noč'ju '밤에 여행하다'). 이중어(doublets) švyrjat' kamnjami [I] – švyrjat' kamni [A] '돌을 던지다'는 페슈코프스키에 의해 착오로 "문체적 동의어(stylistic synonyms)"로 언급된다. 실제로 여기서도 I는 지시체의 보조적 혹은 우연적 역할을 가리킨다. 그러므로 매체와 목표 사이, 도구와 스스로 충분한 대상 사이의 대립이 유지된다. 그래서 우리는 다음과 같이 말할 수 있다: čtoby probit' stenu, oni švyrjali v neë kamnjami [I] '벽을 뚫기 위해서 그들은 벽에 돌을 던졌다', 그러나 on bescel'no švyrjal kamni [A] v vodu '목적없이 그는 돌을 물로 던졌다'. 다음 구문 사이의 대립은 더욱 분명하다 govorit' rezkimi slovami '날카로운 단어로 말하다' – govorit' rezkie slova '날카로운 단어를 말하다'. 전자에서 화자는 발화의 내용을 지시하고, 후자에서 발화 자체를 지시한다. 반복어적인 "강화의 I"는

일반적인 용어로 일종의 중복이며 이는 행위의 강도를 강조한다(krikom kričat' '소리로 소리지르다'). 동어반복적인 A(tautological A)는 행위의 대상을 그것을 명명함으로써 제거한다(klič klikat' '부름으로 부르다'). 조건의 I는 표현되거나 암시된 동사에 관계된다(knutom ego ! '채찍으로 그를'). 혹은 행위를 의미하는 명사에 관계된다(uvlečenie sportom '스포츠에 대한 열정', udar nožom '칼로 때림', oskorblenie dejstviem '행위에 의한 모욕', doroga lesom '숲을 뚫고 가는 길'). 이 I를 N으로 대체하는 것은 통사적 관점의 분해와 문장을 동등한 부분으로 해체하는 것을 의미한다: on udaril ego šaška [N] na otmaš' '그는 칼을 어깨에서 아래 대각선으로 휘두르는 식으로 그를 때렸다', "komsomolec – k noge noga [N]! pleco [N] k pleču! marš!" (마야꼬프스키) '꼼소몰인은 발에 발! 어깨에 어깨! 행진!'

2. **제한의 I(I of restriction)**는 "기호의 응용 영역"을 제한한다. 이는 술어에서 혹은 이 격이 지시하는 한정어(attribute)에서 표현된다: pomolodet' dušoj, jun dušoj, junyj dušoj '영적으로 젊어지다, 영적으로 젊은, 영적인 젊은이'; junoša dušoj, on ne mog primirit'sja s nespravedlivost'ju '영적으로 젊은이인 그는 불공정함과 화해할 수 없었다'. 주변적 위상은 더 관련된 전체와 부분의 충돌로 나타난다.

3. **역할의 I(I of role)**는 동일 문장에서 완전 격과 상응하는(표현되거나 함의된) 동일한 개체를 지시한다. 그리고 그 개체의 특별한 기능인 일시적인, 때때로의(획득되거나 유동적인) 속성(property)이 관련된다. 이 I는 술어에 첨부되거나 삽입된다. On zdes' sud'ëj '그는 여기서 판사로 기능한다', budet sud'ëj '판사가 될 것이다', 'stal sud'ëj '판사가 되었다'.[10] on

izbran sud'ëj '그는 판사로 선출되었다', ego naznačili sud'ëj '그는 판사로 임명되었다', my znavali ego sud'ëj '우리는 그를 판사로 알았다', sud'ëj on posetil nas '그는 우리를 판사로서 방문했다', ja ne vidal eë lica [G] takim ozaboč ennym [I] '나는 그렇게 걱정하는 그녀의 얼굴을 본 적이 없다'. 그러나 만약 개체의 영구적이고 원래의, 분리불가능한 특성을 의미하거나, 적어도 이 자질의 특성을 일시적인 것으로 지시하고자 하는 의도가 없다면, I는 불가능하다. Vse oni byli greki [N] '그들 모두는 그리스 사람이었다'; mladšij syn byl durak [N] '작은 아들은 바보였다'. 우리는 다음 표현 bud' tatarinom [I] '타타르인이 되어라'를 타타르 민족주의에 대한 호소로 인식한다면, 푸쉬킨의 풍자시에서의 표현인 "bud' tatarin [N]"은 네가 만약 타타르인으로 태어났다면, 너의 민족적 정체성은 너와 같이 남아 있고, 네가 어떻게 할 수 있는 것은 아니다라는 것을 의미한다. 유머러스한 시의 "on byl tituljarnyj sovetnik [N], ona general'skaja doč', on robko v ljubvi ej priznalsja, ona prognala ego proč'" '그는 명목 상의 조언자였고, 그녀는 장군의 딸이었고, 그는 그녀에게 소심하게 사랑을 고백했고, 그녀는 그를 거절했다'라는 표현에서 명의 뿐인 조언자의 계급은 그 장면이 발생하는 프레임의 일부로 인식되고, 그것은 영구적인 것으로 느껴진다. 그리고 전후 상황은 의도적으로 언급되지 않고 있다. 그러나 on byl tituljarnym, potom nadvornym sovetnikom [I] '그는 명의뿐이었지만, 나중에 왕궁의 조언자가 되었다'. 화자의 관심이 시기에 초점을 맞추고 발화는 상응하여 정적일 때, 역할의 I는 N에게 양보한다. 하텔(E. Haertel)은 자신의 투르게네프 언어에서 술어적 I와 N의 방대한 조사를 통해 "예를 들어, togda, v svoë vremja 와 같이 시간적 제한(temporal delimitation)이나 주어진 발화를 우연(the accidental)의 영역에 위치시키는 다른 상황과 관련되는 경우, I가 예상되는 위치에서 N이 사용되는 다수의 문장이 있다" (106). 그러나 이 증거 역시 위대한 문장가의 편에서 두 격 사이의 미묘하고 중요한 변별을 증언한다. 사실, togda '그 당시', v svoë vremja '그의 시기에'의 제한(delimitation)이 대조(antithesis)의 부분을 의미하지 않는 한, 그것들 역시 정적으로 보이는(static-appearing) N을 필요로 한다: "vy byli togda rebënok [N]" '당신은 그 당시 어린이였다', v svoë vremja sil'nyj byl latinist [N] '그의 시기에 뛰어난 라틴연구자였다'. 약간의 더 설명적 예: on vernulsja bol'noj [N] '그는 아픈 채로 돌아왔다(그리고 전에부터 아팠을 것이다)' – on vernulsja bol'nym [I] '그는 아픈 채로 돌아왔다(아프게 되었다)': ja uvidel dom, zapuščennyj i opustelyj [N] '나는 집을 보았고, 집은 방치되고 버려진 채였다' – ja uvidel dom, zapuščennym i opustclym [I]; 여기서 방치와 버림이 더 이전과 다른 상황과 분명하게 대조된다. "Eë sestra zvalas' Tat'jana [N]" (푸쉬킨) '그의 누이는 따찌아나라고 불렸다' – … Tat'janoj [I]: 두번째 사례에서 격 형태에 의해 표현되는 것은 이름을 붙이는 것이지만, 첫번째에서는 이름의 소유만이 의미된다. 우리는 sestra zvalas' Tanej [I], a kogda podrosla, Tat'janoj [I] '누이는 따냐라고 불렸지만, 더 컸을 때는 따찌아나로 불렸다'라고 말할 수 있다. 참고, sestru [A] zvali Tat'janoj [I] '사람들은 누이를 따찌아나로 불렀다' 혹은 통사적 관점의 중단과 함께 zvali (:) Tat'jana [N]. 유사하게 헤르첸의 문장에서 Odin Parfenon [A] nazvali (:) cerkov' [N] sv. Magdaliny '한 파르테논은 사람들에게 성 막달레나의 교회라고 불렸다'. 샤흐마토프는 여기서 "이중 A"라고 틀리게 보았다(§430).

비교의 I(I of comparison)가 사용된 구문에서 그 고유 의미에 대조적인 개체의 은유적 의미에 의해 점유된 발화의 가치 위계에서 경계적 위상은 개체의 더 넓은 의미에 대조적인 시간적으로 제한되고 그로 인한 개체의 제유적 의미의 주변적 위상에 못지 않게 분명하다. 미클로시치 (Miklosich 735)는 역할의 I에 대한 비교의 I의 내적 관계를 이미 인식했다: u nego grud' kolesom '그의 가슴은 바퀴와 같다(남성적이다)', kazak bujnym sokolom rinulsja na vraga '까자크는 적을 향해 성난 독수리처럼 돌진했다'. 그러나 비유적 의미가 그 지시체와 뗄 수 없게 연결된 것으로 간주되면, 비교는 식별(identification)로 바뀌고, I는 더 이상 유효하지 않다: kazak, bujnyj sokol [N], rinulsja nav raga '까자크, 성난 독수리는 적을 향해 돌진했다'

동어반복 구문(tautological constructions) 역시 역할의 I와 비교의 I의 의미적 특이성을 분명하게 나타낸다(이 둘 사이의 차이는 제거된다). 다음 구문 sidnem sidel '착석자로 앉아있다'* 혹은 dožd' lil livnem '비가 억수같이 쏟아붙는다'을 krikom kričat' 등과 같이 비교하면 양 격에서 I 는 술어의 내용을 보여주는 것으로 술어를 강화하지만, 후자의 사례에서 이 보여진 내용은 술어의 방식(a mode of the predicate)으로 그려진다. 그리고 전자에서 는 술어(소위 보조적 술어(auxiliary predicate)와 긴밀하게 연결된 주어의 특성(a property of the subject)으로 그려진다. On ostalsja durak durakom '그는 바보 같은 바보(매우 바보: a total fool)로 남아있다', "rož' les lesom"(Šaxmatov, Sint., §2122) '호밀은 숲 같은 숲이다(진짜 숲: a real forest) 같은 표현에서 N과 I의 동어반복적 조합

---

* 역주. 관형어구로 '오랫동안 앉아있다'의 의미를 갖는다.

은 주어진 특성을 물질(substance: N)과 곡용(accidence: I), 혹은 정체 (identification: N)와 직유(similie: I)로서 동시에 제시함으로써 특성을 높인다. 뻬슈꼽스끼(224)는 다음과 같은 반의문에서 동어반복 구문을 조격의 의미에 기반해서 설명할 수 없다 razgovory [N] razgovorami [I], no pora i za delo '말은 말이고, 이제 일할 때다'. 하지만 I의 일반 의미가 나타나는 것은 분명히 이 생산적인 구문에서이다: N에 의해 명명된 대상은 한쪽으로 밀려나게 되는데 이는 소위 I에 의해서이고, 그 대상은 발화의 내용에서 주변적 위상만을 할당받는다. 속담 "družba [N] družboj [I], a služba [N] služboj [I]" '우정은 우정이고, 의무는 의무이다'에서 두 개체는 서로를 주변으로 치환시킨다.

위에서 논의된 사용에서처럼, I 자체는 오직 **주변적 위상**만을 지시한다. 이것은 N이 완전 격 중에서 차지하는 위치와 동일한 위치를 주변 격 중에서 차지하고 있는 것이며, 무표적 범주의 위치를 차지하고 있는 것이다. 이에 상응하여 I는 N처럼 순수 "어휘적 형태"의 역할을 지향한다. 이 경향이 실현되는 한, 주변적으로 유표된 I는 **부사(adverb)**가 된다. 샤흐마토프(478)에서 부사가 되는 **유일 조격(instrumentalia tantum)**의 다수 예를 보라: opromet'ju '서둘러' ukradkoj '숨어서', tajkom '비밀스럽게', dybom '끝에(서서)', blagin matom** '목청을 높여', 등.

주변적 위상을 제외한 모두는 지시체의 실재 의미에 의하고 문맥에 의해 I의 개별적 사용으로 주어지며, 격형에 의해 주어지지 않는다. 마야코프스키의 행 "morem bykov, čisl plavaj ryboj v vode" '문자, 숫자의 바다를 물 속의 물고기처럼 헤엄쳐라'에서 조격의 실제 의미에 의

** 러시아어 благим матом의 잘못된 전사로 보인다. 올바른 전사는 blagim matom 으로 생각된다.

해서만 우리는 morem이 조건의 I(즉, 행위의 경로)이고 ryboj가 비교의 I임을 안다. 주변 격과 발화의 핵(core)을 연결하는 것은 매우 느슨해서 주변 단어의 실제적이고 형식적 의미 없이 다음 문장에서 I인 žandarmom이 어떤 것을 그리고 어떤 방식으로 지시하는지 알 수 없다: ona znavala ego žandarmom '그녀는 그를 경찰관으로 알았다', on znaval eë žandarmom '그는 경찰관으로서 그녀를 알았다', on naletel žandarmomna detvoru '그는 경찰관처럼 아이들에게 날아갔다', on prigrozil žandarmom brodjage '그는 경찰관을 부름으로써 부랑자를 위협했다', on byl naznačen žandarmom '그는 경찰관으로 임명되었다'. 포테브냐(506)의 전형적 예들이 있다. 한편으로 ona pletët kosy vtroe, devkoju '그녀는 머리를 세겹으로 소녀처럼 꼬았다'와 다른 한편으로 ženščina devkoju inače pletët kosy čem žënkoju '여자는 여성스러운 스타일과는 다르게 머리를 소녀처럼 꼬았다' 혹은 devkoju [I] krasuetsja kosoju [I], a baboju [I] ne svetit volosom [I] '소녀로써 땋은 머리를 자랑하지만, 할머니로써 머리카락을 빛내지 않는다'의 예가 있다.

연결의 느슨한 유형은 I의 전치사적 사용에서도 특별히 분명하다. 여기서 우리는 예름슬레우(Hjelmslev 129)가 접촉 없는 관계(relation sans contact)로 불렀던 전치사적 I가 그 지시체와 접촉을 보이지 않는 것을 가지고 있다(s, nad, pod, pered, za, meždu, šarami '구(求)'들과 함께, 의 위에, 아래에, 앞에, 뒤에, 사이에).

D의 **일반 의미**는 매우 분명하다. 그것은 I처럼 주변적 위상을 의미하고, A처럼 행위에 관련됨을 의미한다. 그래서 여격은 간접 목적어나 보조 목적어(auxiliary object)의 격으로 정의되어 왔다. 샤흐마토프에 의하면, "부사적 D(adverbal D)는 동사에 의존적인 개념, 그리고 동사의 행위

가 실제로 그 개념을 포함하지 않으며 그것에 직접 영향을 주지 않고 그 개념을 지향하는 것을 표현한다"(§435). 페슈코프스키에 따르면, 여격은 목적어에 영향을 주지 않는 행위의 단순 지향성을 의미하는 수신자만을 특정한다(267 f.).

대격의 목적어와 비교하면, 여격의 목적어와 행위 사이의 더 친밀한 관계가 D가 **행위에 독립적인 지시체의 존재**를 지시한다는 점에서 특히 분명하다. A는 이런 점에서 침묵하고 내부 혹은 외부 목적어만을 동등하게 잘 지시할 수 있다. 스칼리취카(Skalička)는 그의 책에서 다음과 같이 썼다(이 책은 일반 문법의 흥미로운 많은 내용을 담고 있다): "기본적인 차이를 추정할 수 없다. 예를 들어, 동사의 명사에 대한 관계 사이의 경우에 체코어는 učiti se něčemu '어떤 것을 배우다'와 studovati něco '어떤 것을 공부하다'. 여기서 우리는 여격과 대격의 어떤 의미없음(meaninglessness)을 느낀다. 그리고 učiti se něčemu 혹은 učiti sc něco를 상호교체적으로 사용할 때, 그 차이는 아마도 문체적인 것으로만 느껴질 것이다: 여격의 구문이 대격의 구문보다 더 현학적이고 '더 좋은' 것이다. 여격이나 대격의 어떤 의미없음은 이 경우에 분명하다"(21). 이러한 의미의 지움은 체코어의 특징으로 격 대립의 거의 부식된 체계를 가진다. 그러나 러시아어는 더 안정적인 격 체계를 가지고, 상응하는 짝인 učit'sja '배우다'와 D, 그리고 učit '배우다'와 A는 의미와 관련하여 분명한 차이를 보인다. 다음과 같이 말할 수 있으며 ja učus' francuzskomu jazyku [D] '나는 프랑스어를 배우고 있다', 여기서 프랑스어는 내 배움과 독립적으로 존재한다고 할 수 있다. 그러나 ja učus' svoemu uroku [D]라고 하는 것은 불가능하며, ja uču svoj urok [A] '나는 나의 수업을 배우고 있다' 만이 가능하다. 이는 나의 수업이 나의 배움과 관련없이 존재하지 않기 때문이다. 또한 전치사적 D인 èto vedët ego k gibeli [D] '이것이 그를 멸망케할 것이다'는 vyzyvaet ego gibel' [A] '그의 멸망을 불러온다' 대신에 사용된다. 여격의 목적어는 쉬운 은유로 느껴지고 이는 ego ždët gibel' '멸망이 그를 기다린다' 속의 같은 단어와 유사하다. 멸망은 여기서 이전에 알려지고 이상적으로 존재하는 분명한 어떤것이다.

일반적으로 주어진 동사는 그 목적어가 의미적으로 직접적이거나 간접적인지를 결정하고, 만약 두 목적어가 있다면, 동사는 일반적으로 어떤 것이 주변적 위상을 가지고 어떤 것이 행위에 직접적으로 영향을 받는 것인지를 결정한다. 문장 ja prepodaju rebjatam [D] istoriju [A] '나는 아이들에게 역사를 가르친다'에서 역사는 직접 목적어로 아이들은 수신자(recipients)로 기능한다. 반대로 문장 ja uču rebjat [A] istorii [D] '나는 아이들에게 역사를 가르친다'에서 아이들은 내 행위의 직접 목적어로, 역사는 행위의 단순한 부속물(accompaniment)이다. 가끔 직접, 간접 목적어를 바꿀 수 있는데, 그래서 D와 A의 대립은 의미적으로 투명하다: poèt upodobil devušku [A] roze [D] '시인은 소녀를 장미에 비교했다' – … rozu [A] devuške [D] '…장미를 소녀에…'; on predpočitaet brata [A] sestre [D] '그는 동생을 누이보다 선호한다' – … sestru [A] bratu [D] '…누이를 동생보다…': (선호하는) 행위는 대격 목적어에 수행되지만, 여격 목적어는 행위에 의해 영향을 받는다. 이는 후자가 전자에 관련되어 발생하기 때문이다. 약간의 사례에서 한 동사가 하나의 동일 서술을 지시하기 위해 D는 물론 A와 사용될 수 있다: 이중어(doublets)가 이 유형이다 (po)darit' kogo [A] čem [I] '어떤 이에게 무언가를 선물하다' – (po)darit' komu [D] čto [A] '어떤 이에게 무언가를 주다'; 첫번째 사례에서 선물의 수령자(receiver)는 행위의 직접 목적어이고 두번째에서는 선물이다. 수령자는 단순한 수화자(addressee)가 되고, 선물은 단순 도구에서 실재 대상으로 변형된다. 그레치(Greč)에 의해 암송된 노래의 일부가 이 대립을 깔끔하게 예시한다: "ne dari menja ty zlatom, podari liš' mne sebja" (155) '너는 내게 금을 주지말고, 내게 너 자신을 다오'. 여기서 금은 경시되고 선물은 그에 대립하여 부각된다.

"직접 재귀 지시의 D"(닐로프(Nilov) 143을 보라)는 **실재 행위자(actual agent)가 수신자(recipient)로 인식된다**: 행위 혹은 더 정확하게는 사태(a state of affairs)은 경험자의 행위에 독립적인 것으로 경험된다(참고, bol'nomu [D] polegčalo '환자에게 상황은 좀 쉬워졌다' – bol'noj počuvstvoval sebja lučše '환자는 상태가 좋아졌다'; mne [D] ne spitsja '난 잘 수가 없다' – ja ne splju '난 자지 않는다', ja ne mogu spat' '나는 잘 수 없다'; čego mne [D] xočetsja – čego ja xoču '내가 무엇을 원하는가'). 그리고 미정형으로 표현되는 행위는 애초에 예정되거나 미리 정해진 것으로 묘사되고, 여격의 목적어는 이와 상응하여 명령의 수신자나 운명의 경고를 수신하는 사람으로 기능한다(속담: "byt' byčku [D] na verëvočke" '벌을 피하면 안된다'*; 민족 설화에서 "nosit' vam [D], ne perenosti'" '당신은 견뎌야 하고, 너무 많이 견디지 마라'; 레르몬또프 "ne vidat' tebe [D] Tamary, kak ne vidat' svoix ušej" '네가 네 자신의 귀를 볼 수 없는 것처럼 따마라를 볼 수 없을 것이다'); 운명의 손길은 화자의 희망이나 이해로 묘사된다: vernut'sja by emu [D] zdorovym '그가 건강히 돌아오기를 기원한다', deneg by nam [D] pobol'še (여기서 행위가 표현되지 않은 채로 남아있다) '우리가 돈이 더 많았으면!'; ne popast' by emu [D] v zapadnju '그가 함정에 빠지

---

* 축자적 의미는 '황소도 고삐를 달아야 한다' 정도로 번역할 수 있을 것이며, 이것은 벌이나 책임을 피하지 말아야 한다는 의미의 관용적 표현이다.

지 않기를!'

소위 **윤리적 여격(ethical dative)**은 발화의 내용을 명시적으로 수신자에 할당하고 청자는 그가 행위에 영향을 받는 것처럼, 그리고 행위가 그와 관계되어 발생한 것처럼 인식된다: prišël on tebe [D] domoj, vse dveri nastež '그가 너의 집에 왔고, 모든 문은 활짝 열려있었다'; tut vam takoj kavardak načalsja '여기서 그 난장판이 시작되었다'.

I처럼 전치사와 사용되지 않는 D는 오직 사건의 의미를 아우르는 단어들만을 한정할 수 있다. 그러므로 이 격들은 오직 다음의 명사를 한정할 수 있다: 1) 그것이 행위 어휘일 때 (otvet kritiku '비평가에게 대답함', podarok synu '아들을 위한 선물', ugroza miru '평화에 대한 위협', torgovlja lesom [I] '목재 무역', 등등 - 위를 보라); 2) 그것이 어떤 기능을 수행하는 의미를 필수적으로 가지는 술어로 사용될 때 (russkaja pesnja - vsem pesnjam [D] pesnja '러시아 노래는 모든 노래를 능가하는 노래다' 축자적 의미로 그것은 모든 노래에게 노래이다, ja vsem vam [D] otec '나는 너희 모두에게 아버지이다', on nam [D] ne sud'ja '그는 우리에게 판사가 아니다', on rostom [I] bogatyr' '그는 키로 보면 거인이다'); 3) 드물게 발생(occurring: 존재(being), 지속(lasting), 기능하는(functioning))의 의미를 잠재적으로 가진 동격일 때(russkaja pesnja, vsem pesnjam [D] pesnja, neslas' and rekoj '러시아 노래는 모든 노래를 능가하는 노래이고, 강 위에 떠다닌다', mat' dvux devic, vnuček Mixailu Makaroviču [D][11] '두 소녀의 엄마, 미하일 마카로비치의 손녀' (친족관계는 러시아에서 일종의 기능을 수행하는 것으로 간주된다; 참고, obe prixodjatsja emu [D] vnučkami [I] '둘 다 그의 손녀들이었다'); oxotnik, rostom [I] bogatyr', vyšel na medvedja '사냥꾼은 키가 거인이고, 곰을 따라 나갔다'; 그리고 마지막으로 4) 그것이 하나의 구성원을 가진 명

명문으로 기능할 때, 소위 언어외적 상황의 술어: vsem pesnjam pesnja '(그것이) 모든 노래를 능가하는 노래이다', kuma mne '(그것이) 내 대모이다', 다음은 동일한 것이 온전히 단어로 기술된 것이다 – éta ženščina prixoditsja mne kumoj '이 여인이 나의 대모이다'; bogatyr' rostom '(그것이) 바로 키가 거인인 사람이다', "Čaplin požarnym" '소방관 채플린'. 그러나 D나 I가 이런 사례에서 주어나 목적어를 정의하지 않는다. 예를 들어, 다음과 같이 말할 수 없다. Vsem pesnjam pesnja neslas' nad rekoj 혹은 – prodolžaet vosxiščat' nas ' – 계속해서 우리를 기쁘게 한다' (bogatyr' rostom pošël na medvedja, vstretil bogatyrja [A] rostom '키가 큰 거인이 곰을 향했다' 혹은 '키가 큰 거인을 만났다'라고 할 수 없다), 그러나 다음과 같이 말할 수 있다. Pesn' pesnej [G] prodolžaet vosxiščat' nas '노래 중의 노래는 계속해서 우리를 기쁘게 한다'. – 이 경우 생격은 전체성(entirety)(노래의 전체성: the entirety of songs)을 지시하고 이 노래는 그 중에서 선택된 것이다.

여격의 의미인 "더 먼 목적어(more remote object)"는 전치사 k와 함께 발생된다. 참고, k lesu '숲 쪽으로' – v les '숲 속으로' 같은 대립은 위에서 언급된 조격의 전치사적 사용과 일맥상통 한다. 유사하게 strel'ba po utkam [D] '오리에게 발포'는 strel'ba v utok [A] 보다 오리를 맞춤에 대해 덜 이야기한다. 다음 문장 oplakivat' pokojnika [A] '망자를 추모하다'와 oplakivat' poterju [A] '상실을 추모하다', plakat' po pokojniku [D] '망자를 위해 울다'는 가능하지만, plakat' po potere [D]는 불가능하다.[12] 다의적 전치사인 po와 D의 결합은 "보조 목적어(auxiliary object)"의 다양한 뉘앙스를 준다. 언급할만 한 것은 행위가 지향하는 대격의 목적어와 행위가 오직 가볍게 접촉하는 여격 목적어 사이의 대립이다: xlopnul ego prjamo v lob '그의 이마를 바로 때렸다(slapped)' - xlopnul ego družeski po pleču '그의 어깨를 친근하게 쳤다(clapped)'; vyxožu na pole '나는 들로(to the field) 나간다' - idu po polju '나는 들로(over the field) 간다'. 후자는 다른 한 편으로 idu polem '나는 들로(들을 통해, by way of the field) 간다'와 대립하는 데, 여기서 I는 행위의 목적어가 아니라, 한 무대에서 다른 곳으로 가는 것의 보조(aid) 혹은 매체(medium)라고 할 수 있다. 참고, idu polem v derevnju '나는 들을 통해 시골마을로 간다' 혹은 idu polem, potom lesom i lugom '나는 들을 통해, 그리고 숲과 초원을 통해 간다'. 다음의 문장 vozduxom [I] letit ptica는 불가능하고 po vozduxu [D] '새가 공기 속을 날다(in the air)'는 가능하다. 이는 새가 공기 없이(without air) 날 수 없기 때문이다. Pogorel'cy postroili novyj posëlok [A], každyj po izbe [D] '화재피해자는 새 마을을 지었고, 모두에게 오두막을 지었다'. 주변 목적어의 완전 목적어에 대한 관계는 여기서 부분의 전체에 대한 것으로 표현되고 전체는 주된 관심사이다. Ja uznal ego [A] po neukljužej poxodke [D] '나는 어색한 걸음걸이로 그를 알아보았다' - 내 행위의 두 목적어는 여기서 구분되어야 한다. 나는 어색한 걸음걸이를 알아챘고, 그래서 그를 알아보았다. 그를 알아본 것은 가장 중요한 관심사이다. Ja po rassejannosti [D] zaper dver' [A] '나는 아무생각없이 문을 잠갔다' - 여기서도 역시 나는 행위를 두 표현으로 나눈다. 나는 아무생각 없었고, 그 결과 우리는 문장의 핵심인 '나는 문을 잠갔다'에 도달한다. 이것은 두 행위가 달라도 발생할 수 있다: po ego prikazaniju [D] ja pokinul komnatu [A] '그의 명령에 따라 나는 방을 포기했다'. 위에서 언급된 učus' francuzskomu jazyku - uču urok 사이의 대립에 otmetka po francuzskomu jazyku [D] '불어 성적'

– otmetka za urok [A] '수업 성적'의 차이가 상응한다.

N과 A에 대한 우리의 논의에서 두 격은 타동적 행위에서 주어와 목적어로 기능할 때 최대한 대조적이다. 첫번째 기능의 가장 적절한 매개물은 활성체이고 두번째 기능의 가장 적절한 매개물은 비활성 개체이다. I는 수단이나 도구의 의미를 가질 때 다른 격들과 가장 날카롭게 대립한다. 도구는 주목할 만한 차이가 있는데, 한편으로 행위의 목적어와 그리고 다른 한편으로 행위의 주어와 다르다. I의 나머지 다양성은 상대적으로 용이하게 다른 격으로 전이될 수 있다(예, medved' ubit oxotnikom [I] '곰은 사냥꾼에 의해 죽었다' – oxotnik [N] ubil medvedja '사냥꾼은 곰을 죽였다'; sosedi šli drug na druga vojnoj [I] '이웃들은 전쟁에 가서 서로 싸웠다' 〉 veli drug s drugom vojnu [A] '서로 전쟁을 했다'; služil soldatom [I] '병사로 복무했다' – služil v soldatax [L pl.]; letit sokolom [I] 〉 letit kak sokol [N] '매처럼 날다'). 반대로, 도구의 I(I of instrument)는 그것의 역할에서 행위의 선동자(instigator)를 강요하는 분명한 느낌의 환유의 경우에만 다른 격으로 대치될 수 있다: ja pišu pis'mo perom [I] '나는 펜으로 편지를 쓴다' 〉 moë pero [N] pišet pis'mo '내 펜이 편지를 쓴다'. **수단의 I는 타동사와 함께 일반적으로 비활성 개체를 지시한다.**

D의 모든 사용 중에서 수신자(address)의 D는 타동사와 함께 가장 분명하게 다른 격들과 대립한다. 그 의미는 거의 예외 없이 다른 격으로 표현될 수 없다(dat' knigu bratu '책을 동생에게 주다', pisat' pis'mo drugu '친구에게 편지를 쓰다', govorit' derzosti sosedu '이웃에게 건방진 말을 하다'); 참고, vernul otca [A] synu [D] '아버지를 아들에게 돌려줬다' 혹은 synu [D] otca [A]와 otcu [D] syna [A] '아버지에게 아들을' 혹은 syna [A] otcu [D]. 그러나 D의 다른 사용은 의미의 급격한 변화 없이 다른 격으로

대치될 수 있다(예, ja udivilsja tvoemu pis'mu [D] 〉 Ja byl udivlen tvoim pis'mom [I] '나는 너의 편지에 놀랐다'; predpočitaju rozu rezede [D] '나는 미뇨네트보다 장미를 선호한다' 〉 okazyvaju predpočtenie roze pered rezedoj [I] '나는 미뇨네트보다 장미에 선호를 보인다'; ja radujus' tvoej radosti [D] '나는 너의 기쁨에 기뻐한다' 〉 ja radujus' tvoej radost'ju [I] '나는 너의 기쁨을 기뻐한다'* 등). **수신자의 D**는 일반적으로 활성체에 의해 표현되고(참고, Delbrück, 185; Atti, 144), 수신자의 A는 비활성 개체에 의해 표현되는데, 특히 **내적 목적어의 A**가 그렇다. 그리고 이 A가 D와 가장 날카롭게 대립하며, 이는 D가 오직 외적 대상을 표현하기 때문이다(내적 대상의 A로 활성체가 쓰이는 드문 예외가 있다: Bog sozdal čeloveka '신이 인간을 창조했다'; ona začala, rodila mladenca '그녀는 임신했고 아이를 낳았다').[13] 그래서 우리가 격 대립의 체계를 본질적으로 고려할 때, 활성과 비활성을, 한편으로 완전 격 사이에, 다른 한편으로 주변 격 사이에 대조적으로 분포시키는 경향을 찾을 수 있다:

  N 활성   A 비활성
  I 비활성   D 활성

언어적 인식에서 이 분포를 고정하는 표시는 "학교 문법에서 의문문(school-grammar questions)"의 체계에서 잘 드러난다: kto [N] delaet, čto [A] delaet, čem [I] delaet, komu [D] delaet '누가 하는가, 무엇을 하는가, 무엇으로 하는가, 누구에게 하는가'.

---

*   영어 번역은 I am happy at (i.e. because of) your happiness 와 I am happy at (i.e. share in) your happiness의 차이를 보인다. 전자인 여격은 원인, 후자인 조격은 기쁨을 나누어 기쁘다는 것으로 번역된다.

VI

장소격(the locative)에서, G에서 그리고 D와 A와 대립에서 처럼 지향성의 대립은 무관하다. G처럼 L은 행위에 영향을 받는 대상을 지시할 수 있다(참고, priznajus' v ošivke [L] '나는 실수를 고백한다'; priznaju ošibku [A] '나는 실수를 인정한다'; sužu o sobytijax [L] '나는 사건을 판단한다' – obsuždaju sobytija [A] '나는 사건을 판단한다'). 그러나 L은 행위에 영향 받는 것과 관련하여 아무런 언급이 없는 목적어도 역시 지시할 수 있다 (참고, ploščad' Majakovskogo v Moskve [L] '모스크바에 있는 마야꼬프스키 광장' – ploščad' Majakovskogo, Moskva [N] '마야꼬프스키 광장, 모스크바'; čudovišče o trëx golovax [L] '머리 세개인 괴물' – čudovišče s tremja golovami [I] '머리 세개를 가진 괴물').

나는 luna '달'을 말하거나 쓰고 오직 하나의 대상을 의미한다. 그러나 만약 내가 o lune [L] '달에 대하여'라고 말하거나 쓴다면, 청자/독자는 즉시 달과 그에 대한 서술이라는 두 대상이 관련되어 있다는 것을 알게 된다. 가장 직접적으로 지시되는 것은 서술이고 달은 오직 간접적으로 표현의 주변적 내용의 부분으로 지시된다. 우리가 듣거나 읽을 때 na lune [L] '달 위에'라고 하는 것은 동일하다. 두 대상은 달과 달에 있거나 발생하는 무엇을 의미한다. 후자는 소위 발화의 핵심을 구성하고 달은 이것의 주변으로 다시 간주되는 것과 같다.

이 차이가 격 자체의 차이라기 보다 격의 전치사적 사용과 비전치사적 사용 사이의 대립에 연결되는 것인지를 질문할 수 있다.[14] 러시아어 전치사는 두 개체 사이의 연결을 가리키고 두 구성원 사이의 특히 간접적인 혹은 그레치(Greč)의 오래된 정의에 따라 "가장 약하고 가장 먼 관계"

를 지시한다. 그러나 L에 대한 전치사 구문은 A, G, I, D에 대조적으로 여러 가지의 통사적 가능성 중의 하나가 아니라 하나의 단일하고 필수적인 가능성이며, 이는 N에 대한 비전치사적 구문이나 A에 대한 (표현된 혹은 암시적) 동사를 가진 비전치사적 구문과 유사하다. **전치사적 사용의 의미**는 L의 특별 의미들 중 하나로 기능하지 않고 그 일반 의미(general meaning)로 기능한다. 게다가 L은 분명하게 문장 의미의 위계에서 지배 범주를 강조하고, 이것은 완전 격(A, G)의 전치사적 사용에서 발생하지 않는다. (I와 D에 관해서, 그것들은 전치사와 사용되었는가의 여부에 독립적으로 위계에서 지배 범주와 대조적인 주변적 위상을 가리킨다.) L은 명시적 혹은 암시적으로 지배적 점(dominant point)과 대조적으로 고유의 주변적 위상을 가리킨다. 동시에 그것은 **장소격인 개체의 "더 제한적 객관화"**("more limited objectivization" of the entity which is in the locative) 와 위계에서 지배 범주에 의해 의미되고 장소격인 개체에 의해 제한된 개체의 완전한 "객관화"를 지시한다. 장소격인 개체는 완전한 정도로 발화에서 표상되지 않는다. 그래서 L은 G처럼 **영역 격(scope case)**이다. 물론 이것 역시 확장, 사실 **위계에서 지배 범주인 대상의 완전한 확장**을 정의하고 하나의 **주변 격**으로 작동한다는 점에서 G와 다르다.

Rasskazy o voine [L] '전쟁에 대한, 전쟁의, 전쟁에서 온 이야기들', rasskazyvajut o voine '사람들이 전쟁에 대해, 전쟁을 이야기한다': 이야기의 배경이 지시된다; 반면에 전쟁은 발화에서 단순한 부분으로 간주된다. Ostrov na reke '강 위의 섬': 섬의 확장이 정의되고, 강의 확장은 정의되지 않는다. Poduška ležit na divane '베게는 소파 위에 있다': 소파의 표면 만이 아니라 전체 쿠션이 관련된다. Bumagi zaperty v jaščike [L] '종이는 상자에 잠겨있다' – bumagi zaperty v jaščik [A] '종이는 상자에 잠겼다': 그것들은 그 전에 거기 없었다. 그래서 대상은 이 격에서 시간적으로 완전히 제한되지 않는다. Grešnik raskajalsja v svoej žizni [L] '죄인은 그 인생을 회개했다': 죄인의 인생은 회개를 말하고 그 반대는 아니다.

전치사 pri와 L은 시간적 제한(pri Petre '뾰뜨르 시대에')과 **그 안에서** 무엇인가가 발생하는 관계, 영향, 혹은 관찰의 영역을 지시한다: služil pri dvore '왕궁에 근무했다', on pri fabrike '그는 공장에 있다', pri gorode sloboda '도시에 교외가 있다', skazal pri žene '부인이 있을 때 말했다'.

전치사 o와 함께 "자질-계수(feature-enumerating)"의 L(참고, 닐로프(Nilov) 193, 195)은 장소격의 대상에 양적 제한을 부여한다. 계수 자질은 전체 특징적이고 그 본질을 포괄적으로 의미한다: stol o trëx nožkax '다리 셋인 테이블', ruka o šesti pal'cax '육손', 특히 stol s tremja treščinami [I] '스크래치 세 개 있는 테이블', dom s dvumja trubami '굴뚝 두 개인 집'.

L은 N, I, A, D에 대립하는 영역 격(scope case)으로서, 그리고 N, A, G에 대립하는 주변 격으로서 유표적이다. 말하자면 절대적으로 무표적인 N의 정반대(antipode)이다. **항상 전치사적인 격과 결코 전치사적이지 않은 격은 서로 정반대로(diametrically) 대립한다.** 러시아어의 문법적 전통은 항상(17세기 멜레티 스모트리츠키(Meletij Smotrickij)에서) 명사류 어형계열체를 N에서 시작했고 L에서 끝냈다. N, A, G(우리의 완전 격)와 다른 것(우리의 주변 격*)의 관습적 대조는 기본적으로 옳지만 이 분류를 위한 기반은 성립하지 않는다(참고, 분트(Wundt), II, 62, 74 f.).

---

*   D, I, L

VII

비활성 개체의 많은 명칭의 곡용에서 G와 L은 두 분리된 격으로 나눠진다. N에서 영 어미를 가진 약간의 남성 단수 명사는 **두 생격을** 구분한다: 강세된 혹은 비강세의 -a 어미를 가진 G I과 강세된 혹은 비강세의 -u 어미를 가진 G II. 이 중 다수가 동일한 곡용의 다른 다수의 명사들과 함께 **두 장소격을** 구분한다: -e로 끝나는 비강세 변이형인 L I과 강세 있는 -u 어미의 L II. 게다가 N에서 영 어미를 가진 약간의 여성, 단수 명사는 비강세 어미 -i인 L I과 강세 어미 -i의 L II를 구분한다.

G와 L의 두 하위계층의 이 기능을 정의하기 위한 시도가 있었지만, 이 정의는 각각의 의미 범위에서 일부만을 일반적으로 포괄한다. 그래서 보고로디츠키(Bogorodickij 115)는 G에 특별한 "출발 격(case of departure)"(예, iz lesu '숲에서부터')이라는 것을 반대하고, "소위 전치사적이라는 범위에서(in the sphere of the so-called prepositional)" 그는 "장소적(locative)"(na domu '집에')과 "설명적(explicative)"(o dome '집에 대하여') 격을 구분한다. 그러나 왜 "출발 격"이 iz těmnogo lesa '어두운 숲에서부터'같은 구문에서 사라졌는데, 출발의 뉘앙스가 čaška čaju '차 한잔', prošu čaju '나는 차를 부탁한다'같은 구문에 남아 있는지가 불분명하게 남아있다. 그리고 왜 "설명적" 격이 pri dome '집에'와 v vašem dome '당신의 집에' 같은 구문에 "장소적" 격을 대신하여 나타나는지도 불분명하다. 두르노보(Durnovo)도 -u 생격이 양을 지시하는 단어에서 가장 빈번하다는 언급에서, 그리고 장소격이 "v와 na 다음에 순수한 장소와 시간 의미로 사용된다는 점에서" 전치격을 장소격과 구분하는 경우에서, G와 L의 두 하위유형 사이의 정확한 경계를 제공하지 않는다(247 ff).

톰슨(Thompson)에 의해 주어진 "물질 명칭(names of substances)"과 함께하는 이중 생격(double genitive)의 문제에는 더 큰 관심이 주어진다 (XXVIII, 108 ff.). "만약 물질(mass)이 공간적으로 제한되고 보통 고유한 일정한 모양을 가진다면, 우리는 이 자질들을 우연한 것으로 간주할 것인데, 이는 주관적 관점에서 그것들이 비본질적(non-essential)이기 때문이다. 물질의 많은 남성 명칭에서 그것들이 순수한 물질(substance)을 지시할 때, 생격 어미 -u는 -a 자리에 사용된다". 이와 관련하여 톰슨은 다음과 같은 구문을 비교한다: kupi syru [G II] '치즈를 사라' – vmesto syra [G I] '치즈 대신에', butylka mëdu [G II] '꿀 한 병' – prigotovlenie mëda [G I] '꿀의 준비', on kupil lesu [G II] '그는 숲을 샀다' – granica lesa [G I] '숲의 경계'. 문제의 형태 사이의 경계에 대한 가장 통찰력 있는 정의는 샤흐마토프에 의해 주어진다(Očerk, 100 ff., 122 f.). 그는 -u 생격이 물질, 집합성(collectivity) 혹은 추상(abstraction)의 의미를 가진 불가산 명사에서 만들어지고, -a 어미는 "물질 개념의 개별화 혹은 구체화(individualization or concretization of the substance-concept)"를 내포한다고 입증한다. 그는 전치사 v와 na 다음에 강세있는 -u 혹은 -i의 L을 가지는 단어의 목록을 인용한다. 이 어미들은 명사가 속성을 동반하여 그 의미가 개별화될 때 일반적으로 회피된다. 같은 현상이 추상 명사와 사용된 생격에서 발견된다.[15]

분명하게 평행 대립인 G I – G II와 L I – L II의 일반 의미는 무엇인가? G II(혹은 L II)인 명사들은 필수적으로 G I(혹은 L I)과도 발생한다. G II 와 L II는 G I과 L I과의 관계에서 **유표적** 범주이다. 그것들은 무표적인 G I과 L I에 대립적으로 그것들의 지시체가 발화의 내용에서 모양으로가 아닌 **모양을 만드는 혹은 모양이 되는**(shaping or being shaped)

어떤 것으로 기능하는 것을 가리킨다. 상응하여 G II와 L II는 **모양을 만드는 격**(case of shaping)으로 간주될 수 있고 G I과 L I와의 관계는 **모양을 만드는 상관관계**(shaping correlation) [Gestaltungskorrelation]로 볼 수 있다.

일정한 부분(definite portion: ložka percu '후추 한 스푼', funt goroxu '콩 일파운드', mnogo smexu '많은 웃음') 혹은 비한정적 부분(indefinite portion: čaju! '차 조금', smexu bylo '웃음이 좀 있었다'), 영 부분(zero portion: net čaju '차가 없다', bez percu '후추 없이', bez smexu '웃음 없이')이 발화에 관련되는 **물질 명사**(Mass nouns) 혹은 밀접하게 관계된 **추상 명사**[16]는 **발화의 제한 기능**을 통해서만 긍정 혹은 부정으로 표상된다.

물질 명사 혹은 추상 명사가 물질이 아닌 한정되고, 가치를 매기고 인식적으로 구체적 개체로 간주되는 사례에서 G II의 본질이 의미된 대상의 구체성을 무시한다는 것임을 고려하면 자신의 정당성을 상실한다. 그래서 다음과 같은 대립을 획득한다: rjumka kon'jaku [G II] '꼬냑 한 잔', skol'ko kon'jaku '꼬냑 얼마나', napilsja kon'jaku '꼬냑 먹고 취했다', ne ostalos' kon'jaku '꼬냑은 남지 않았다', bez kon'jaku '꼬냑 없이' — zapax kon'jaka [G I] '꼬냑의 냄새', kačestvo kon'jaka '꼬냑의 질', krepče kon'jaka '꼬냑보다 세다', razgovor kosnulsja kon'jaka '대화는 꼬냑을 다루었다', opasajus' kon'jaka '난 꼬냑이 무섭다', ne ljublju kon'jaku '난 꼬냑을 좋아하지 않는다', ot kon'jaka '꼬냑에서'. 두 격 형태 사이의 경계가 변화하는 사례가 있음을 인정하며, 자주 이런 변이형은 의미화된다(semanticized), 예, ne pil kon'jaka [G I] '난 꼬냑을 마시지 않는다'는 이 음료를 좋아하지 않거나 높이 평가하지 않는다 — ne pil kon'jaku [G II]는 단순한 단언이며 암시된 지시체에 대한 특별한 태도가 없다. Količestvo kon'jaka [G I] '꼬냑의 양': 여기서 양은 지시체의 특징이 되는 의미적 뉘앙스를 갖는다 – količestvo kon'jaku [G II]는 단순히 측정, 순수 양화를 표현한다.

물질 혹은 추상 명사가 여러개의 유사하고 셀 수 있는 개체를 지시하는 문장에서 사용될 때, 그 명사는 더 이상 단수-유일형(singulare tantum)이 아니며, 단-복수 대립이 작용하게 되고(različnye čai '다양한 차', vsjačeskie zapaxi '모든 종류의 향기') 그 G II는 그 유용성을 상실한다: net čaju [G II] '차가 없다', 하지만 v prodaže net ni kitajskogo, ni cejlonskogo čaja [G I] '판매 중인 중국 혹은 실론 차가 없다'; cvety bez zapaxu [G II] '냄새 없는 꽃들' – v bukete ne bylo cvetov bez sladkogo ili gor'kogo zapaxa [G I] '부케에 달콤하거나 씁쓸한 향기를 가지지 않은 꽃이 없다'. 여기서 우리의 일은 사용의 세부사항을 기술하는 것이 아니마 일반적 경향을 가리키는 것이다.

용기이거나 경계지어진 영역, 측정의 능력을 가진 지시체는 발화 내용을 제한하고 모양지운다. **전치사적 사용**에서 G II와 L II는 이 **용기 혹은 측정의 기능**이 그 지시체의 일반적이거나 심지어 유일하게 가능한 특징임을 가리킨다. 전치사 o, pri와 같이 L II는 사용될 수 없으며(govorit' o berege [L I], o króvi '해안에 대해, 피에 대해 말하기', izbuška pri lese [L I] '숲 속에 있는 오두막'); 상응하여 G II도 전치사 u, vozle 등과 사용될 수 없다(u lesa [G I] '숲 옆에', vozle doma '집 옆에'). 이는 이 전치사들이 지시체의 모양만드는 기능(shaping function)을 가리키지 않기 때문이다. 대조적으로 L II는 전치사 v, na와 사용될 수 있으며(v lesú '숲 속에', v kroví '피 안에', na beregú '해안에', na vozú '카트 위에'), 유사하게 G II는 iz, s 등의 전치사가 모양만드는 것(혹은 포함, 측정)을 지시하는 한 같이 사용될 수 있다. 용기, 지역, 혹은 측정의 의미를 가진 G II는 비생산적인 문법적 형태이고, 그 사용은 다음과 같은 약간의 굳어진 구문으로 제한된다. 예, iz lesu '숲에서부터', iz domu '집으로 부터', s polu '바닥으로부터', s vozu '카트로부터', 특히 측정의 지시에서: s času '1시부터', bez godu '1년 전'; 상응하는 의미의 L II와 대조적인 현재 형태이다.

전치사 v와 사용되는 L이 일종의 대상인 용기와 관련이 없지만, 한정적 특징을 가진 대상과 관련되는 사건에서 L II는 물론 적절하지 않다. 참고, skol'ko krasoty v lesu [L II] '숲에는 몇 명의 미인이 있나?', skol'ko krasoty v lese [L I] '숲에 몇 명의 미인이 있나?'*; v stepí [L II] menja razdražaet moškara '스텝에 작은 벌레가 날 괴롭힌다' – v stépi [L I] menja razdražaet odnoobrazie '스텝의 단조로움이 날 괴롭힌다'; no i v tení [L II] putnik ne našël spasenija '그러나 심지어 어둠 속에서도 방랑자는 구원을 찾지 못했다'(여기서 어둠은 방랑자의 용기로 기능한다) – no i v téni [L I] putnik ne našël spasenija '그러나 심지어 어둠도 방랑자에게 구원을 가져다 주지 않았다'(어둠은 구원의 매개체(vehicle)이다); i v grjazí [L II] možno najti almaz '진흙 속에서도 다이아몬드를 찾을 수 있다'(진흙이 다이아몬드를 담고 있다) – i v grjazi [L I] možno najti svoeobraznuju prelest' '진흙에서도 특별한 매력을 찾을 수 있다'(즉 특별한 매력은 진흙의 특징이다).

만약 담겨있는 것이 해당 용기에 담긴 것이 우연(accident)이고, 용기가 관심의 초점이라면 L II는 금지된다. 참고, na prudú [L II] baby bel'ë pološčut '연못에서 그 여자들은 빨래를 하고 있다', na prudu lodki '연

---

* 영어 번역은 L II에서 the forest, L I에서 a forest를 사용한다.

못에 배들이 있다' – sad zapuščen, na prude [L I] rjaska '정원은 황량하고, 연못에는 개구리밥이 있다'; ona pojavilas' v šelkú [L II] '그녀는 비단옷을 입고 나왔다' – v šëlke [L I] pojavilas' mol' '비단 속에서 나방이 나왔다', v šëlke est' bumažnye volokna '비단 속에 면 실이 있다'; lepëški ispečeny na medú [L II] '쿠키는 꿀에서 구워졌다' – na mëde [L I] pokazalas' plesen' '꿀에 곰팡이가 슬었다'.

만약 문맥에 의해 주어진 담겨있음의 유형이 지시체에게 일반적인 것이 아니라면, 발화에서 그 역할은 단순 용기 혹은 영역의 서술로 제한되지 않으며, 그래서 우리는 그 지시체가 고유의 특정 가치를 갖는 것을 느낄 수 있으며, 그 경우 L II는 적절하지 않다. 참고, v lesú [L II] ležit tuman '숲에 안개가 깔렸다' – na lese [L I] ležit tuman '숲 위로 안개가 놓였다'; v grobú [L II] mertvec '관 속에 시체가 있다' – na grobe [L I] venok '관 위에 화관이 있다', v čanú [L II] '들통 안에' – na čanc [L I] '들통 위에', v grjazí [L II] '흙 속에' – na grjázi [L I] tonkij sloj snegu '흙 위에 눈의 얇은 층이 있다'; sidit voron na dubú [L II] '까마귀가 참나무 위에 앉아있다' – otverstie v dube [L I] '참나무에 구멍'; na valú [L II] našli ostatki ukreplenij '언덕에서 요새의 흔적이 발견되었다' – v vale [L I] našli ostatki ukreplenij '언덕 안에서 요새의 흔적이 발견되었다'.

많은 명사에서 그 지시체를 용기의 역할에서 내보내기 위해서 한 특징이 나타나게 하는 것으로 충분하다. 이 사례에서도 역시 L I는 L II의 장소에(혹은 G II의 장소에 G I이) 나타난다. V grobú [L II] '관 속에', 하지만 v derevjannom grobe [L I], v razukrašennom grobe '나무관에, 장식된 관에'; v peskú [L II] '모래에' – v zolotom peske [L I] '금빛 모래에'; na vozú [L II] '카트 위에' - na čudoviščnom voze [L I] '괴물같은 카트에'; ruki v kroví [L II] '피묻은 손' - ruki v čelovečeskoj króvi [L I] '사람 피묻은 손'; svin'i kupajutsja v grjazí '돼지들은 진흙 속에서 목욕한다' - bol'noj kupajetsja v celebnoj grjázi [L I] '환자는 의료용 진흙에서 목욕한다'; íz lesu [G II] '숲에서부터' - iz tëmnogo lesa [G I] '어두운 숲에서부터'. 일반적이지 않은 특징이 더 많을수록 지시체를 더 많이 강조하게 되고, L II는 L I에게 더 많이 양보한다. 참고, v rodnom krajú [L II] '고향에' - v èkzotičeskom kraje [L I] '이국적인 곳에'.

VIII

다음 테이블은 **러시아어 격 대립의 일반적 체계**를 요약한다: 각 대립에서 유표적 격은 무표적 격에 오른쪽이나 아래에 있다:

(N~A)~(GI~GII)

≀ ≀   ≀ ≀

(I~ D)~ (LI~LII)

유표가 항상 **부정적 종류**인 것은 이러한 유형의 모든 대립에 전형적이다: 이것은 가능한 발전의 완전한 영역을 어떤 방식으로 제한함으로써 지시체를 위계에서 낮추는 것이다. 그래서 **방향격**(directional cases: A, D)에 의해 지시체의 비독립성이 보이고; **영역격**(cases of scope: GI, GII, LI, LII)에 의해 지시체의 확장이 제한되며; **주변 격**(peripheral cases: I, D, LI, LII)에 의해 그 주변적 위상이 지시되고; **모양만드는 격**(cases of

shaping: GII, LII)에 의해 지시체의 기능이 용기에 담거나 담기는 것으로 제한된다. 한 격이 더 많은 상관적 자질을 가지면, 발화에서 그 지시체의 가치는 더 제한되고 억압되고, 발화의 나머지 내용은 더 복잡해 진다.

러시아어 격 체계를 도식적으로 보여주는 시도를 해보자. 위에서 본 것처럼, A는 "**수직적(vertical)**" 위치를 지시하고, N은 단순히 단일 **점** (single point)(즉 발화에서 그 지시체의 투영하는 점(point of projection))이다. D와 I 사이의 관계도 동일한 종류이지만, 둘은 지시체의 위상을 발화 내에서 주변적으로 고정한다는 점에서 첫번째 짝과 다르다. 이 **주변적** 위상은 **호의 구역**에 한 점의 위치로써 도식적으로 표상된다. I는 점 구역의 위치가 추정된 중간점(위, 아래, 혹은 동일한 높이)과 관련하여 실제로 지시되지 않는다. G는 두 점의 존재를 확인한다: 한편으로 발화의 디자인에 그 지시체를 투사하는 점이고 다른 한편으로 발화 내용의 밖에 남아있는 지시체의 경계이다. A가 가리키는 두 점에 대립하여 G가 가리키는 것들은 상관되어 서열을 갖지 않는다. 그래서 우리는 G를 도식적으로 **수평선**의 시작점으로 표상할 수 있다. L의 도식은 점이 **호의 구역**에 위치하고 있다는 점만 다르고, 이는 지시체의 주변적 위상을 표현한다. G II와 L II는 G I, L I과 그것이 가리키는 것이 지시체가 아니라 서술과 접촉하는 것이라는 점에서 다르다. 이 둘 중 하나는 다른 하나에 의해 제한된다. 지시체의 관점에서 이 접촉의 점은 그 점들의 단지 하나이고, 우리는 객관적인 시작점으로서가 아닌 우리가 G I과 L I에 했던 것처럼, **수평선 상의 한 점**으로 할 수 있다. G II는 두 개체인 발화의 지시체 혹은 내용 중 어느 것이 모양을 만드는 것이고 어떤 것이 모양지워지는 것인지 말해주지 않는다. L II는 필수적으로 모양만드는 기능을 그 지시체에 할당하고 이는 접촉점의 주변적 위치가 발화 내용의 내부성(interiority)을 보여주기 때문이다.

격 체계의 일반 도식은 다음과 같다.

$$\dot{N} \quad \dot{A} \quad \overline{G}I \quad \overline{G}II$$

$$\check{I} \quad \check{D} \quad \widecheck{LI} \quad \widecheck{LII}$$

IX

러시아어 격 대립의 체계를 격 어미를 통해 모두 활용해서 곡용하는 단어는 하나도 없다. **격 통합**(case syncretism)의 다양한 양상이 전형적이다 (참고, 두르노보(Durnovo), 247 ff.). 언어체계에 구성적 요소로 간주되어야 하는 특정 **비대칭**(참고, 카르쳅스키(Karcevskij), *Travaux*)은 러시아어 격의 **일반 체계**에도 관련된다: 영역 상관(scope correlation)의 일련의 유표적인 것은 일련의 무표적인 것과 다르게 분할된다. 한 때는 모양만드는 상관이, 어느 때는 지시 상관이 기능하도록 한다. 모양만드는 대립은 일반적으로 회피된다(혹은 G와 L을 두 격으로 나누는 것을 실행한 소수의 명사에서 역사적으로 보인다). 그럼에도 불구하고 비대칭은 존재하는데, 영역 격(G, L)에서 방향적 대립은 제거되어, 예를 들어, G는 A나 N에 상응할 수 있다(est' kniga [N] '책이 있다' – net knigi [G] '책이 없다'; vižu knigu [A] '난 책이 보인다' – ne vižu knigi [G] '난 책이 보이지 않는다'). 체계에서 이런 비대칭은 **개별 어형계열체의 비대칭**에 반영되고 전체 곡용 체계에 일반화된다(러시아어 활용 체계도 유사한 특징을 가진다). 만약 우리가 이 문제를 공시적으로 다룬다면, 이것은 격 통합의 다양한 형태에 의해 이루어진다.

만약 모양만드는 대립 혹은 적어도 그들(G I-G II 혹은 L I-L II) 중 하나가 어형계열체에서 발생한다면 방향적 대립의 하나인 N과 A 사이의 대립은 제거된다.

sneg		snega	snégu
snegom	snégu	snege	snegú

smex		smexa	smexu
smexom	smexu	smexe	

raj		raja	
raem	ráju	rae	rajú

만약 N과 A가 다르면, A – G 구분 혹은 상응하는 D – L 구분 중 하나가 제거된다.

syn	syna	
synom	synu	syne

žena	ženu	ženy
ženoju	žene	

만약 두 구분이 없어진다면, 방향적이고 영역적 상관의 유표적 구성원들은 같아지고, 여기서 체계의 비대칭성은 어떤 의미에서 극복되며, 이는 문어에서 이러한 유일 사례이다.[17]

ty	tebja
toboju	tebe

만약 영역 격(scope cases: G와 L)이 하나의 통합적 형태(syncretic form)로 합쳐지면, 위상 상관의 두 일련 그룹 중 적어도 하나, 즉 완전 격들의 그

것이거나 주변 격들의 그것 중 하나는 단일한 특별 형태로 축소된다. 이 것이 두 일련의 그룹 모두에서 발생하더라도 비대칭성은 남아 있다.[18]

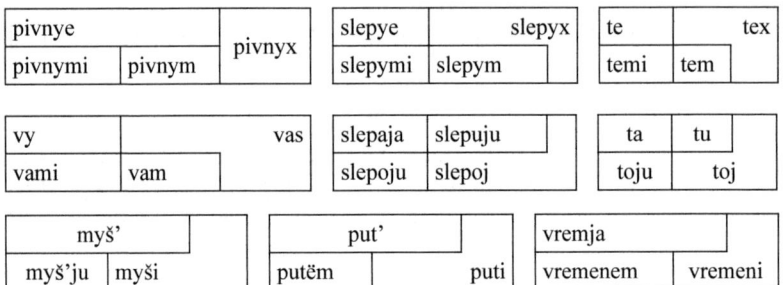

러시아어 명사류 곡용에서 N-G, N-I, A-D 대립은 일반적으로 하나로 합쳐지지 않지만, 세 대립 모두에서 유표적 구성원들이 같아지는 것은 형용사와 대부분의 여성 대명사에서 구어적으로 발생한다. 이는 구어에서 조격 어미 -oju가 모두 -oj로 대치되기 때문이다. 여기서 모든 주변 격들이 같아지고, 위상과 영역 상관 모두가 병합된다.[19]

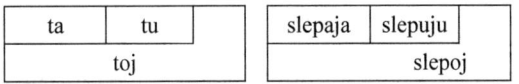

한편으로 유표적 구성원의 병합과 다른 한편으로 위에서 언급된 대립의 세 모든 그룹의 무표적 구성원의 병합은 러시아어 어형계열체의 가장 단순한 형태를 만들어냈다.

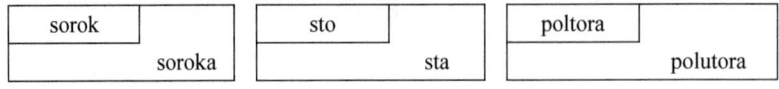

이미 예증된 어형계열체에 더하여 다음 현상은 **N(혹은 지금까지 N과 같은 그룹인 A)의 날카로운 대조성**을 주변, 영역 격과 관련하여 보여준다.

1. 결여적 대명사(defective pronouns), 특히, 한편으로 고립된 주격 형태 nekto '어떤 이', nečto '어떤 것'과 다른 한편으로 주격이 없는 대명사인 부정의 nekogo [G], nečego [G] (nekomu [D], nečemu [D], 등)와 재귀의 sebja [G-A], sebe [D], soboju [I]. 이 대명사들은 담화의 주요 주어가 되는 비독립적 지시체의 정체성을 가리키므로 N을 가지지 않는다(참고, 폴리바노프(Polivanov), 87).

2. 보충적 대명사(suppletive pronouns)는 N이 다른 격의 어근 형태소와 다르다: ja [N] '나' – menja [G-A], my [N] '우리' – nas [G-A], on [N] '그남자' – ego [G-A], 등.

3. 주격 어산이 다른 격의 어간 형태와 "연결 형태소(linking morpheme)"를 결여하는 명사(트루베츠코이, 14를 보라): vremja [N-A] '시간' – vremeni [G-D-L], 등.

4. N에서 어근 강세를 갖지만 다른 격에서 어미에 강세가 고정되는 명사: gvózdi [N-A] '못들' – gvozdéj [G], gvozdjám [D], 등.

앞으로 연구에서 나는 의도적으로 **완전히 공시적** 기술의 경계 안에 남아 있을 것이다. 그리고 러시아어 격 체계의 발전 문제는 스스로 명백해질 것이다. 이 언어는 문법적 유추의 도움으로 격 형태가 같은 그룹에 있는 것을 허용하고 격 형태에서 다른 힘의 작용으로 나타나는 동음이의에 대해 저항하지 않는다. 그리고 이 언어는 오래된 대립을 유지하거나 새로운 것을 창조하는 다른 방향으로 유추를 적용하기도 한다. 러시아어 형태론적 진화의 기본적 경향은 수렴(convergences)과 분기(divergences)라는 변화의 과정에서 약간의 관련된 체계의 체계적 비교를 통해 가장 완전하게 이해될 수 있다.

우리가 공시(synchrony)에서 역사비교적 격 이론으로 나아가거나 현대 러시아어 격 체계의 위의 도식과 동사 구조의 도식을 러시아어 품사와 그 상관관계의 전체성(totality)의 현대적 연구로 통합하려고 시도하거나 혹은 우리가 마침내 격 체계의 유형학에 내재된 원칙을 탐구하거나, 이 모든 일은, 만약 결과가 있다고 하더라도, **언어 단위의 다양한 층위, 특히 단어와 구(the word and the phrase)** 사이가 신중하게 구분되어야 한다. 이 기본적 구분을 힘있게 강조한 것은 브론달(Brøndal)의 공격할 수 없고 지속적인 공헌이다. **임의의 독립적** 의미가 단지 **한 독립적 사용**을 가능하게 하는 한 단위에 속하고 그래서 주변 환경에서 추상화된 대부분의 경우들이 오직 "죽은 자료"라는 단순한 개념은 많은 형태론적 문제를 평가절하하였고 왜곡하였다. 나는 이 연구에서 격 이론의 몇몇 문제를 이 착오적 접근법에서 해방시키려고 하였다. 이미 그리고 올바르게 음운론에도 소개된 의미의 문제에 대해 형태론의 이론에서도 더 적절한 위치가 주어져야만 한다.

브르노에서 1935년 작성되어TCLP. V1 (1936)에 출판된 "Beitrag zur allgemeinen Kasuslehre: Gesamtbedeutungen der russischen Kasus".

참고 문헌

Atti del III Congresso internazionale dei linguisti (1935) (M. Deutschbein, "Bedeutung der Kasus im lndogermanischen", 141 ff., Diskussion, 145 f.).

V. Bogorodickij, *Obščij kurs russkoj grammatiki* (1935).

M. Braun, *Das Kollektivum und das Plurale tantum im Russischen* (1930).

V. Brøndal, *Morfologi og Syntax* (1932).

V. Brøndal, "Structure et variabilité des systèmes morphologiques", *Scientia* (1935), 109 ff.

K. Bühler, *Sprachtheorie* (1934).

F. Buslaev, *Opyt istoričeskoj grammatiki russkogo jazyka*, II: *Sintaksis* (1858).

B. Delbrück, *Vergleichende Syntax der indogermanischen Sprachen*, I (1893).

N. Durnovo, "De la déclinaison en grand-russe littéraire moderne", *RES*, II, 235 ff.

O. Funke, *Innere Sprachform* (1924).

N. Greč, *Čtenija o russkom jazyke*, II (1840).

E. Haertel, "Untersuchungen über Kasusanwendungen in der Sprache Turgenevs", *AfslPh*, XXXIV, 61 ff.

L. Hjelmslev, *La catégorie des cas*, I (1935).

E. Husserl, *Logische Untersuchungen*, II (1913).

R. Jakobson, "Structure of the Russian Verb". [1과의 논문을 보세요.]

S. Kacnel'son, *K genezisu nominativnogo predloženija* (1936).

S. Karcevsltij, *Système du verbe russe* (1927).

S. Karcevskij, "Du dualisme asymétrique du signe linguistique", *TCLP*, 1, 88 ff.

A. Marty, *Zur Sprachphilosophie. Die "logische", "lokalistische" und andere Kasustheorien* (1910).

F. Miklosich, *Vergleichende Grammatik der slavischen Sprachen*, IV (1883).

I. Nilov, *Russkij padež* (1930).

H. Pedersen, "Neues und nachträgliches", *KZ*, XL, 129 ff.

A. Peškovskij, *Russkii sintaksis v naučnom osveščenii* (1934).

E. Polivanov, *Russkaja gramatika v sopostavlenii s uzbekskim jazykom* (1934).

H. Pongs, *Das Bild in der Dichtung* (1927).

A. Potebnja, *Iz zapisok po russkoj grammatike*. I-II (1888).

A. Puchmayer, *Lehrgebäude der Russischen Sprache* (1820).

V. Skalička, *Zur ungarischen Grammatik* (1935).

M. Smotrickij, *Grammatiki slavenskija paravilnoe syntagma* (1618).

A. Šaxmatov, *Sintaksis russkogo jazyka*, I (1925).
A. Šaxmatov, *Očerk sovremennogo russkogo literaturnogo jazyka* (1925).
A. Thomson, "Beiträge zur Kasuslehre", *IF* XXIV, 293 ff.; XXVIII, 107 ff.; XXIX, 249 ff.; XXX, 65 ff.
F. Trávníček, *Studie o českém vidu slovesném* (1923).
F. Trávníček, *Neslovesné věty v češtině*, II: *Věty nominální* (1931).
N. Trubetzkoy, *Das morphonologische System der russischen Sprache* (=TCLP V/2).
C. Uhlenbeck, "Zur Kasuslehre", *KZ*, XXXIX, 600 ff.
B. Unbegaun, *La langue russe au XVIe siècle*, I: *La flexion des noms* (1935).
F. Wüllner, *Die Bedeutungen der sprachlichen Casus und Modi* (1827).
W. Wundt, *Völkerpsychologie*, II: *Die Sprache* (1922).

미주

1 대부분의 현대 슬라브어에서 격 대립의 체계의 점진적 부식은 폴란드어와 동슬라브 지역을 제외하고 슬라브어 격 이론의 진화에서 폄하될 수 없는 역할을 한다.

2 명사의 격이 불분명한 사례에서 어순은 일반적으로 고정되며 이는 통사적 관계가 단어의 실재 의미에서 나올 때와 같다는 것을 언급할 가치가 있다. 예, 만약 누가 syna rodila mat' prošlym letom '어머니는 지난 여름에 아들을 낳았다'라고 할 수 있지만, doč' rodila mat' – '딸이 어머니를 낳았다 –'고 할 수 없다. 오직 mat' rodila doč' – '어머니가 딸을 낳았다 –'만 가능하다.

3 나는 고트어에서 이 격들이 서로 유사하게 대립한다고 믿는다. 예름슬레우가 말한 대립 기능의 조합은 이 두 격에서 기본적으로 다르다. N은 한 기능을 수행하고, 달리 말하면, 이 기능 중 어느 깃도 그 일반 의미에 특정적이지 않다. 반면에 A는 행위의 주어와 목적어 모두의 기능을 결합할 수 있다. 예, 미정형과 조합하여 (hausidedup ina siukan = ⋯(그리스어?) '그들은 그가 병들었다고 들었다' – 대격의 개체는 여기서 경험의 목적어이며 병드는 주어이다). 그러나 목적어 의미는 항상 A의 필수적 자질로 남아 있고 주어로의 그 보조적 역할은 이 격의 통사적 응용의 하나일 뿐이다. 그래서 A의 행위의 목적어를 지시하는 격으로의 정의는 A의 모든 특별 의미(particular meanings)를 포괄한다. 그리고 이 정의는 개별 의미들을 격의 환유적 용법으로 정당화할 수 없는 해석을 요구하지도 않는다.

4 G의 개별적인 통사적 의미 사이의 분명한 경계의 빈번한 부재는 트라브니체크(F. Trávníček)에 의해 적절하게 고려되었다(F. Trávníček,

Studie, §70).

5 샤흐마토프(Šaxmatov)(§47)는 이 마지막 구문의 기원에 대해 의심을 품지만 트라브니체크는 올바르게 상응하는 체코어에서 부분 생격을 인지하고 있다 "jakého to zvukú!" '매우 시끄럽네!' (Vety, 16).

6 일반적으로 시간적으로 지시체가 발화 내용에 관련되는 것을 제한하는 부분 생격은 사라지는 의고체(disappearing archaism)이다. 예를 들어, 끄륄로프의 "dostali not, basa, al'ta [G]" '음표를, 베이스를, 비올라를 얻었다(음악을, 콘트라베이스를, 비올라를 (시간적으로) 모았다)'라는 것은 지금 일반적으로 오해되고 있다. 그래서 샤흐마토프에 따르면 여기서 G는 "동일한 종류의 대상의 모음 혹은 무한한 수"를 의미한다(§425). 톰슨은 시간 제한의 생격이 "다수의 교육받은 사람들의 일상 대화에서 여전히 완전하게 살아 있다"고 주장한다(XXIX, 250). 이는 문화적 중심의 구어에서는 분명히 사실이 아니다.

7 폴란드어에서 A pl.(복수)는 사람을 지시할 때만 G와 같아지며, 의미 구분은 거의 손상 없이 남아 있다. A와 부분 G의 대립은 명칭의 부류에서 오직 제한적 존재를 가질 수 있다.

8 수사와 G의 문제를 차처하였다. 그 이유는 이것이 일련의 인상적인 특이성과 관련되며, 이에 대해 나는 곧 따로 논의할 수 있을 것이다. 만약 수사+명사의 조합이 격 표지를 갖지 않는다면, 수사는 양의 물질화된 지시체(substantivized indicator)의 통사적 가치를 가지고 동반하는 명사는 그 지시체의 양적 제한을 지시하는 부분 생격으로 기능한다(pjat' [N], sorok, skol'ko, neskol'ko věder [G] '5, 40, 얼만큼, 약간의 양동이'). 만약 다른 한편으로 격 표지의 어떤 종류가 있다면, 명사는 이 표지를 가지고 수사는 명사와 격에서 일치하는 한정어가 된

다 (trëx [G], pjati, soroka, skol'kix, neskol'kix vëder [G]; trëm [D], pjati, 등, vëdram [D]; tremja [I] pjat'ju, 등 vëdrami [I], 등). 이는 1000과 그 이상의 수사에 대해 적용되지 않는다(tysjača [N], tysjači [G], tysjače [D] – vëder [G] '1000개의 양동이', 등). 수사 2-4는 복수 G의 명사를 취하지 않고 단수 G를 갖는다(dva [N], tri, četyre vedra [G] '2, 3, 4 양동이'). 이 사례에서 격 형태는 복수성을 지시하지 않고 (단수) 단위로써 지시체의 영역이 표현의 내용에 참여하는 영역과 일치하지 않는다는 사실만을 가리킨다. 이런 의미에서 만약 우리가 수사와의 사용과 그 언어에서 수사의 매우 특별한 위상을 고려하기를 원한다면, 우리는 G의 일반 의미의 정의를 확장할 수 있을 것이다. 수사의 마지막 영역이 첫번째를 넘어서지만, 격 자체는 단순히 그 둘의 불평등을 지시할 뿐이라는 것을 수사가 의미한다고 주장할 수 있다. 참고, G의 특별 의미에서 점진적 진보: ni vedra '한 양동이도 아닌', polvedra '반 양동이', poltora vedra '하나하고 반 양동이'. 지시체의 활성 혹은 더 정확하게 인간임을 자신들의 문법적 형태로 보여주는 이 수사들은 항상 명사의 복수성을 가리킨다는 것은 주목할 만 하다: dvoe, pjatero druzej '두, 다섯 친구들'; dvoix, pjateryx druzej [G]; dvoim, pjaterym druz'jam [D], 등.

9   페더슨(Pedersen, 134 ff.)은 러시아어 I 중 이 유형의 흥미로운 예를 제공한다.
10 다음 구문 stal sud'ej '(그는) 판사가 되었다'에서 주변적 위상은 순전히 의미적이고 통시적이지 않다. 표현 on stal은 필수적으로 kem '누가', čem '무엇이' [I]의 문제를 불러온다.
11 이 예는 도스토예프스키에서 온 것이고 페슈코프스키(Peškovskij,

290)에서 인용된다.

12 후회의 동사(verbs of remorse)와 Po 다음에 오는 장소격은 학교 문법 론자들이 추천하지만 죽은 의고체이다.

13 내적 목적어(inner object)의 지시는 A의 주요 의미이다. N – I의 평행 대립에서부터 N의 주요 의미는 표현의 중심이 되는 것으로 보인다. 이것은 문장의 주어로 실현되고, 반면에 술어의 역할에서 N은 I와 경쟁한다.

14 대명사는 다른 품사와 대조적으로 실재가 아닌 그 어근 형태소에서 형식적 의미를 표현한다. 그리고 자주 그 어근 형태소로 의미적 차이를 지시한다. 그렇지 않다면 형태론적 혹은 통사적 대립으로써 전달된다. 한편으로 활성과 비활성의 범주(어근 형태소 k – č의 대립: kro '누구' – čto '무엇', kogo – čego, 등), 인칭 범주(ja '나', ty '너(단수)', on '그남자'), 반면에 매우 비일반적인 방식에서 전치사적 구문에 관계됨 대 관계되지 않음의 대립은 일관적으로 n' 대 j의 구분에 의한 삼인칭 대명사로 표현된다(nego–ego, nemu–emu '그남자', neë–eë '그녀', 등).

15 문제는 운베가운(Unbegaun)의 러시아어 명사류 곡용의 역사에 대한 잘 정리된 책에서 최근에 언급되었다. 저자는 샤흐마토프의 결론을 본질적으로 따랐고 G II와 L II의 그러한 사용을 "부사화로(vers l'adverbialization)"의 경향으로 설명하고, 샤흐마토프는 의미적 관점에서 개별화된 의미의 결여에 기인하는 것으로 다루고 있다(123).

16 단수 유일형(singularia tantum)의 하위유형으로 기능하는 유형에 대해서는 브라운(Braun)을 보라.

17 북부 대 러시아(North Great Russian) 방언에서 비대칭은 다른 방식

으로 대등해진다: 방향적 상관이 복수 어형계열체에서 제거된다.

ruki	ruk
rukam	rukax

18 위에서 언급된 북부 대 러시아 방언에서 대칭적 해결책은 상응하는 사례에서 얻어진다: 하나 이상의 상관 자질을 가리키는 격은 없다.

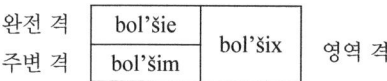

고대 러시아어 쌍수의 격 형태는 동일한 방식으로 분포되었다.

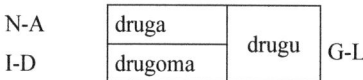

19 세르비아어에서 모든 주변 격은 공통의 복수형을 가진다. 모든 완전 격 구분은 유지된다.

udari	udare	udara
	udarima	

체코어에서는 반면에 모든 주변 격 구분을 보존하지만 완전 격의 구분을 해체하는 복수 어형계열체는 존재한다.

	znmení	
znmeními	znmením	znmeních

개별 체코어 어형계열체의 특이성은 길리약어에서도 일반적 격 체계의 특성으로 반복된다:

1. təf '집'		
2. təfkir	3. təftox	4. təvux

"절대격(absolute case)"은 N, A, 러시아어의 비전치사적 G에 상응한다; 2. I; 3. "부가격(aditive case)"은 러시아어 D에 본질적으로 상응한다; 4. "장소격-분리격(locative-elative)은 러시아어 L과 G의 전치사적 사용과 상응한다.) 동일한 관계가 복수에서 이뤄져 있지만, 여기서 주변 격 대신에 절대 격을 사용하는 경향이 있다(Jazyki i pis'mennost' narodov severa, III, 197을 보라). 양 구성원의 곡용 사이의 반대의 관계가 체코어의 paní '여자'의 어형계열체에서 관찰된다: 복수에서 우리는 위의 구분을 찾을 수 있고, 단수에서 격 구별은 완전히 중화된다.

제7장

슬라브어 곡용에 대한 형태론적 관찰(러시아어 격 형태의 구조)
(Morphological Observations on Slavic Declension (The Structure of Russian Case Forms))

I

이 논문은 나의 두 모스크바의 러시아어 언어학 선생님인 니콜라이 니콜라예비치 두르노보(Nikolaj Nikolaevič Durnovo)와 드미트리 니콜라예비치 우샤코프(Dmitrij Nikolaevič Ušakov)에게 헌정한다. 전자는 최초로 러시아어 곡용에서 격 통합의 문제를 포괄적으로 고려했으며,[1] 후자는 역사 형태론에 대한 강의의 도입부에서 수강생들에게 다채로운 방언 형태의 기원을 결정하는 일을 제안하였고, 본질적으로 곡용의 역사는 모든 점에서 문법적 유추의 예라는 것을 추가하였다. 그래서 우리의 전체 임무는 유추 작용을 밝히고 그것에 만족할만한 설명을 제공하는 것이었다.

해당 언어에서 변화의 해석은 사전의 언어 발달의 매 순간에 언어 구조의 정확한 기술을 필요로 한다. "해당 상태를 이해하고자 하는 언어학자는 그것을 만들어내는 모든 것에 주의를 기울일 필요는 없으며, 통시 (diachrony)를 무시하여야 한다"고 F. de 소쉬르는 분명하게 서술하였다. "역사의 개입은 오직 그의 판단을 그릇되게 할 뿐이다."[2] 정확하게 역사적 과정을 분명히 이해하고 유추의 놀이 규칙을 숙달하기 위해 우리는 우선 일시적으로 과거에 대해 눈을 감아야 할 것이다.

   이 관점에서 현대 러시아어 문헌어의 곡용 체계는 여기서 예비적 분석의 대상이 될 것이다.

   후속 논의에서 우리는 다음의 약어를 사용하고자 한다: N(주격), G(생격), D(여격), A(대격), I(조격), L(장소격); sg.(단수), pl.(복수); m.(남성), n.(중성), f.(여성); anim.(활성체), inan.(비활성체)

II

1. 곡용에 대한 전통적 조사는 다음 유형의 목록으로 요약된다: 1)현존하는 격의 목록작성; 2)격이 발생하는 다양한 문맥에서 각 격에 특징적인 문맥적 의미의 목록; 3)어형계열체(paradigm)로 묶이는 격 형태의 목록: 각 어형계열체는 격 어미들의 해당 복합체가 문법적 어간의 특정 그룹과 조합되는 것을 지시한다. 이 목록들에 추가적으로 어떤 관찰자들(예를 들어 트래거(Trager))은 러시아어 곡용 체계에서 각각의 분리된 격 어미가 발생하는 모든 형태를 열거한다.[3] 위의 열거된 모든 유형은 문법적 분석을 위한 필수불가결한 준비 자료를 제공한다.

2. 현대 언어학 발전에서 기본적 개념의 하나는 불변(invariance)의 아이디어였고, 최초로 1870년대 말에 카잔 학파에 의해 인지되었고, 이는 수

학에서 동일 아이디어의 성공과 동시적이고 평행적이었다. 언어학에서 이 새로운 연구의 첫번째 단계가 음소, 즉, 음성 변이형의 층위에서 불변소(invariant) 이론을 낳았고, 지금은 문법적 불변소를 수립하고 설명하는 필요가 긴급하게 대두되었다. 언어학은 오랫동안 통사론과 형태론의 두 문법적 영역이 서로 적절하게 나눠져 있었고, 게다가 문법과 어휘부 사이의 기본적 구분이 되어 있었다. 그럼에도 불구하고 언어학은 요구되는 날카로움과 일관성을 가지고 개별 형태론적 범주의 모든 문맥적 변이형 속에서 변화 없이 남아 있는 범주의 특성에 대한 위상기하학적 질문을 아직까지 내놓지 못하고 있다. 더 정확하게는 두 대립하는 형태론적 범주 사이의 불변소적 관계의 문제를 다루지 않고 있으며, 이 관계는 임의의 어휘적 혹은 통사적 환경에서 이 범주들의 발생에 의존하지 않는다.

3. 각 격은 그 가지가색이 응용에서 다소 이질적인 일련의 의미를 보여준다. 이 특정된 문맥적 의미들 사이의 차이는 격이 발생하는 구의 문법적 혹은 어휘적 구성에 의해서 결정된다. 한편으로 동사구문과 관형사적 구문에서 G 사이의 혹은 능동과 수동 구문에서 I 사이의 의미적 변별, 혹은 다른 한편으로 주된 혹은 지배된 단어의 어휘 의미에 의해 조건지어진 격 의미에서 이런 변이형들을 참고하라. 지배하는 동사의 의미적 유형과 독점적으로 연결되는 것은 소위 분리의, 목적의, 제한 등의 G 사이의 차이이다(beréč'sja nóvšestv '혁신을 경계하다' – želát' novšestv '혁신을 기원하다'; izbežat' bérega '해안을 회피하다' – kosnút'sja bérega '해안에 닿다'); 지배와 피지배 명사의 본질이 관형사적 G 구문의 문맥적 의미를 차별화한다. 참고, 주어적 G ljubóv' gerója '영웅의 사랑', želánie gerója '영웅의 희망' 대 목적어적 G ubíjstvo gerója '영웅의 살해', želánie slávy '영광

의 희망'. 특정 조합에서 관형사적 G의 의미는 중의적으로 남아 있다. 예, póiski sestrý '누이를(누이가) 탐색'은 주어적이거나 목적어적 G 사이의 선택이며, 이 선택은 청자에 의해서 더 광범위한 언어적 문맥이나 실제 상황의 도움 없이 이루어질 수 없다.

순수히 통사적이고 어휘적 조건에 의존적인 의미 변이의 다양성이 어떤 것이라도 격 자체의 단일성은 실재적이고 신성불가침한 것으로 남아 있다. 러시아어 민속 시에서 문법적 평행주의가 하나의 동일 격의 두 형태를, 어미와 문맥적 의미 모두에서 다른 형태들을 빈번하게 병치하는 것은 특징적이다. 그래서 그것들 사이의 유일한 연결 요소는 그것들이 격 범주를 공유한다는 사실이다. 그리고 외적 형태와 기능 모두에서 다른 두 I의 병치가 그런 성격을 띤다. Slovo o polku Igoreve에서 "rastěkašetsja mysliju (수단의 I) po drevu, sěrymъ vъlkomъ (비교의 I) po zemli" ('[그는] 그의 생각과 함께(수단의 I) 날면서 노래했고, 나무를 따라, 땅을 거니는 회색 늑대처럼(비교의 I)').

임의 격의 모든 특정 문맥적 의미들은 공통 분모로 환원될 수 있다. 동일 곡용 체계의 다른 격들과의 관계에서 각 격은 자신의 고유한 불변적 일반 의미와 고유한 의의(purport: značimost')에 의해 특징지어지는데, 여기서 의의는 수호틴(A.M. Suxotin)이 소쉬르의 용어 "valeur(가치)"의 적절한 번역을 옮긴 것이다[위의 미주 2를 보라].

러시아어 G의 의미에서 문맥적 변이형의 풍부함에도 불구하고 형태론적 불변소는 쉽게 추출된다: 임의의 변이에서 G는 일반 의미를 유지하는데, 이것이 이 격을 N과 A 격과 변별한다. G에는 발화의 내용에서 의미된 개체의 참여 제한을 지향하는 것이 항상 존재한다. G는 주어진 문맥에서 개체의 구체화(objectification)의 정도를 항상 신호하고, 오직 그 문맥만이 실제 이 제한이 어떤 것인가에 대하여 상술하고 우리에게 상기시킨다. 개체의 존재는 측정될 수 있고(skól'ko, stól'ko-to novostéj '얼만큼의, 그만큼의 뉴스'), 증가될 수 있고(novostéj! '봐! 많은 뉴스야!' 혹은 naslúšalis' novostéj '많은 뉴스를 들었다'), 제한될 수 있고(poslúšali, kosnúlis' novostéj '뉴스를 좀 들었고, 좀 언급했다'), 잠재적 상태로 축소될 수 있고(ždáli, xotéli, iskáli novostéj '뉴스를 기다렸고, 원했고, 찾고 있었다'), 무(無)로 환원될 수도 있고(ne slyxáli novostéj '뉴스를 듣지 못했다', né bylo novostéj '뉴스가 없다'), 마지막으로 개체의 존재는 회피되거나 거절될 수 있다(izbegáli pugális' novostéj '뉴스에 의해 회피되었고, 당황하였다'). 관형사적 G는 논의의 대상이 전체 개체가 아니고, 개체 그 자체도 아니며, 오직 그것의 부분이나 특징, 그 행위, 상태, 혹은 그 개체에 인접한 다른 개체라는 것을 우리에게 알려준다(obrývki, zanimátel'nost', vlijánie, vozniknovénie, peredáča, istóčnik, slúšatel' novostéj '뉴스의 부분, 재미, 영향, 발생, 전달, 근원, 청자').

4. 다양한 명사의 I 격은 하나의 동일 문맥에서 문맥적 의미의 변이의 넓은 영역의 특징적 예로 기능한다.

ón él rebënkom	ikrú	'그는 캐비어를 아이처럼 먹었다'
ón él pudámi	ikrú	'그는 캐비어를 푸드*로 먹었다'
ón él lóžkoj	ikrú	'그는 캐비어를 수저로 먹었다'
ón él dorogój	ikrú	'그는 캐비어를 가는 길에 먹었다'
ón él útrom	ikrú	'그는 캐비어를 아침에 먹었다'
ón él gréšnym délom	ikrú	'그는 캐비어를 유감스럽게 먹었다'

---

*   Пуд 러시아의 무게 단위로 16.8kg에 해당하고, 여기서는 많은 양을 먹는 것을 의미한다. (역주)

그럼에도 불구하고 이 모든 변이형 I는 일반 자질을 보여준다: 주변적 혹은 경계적 역할은 발화의 내용에서 개체에 주어진다. 이 일반 자질은 한편으로 I를 N, A, G 격과 구분하고, 다른 한편으로 I를 D, L과 결합한다. 그러나 D는 I와 달리(그리고 A와 같이) 그 행위가 지향하는 개체를 신호한다. 차례대로, L은 I와 그것이 (G와 같이) 발화 내용에서 주어진 개체의 참여의 범위를 지시한다는 점에서 다르다.[4]

실어증의 특정 형태에서만 문법 범주의 의미는 그 단일성을 상실하고 분리된 문맥적 의미로 환원된다. 그런 실어증 환자는 이미 만들어진, 전형적인 문맥의 제한된 레퍼토리만을 자신이 임의로 쓸 수 있고 새로운 것을 창조할 수 없다. 마야코프스키의 시에서 새롭고 완전히 친숙하지 않은 화법으로 사용된 I는 이해할 수 있는데, 이는 오직 시인과 그 독자 양측이 러시아어를 완전하게 습득하였고, 러시아어 격의 일반 의미, 특히 I의 의미도 무의식적으로 마스터하였기 때문이다: "Nikto ne mešal MOGILAMI spat' kudrogolovym volxvam" (Čelovek '인간') '아무도 굽은 머리의 마법사가 무덤에서/무덤 가에서/무덤처럼(I) 자는 것을 방해하지 않았다'; "Stolic serdcebienie dikoe lovil ja, STRASTNOJU PLOŠČAD'JU leža" (Ljublju '나는 사랑한다') '나는 스트라스트나야 광장 위에/옆에/처럼(I) 누워 수도의 야만적 심장뜀을 잡았다'; "Za zevakoj zevaka, štany prišedšie KUZNECKIM klešit'" (Xorošee otnošenie k lošadjam '말에 대한 좋은 관계') '한 게으름뱅이에 이어 다른 게으름뱅이가 쿠즈네초프 다리에/옆에/를 거쳐 와서 바지를 나팔바지로 만들었다'.

5. 러시아어 격 체계는 (잘 발달된 다른 격 체계처럼) 일련의 이질동형 관계 (isomorphic relations)를 보여준다. 예, I:N = D:A = L:G. 이 각각의 관

계에서 주어진 자질을 신호하는 격은 그 특정 표지를 신호하지 못하는 격에 대립된다. 격 의미의 연구는 이 의미들이 더 작고 분절적인 불변소 혹은 격 자질로 분석될 수 있다는 것을 밝혀준다.

6. 만약 우리가 러시아어 곡용 체계의 분석을 6개의 주요 격으로 제한하고 페슈코프스키가 "부속(accessory)"(왜냐하면 이 격의 음성적 실현을 구성하는 형태는 상대적으로 매우 드문 어간에 기반하기 때문이다)[5]이라고 부른 두 격을 지금은 제쳐둔다면, 그 체계가 기반하는 다음의 세 차원은 분명하게 발현될 것이다:

1) A와 D에서 방향성(directionality)의 자질은 N과 I에서 이 자질의 부재와 대립된다. 우리는 A와 D를 방향적 격(directional cases)이라고 부를 것이다.
2) G에서 양화의 자질은 N과 A에서 그 부재에 대립된다. 그리고 L에서 같은 자질은 I와 D에서 부재에 대립된다. 우리는 G와 L을 양화적 격(quantificational cases)으로 부르고 다른 비양화적 격인 N, A, I, D와 변별되는 것으로 할 것이다.
3) I, D, L의 경계성(marginality)의 자질은 이 자질을 결여하는 N, A, G에 이 격들을 대립시킨다.

그래서 N은 다른 유표적(marked) 격과의 관계에서 완전히 무표적 격이다. 세개의 단일하게 유표된 격인 A, G, I와 두 개의 이중으로 유표된 격인 D(방향성과 경계성)와 L(양화와 경계성)의 관계에서 그러하다.

7. 소쉬르 자신의 학설에서 문법적 분석은 소쉬르 이전의 반체계적인 관점에서 이월된 것을 우리로 하여금 거부하도록 강요하였고, 소쉬르는 격의 수 만이 결정되어야 하는 것이라고 지속적으로 주장하였다. "그러나 그것들의 계승은 공간적으로 순서가 결정된 것이 아니며, 만약 문법론자가 한 방식으로 그것들을 묶는다면, 순전히 인위적인 것이다[!](위의 미주 2를 보라). 격 체계에 대한 구조적 접근은 엄격하게 규칙적이며, 무표적 N을 최초의 격(primordial case)으로 보는 위계적인 특성을 보여준다. 소쉬르에 의해 계승된 신문법론자(Neogrammarian)의 교조주의에 따르면, 고립된 사실들을 예찬하면서, "주격은 곡용의 첫번째 격이 아니며, 용어들은 그 환경에 따라 임의의 순서로 나타날 수 있다."

8. 방향격(A와 D)과 양화격(G와 L)은 잠정적으로 한정적(definite)이라는 용어를 사용한다. 방향성과 양화 모두를 결여하는 비한정적(indefinite) 격 (N과 I)에 대립된다.

A와 N은 과정의 목적어를 신호하는 격과 이 신호를 갖지 않은 격의 대립이 되며, 이 격들은 자주, 특히 러시아 언어학에서 직격(direct cases)으로 불리며, 사격(oblique)이라는 용어가 사용되는 다른 격들과 대립한다. 고전적 전통에서 유래한 다른 용어에서는 오직 N을 직격으로 지시하지만, 우리는 즉, 소위 직접 목적어의 격인 A 역시 이 용어로 지시하는 사람들을 따른다. 이러한 구분을 사용하는 것은 우리에게 N과 A를 "문법적" 격으로, 다른 격을 "구체적" 혹은 "기능적"으로 이름붙여 대립시키는 지시보다는 덜 인위적인 것으로 보인다.

9. 언어의 다른 층위에서 연구에 대한 음운론적 경험의 유익함에도 불구

하고, 음운론적 기준을 문법적 요소에 자동적으로 적용하지 말아야 한다. 음운론적 요소의 순수히 단순 변별적 특성에 대비하여 문법적 요소들은 고유한 개별적 의미를 부여받는다. 음소는 스스로 의미를 가지지 않는다: /t/ : /d/의 짝은 같은 언어 체계 안에서 무성:유성 자음의 대립으로 상관되어 있다. 이 두 음소가 두 동일한 문법적 단위에 속할 때, 예, tvorec '창조자': dvorec '궁전', 그것들은 자신들을 변별하는 표지를 구성한다. 시인 흘레브니코프의 적절한 단어로 다음과 같다. "Èto šestvujut tvorjane, Zamenivši D. na T." '이것은 D를 T로 교체한 후에 걸어가는 창조자들이다'. 그러나 소쉬르의 이론 "Nacht과 Nächte는 따로 고려한다면 아무것도 아니다. 그래서 대립은 전부이다"(위의 미주 2를 보라)는 형태론적 층위에 적용된다면 쉽게 오해할 수 있다. 물론 Nacht: Nächte 관계는 독일어의 코드 속에 단수와 복수의 문법 범주의 대립의 존재를 전제한다. 그러나 그런 대립이 주어지는 한, 따로 고려된 Nächte 형태는 그 자체로 "하룻밤 이상"을 암시하지만, /t/와 /d/는 그 자체로 실제로 "아무것도 아니다".

어떤 언어학자들(특히 쿠릴로비치(Kuryłowicz)[6]와 드 그루트(de Groot)[7])은 두 격 중 선택의 가능성이 없는 구절에서 오직 용인될 수 있는 격은 형태론적 의미가 없는 것이고 그 격은 독점적으로 통사적 기능을 수행한다는 의견을 제시한다. 격 대립이 가능하지 않은 문맥에서 격이 의미적으로 아무것도 아니라는 개념은 문법적 연구에서 음운론적 밀수품의 특징적 예이다. 일반적인 러시아어 속담 na vore šapka gorit ('도둑에서는 모자가 불탄다' '양심이 찔린다' '도둑이 제발저린다')에서 동사 '타다'는 실제로 발화되지 않아도 이해될 수 있다. 러시아어 화자에게 이 동사는 문맥에 의해 완전히 예정된 것이다. 결과적으로 정보 이론의 용어로 "잉여적

(redundant)"이다. 그러나 동시에 그것은 어휘적, 문법적 의미 모두를 보존한다. A의 문법적 의미는 D와 교체에서 변별적으로 두드러진다 – prostí egó (A) '그를 용서해라': prostí emú (D) '그에게 [무엇인가를 용서하라]', I와 교체 – švyrjál kámni (A) '(그가)돌을 던지고 있다[목적어 강조]'; švyrjál kámnjami (I) '(그가)돌을 던지고 있다[행위 강조]', G와 교체 – výpil vódku (A) '(그가) 보드카를 마셨다'; výpil vódki (G) '(그가) 약간의 보드카를 마셨다'; žál' dévušku (A) '소녀를 동정하다'; žál' dévuški (G) '(어떤 것 때문에) 소녀를 동정하다', 그리고 마지막으로 N과 교체 – prišél'cev grábjat (A) '새로 온 사람들을 약탈한다'; prišél'cy grábjat (N) '새로 온 사람들이 약탈한다', 여기서 두 단어가 서로에게 종속된 문장의 청자에게 정보를 제공하는 것은 격 형태의 차이 뿐이다. 그러나 A는 해당 동사가 A 이외의 다른 격을 허용하지 않는 사례에서도 동사의 행위에 완전히 둘러싸인 대상(object)의 의미를 보존한다. 예, ubíl lisícu '(그가) 여우를 죽였다', dópil vódku '(그가) 보드카를 끝까지 마셨다', žíl nedélju '(그가) 일주일을 살았다', proéxal verstú '(그가) 1베르스타를 갔다*'. 분명히 dostíč' Antárktiki (G) '남극에 도달하다'와 zavoevát' Antárktiku (A) '남극을 정복하다' 사이의 의미적 차이는 관련된 두 동사의 의미에서 차이와 관계가 있다. 그러나 동사 dostíč' '도달하다'가 생격을, zavoevát' '정복하다'가 대격을 의무적으로 요구한다면, 이는 격 지배의 분포가 다시한번 불완전 대 완전 지배의 의미적 대립을 반영하기 때문이다. 사랑하다 라는 그리스어 두 동사에서 하나인 ἔραμαι는** 오직 생격을 지배하고 다

---

* 여기서 대상의 의미를 보존했다는 뜻은 행위가 수행된 시간과 장소를 행위에 둘러싸인 대상으로 본 것으로 판단된다.

** ἔραμαι,

른 하나인 φιλέω는 대격을 요구한다. 이 통사적 규칙은 격의 완전히 상대적이고 의미적으로 진공상태인 사용의 놀라운 예로 여러번 인용된다. 그럼에도 불구하고 첫번째 동사는 두번째와 대립하는데, 전자는 애정의 갈망, 즉 갈구하는 개인을 불완전하게 소유한 것을 표현하고 목적어로의 생격은 이러한 동사의 의미와 엄격하게 상응한다. 유사하게 G는 수파인(예를 들어, 고대 슬라브어 문헌에서)과 허가되는 유일한 격으로 목표지향적이고 수파인에 의해 표현되는 행위의 순전히 잠재적 특징임을 의미적으로 반향한다. 그리고 그런 조합에서 G의 완전한 통사적 조건은 그 격의 고유한 의미(예, 구체화의 정도를 지향함(orientation towards the degree of objectification))를 결코 제거하지 않는다.

10. 각 격의 조합적(통사적 혹은 어휘적으로 조건된) 의미들의 기록에 따라, 추가적인 작업 – 격 의미의 형태론적 분석이 이루어져야 한다. 이 분석은 격 의미의 기저에 놓인 문법적 정보의 최소 단위의 체계, 즉 격 자질의 체계를 밝혀준다. 그리고 이 분석은 격들을 그것들이 공통으로 가진 자질에 따라 부류로 묶어준다.

정확히 같은 방식으로 격 어형계열체의 기록은 차례대로 그것들의 유사성과 차이의 검사로 이어진다. 이는 러시아어 곡용의 불변소의 결정이며, 즉, 현대 어형계열체의 모든 다양성의 바닥에 놓인 일반 법칙의 결정이라고도 할 수 있으며, 마지막이고 필수적으로 기본적 질문을 불러온다. 한편으로 형태론적 범주들과 다른 한편으로 그것들의 형태적 표현 사이의 관계에서 이질동형을 확인하는 것이 가능한가?

III

1. 러시아어는 곡용의 두 기본적 유형을 구별한다. 명사적, 형용사적, 그리고 중간 유형이 있는데, 이는 비인칭 대명사와 소유 형용사의 어형계열체가 해당한다(III.8을 보라). 이러한 곡용에 내재된 일반 규칙에서 어느정도 벗어나는 것은 고유한 인칭 대명사(일인칭과 이인칭), 그리고 이 연결에서 그것들과 합쳐지는 것은 재귀 대명사와 수사(기수와 집합수사, 상응하는 대명사류)이다.

2. 여성과 비여성(남성 - 중성) 사이의 구분은 오직 단수에서, 남성과 중성 사이의 구분은 오직 단수 직격에서만 이루어진다.

러시아어 곡용에서 복수와 단수의 어형계열체는 일관적으로 비경계적이다(delimited).* 단수에서 "여성" 곡용 유형은 "비여성"과 구별되고, 비여성 유형은 직격의 형태에 기반하여 "남성" 유형과 "중성" 유형으로 세분된다. 성에 따라 다른 단어, 즉 명사적이고 대명사적 형용사 모두는 형태적으로 관계된 소위 "삼인칭"의 대용어 대명사인 ón, onó, oná와 함께 성과 곡용 유형 사이의 완전한 상관관계를 보여준다: "여성" 곡용 유형에 속하는 모든 단어는 여성(feminine gender)이고, "남성" 곡용 유형에 속하는 모든 단어는 남성이고, "중성" 유형에 속하는 모든 단어는 중성이다.

---

* 저자의 논문에서 경계나 한계의 개념과 관련되는 다양한 용어들이 사용된다. 관용적 사례를 고려하여 그 차이가 드러날 수 있도록 본 역서에서도 일관된 용어를 사용하고자 한다. 예를 들어, marginal은 '경계적', '주변적'로, limited는 '유한한', '경계의'로, definite는 '한정적'으로 번역하고자 한다. 그러나 맥락을 고려하여 다른 용어를 사용할 수 있다.

어느정도 더 복잡한 것은 성에 따라 달라지지 않는 단어에서 문법적 성과 곡용 유형 사이의 관계, 즉 명사와 대명사적 명사상당어구(substantives)이다. 여성의 혹은 소위 공통적, 즉, 선택적으로 여성적 성의 단어들은 독점적으로 곡용의 "여성" 유형에 속할 수 있다. 그리고 중성 단어는 독점적으로 "중성" 유형에 속할 수 있다. 남성(masculine sex)의 인간을 지시하는 명사상당어구는 그 명사들이 "중성" 혹은 "여성" 곡용 유형에 속하는 드문 격에서조차도 남성(masculine gender)을 보존한다(podmastér'e '조수'; slugá '하인'; sud'já '판사'; ón – krúglyj [남성] sirotá '그는 완전히 고아이다'; já slýšal [남성] '나는 들었다'). 명사상당어구에서 감정적 평가의 접미사에 의해 형성된 파생어에서 성은 결과의 곡용 유형에 상관없이 보존된다: dóm '집', domíško (지소), domíšče (지대), domína (지대)는 모두 남성이다.

3. 어떤 어형계열체도 여섯 개의 주요 격(primary cases) 모두를 구분하지 않는다. 이 여섯 격 중에서 러시아어 수의 기본적 곡용 유형은 다섯에서 세 개의 변별되는 격 형태가 있고, 기수의 어형계열체 중 하나에서는 다해서 둘 뿐이다.[8]

다양한 격 대립의 안정성의 정도는 단일한 것과 거리가 멀다. 이런 점에서 그것들은 엄격하게 규칙적 위계를 형성한다.

절대적으로 일관적인 것은 비-양화 격을 경계(marginal)와 비-경계 격으로 나누는 것이다. 예, 1) I와 N 사이의 구별, 2) D와 A 사이의 구별, 그 다음으로 가장 일관적 대립은 D와 I사이의 대립이다.

다른 한편으로 현대 러시아어 곡용에서 A와 D, 즉 두 방향격은 다른 모든 격 형태와 동시에 변별적일 수 없다. 그 둘 중 하나는 자신의 형태를 가지거나 둘 다 가지지 않는다.

A 격의 구분된 형태가 없는 어형계열체에서 이 격은 N(직격의 통합)과 같아지거나 G(한정격의 통합)와 같아진다. 이는 다음에서 유래한다. 1) 이 두 가능성의 교체는 다른 경우에는 동일한, 복수 혹은 남성의 어형계열체의 한계 내에서 비활성과 활성을 구분하는데 기여한다; 2) 여성과 중성의 명사류 형태에서 A는 항상 N과 같아지고, 모든 세 인칭의 대명사에서 A는 성, 수, 활성 혹은 비활성과 상관없이 항상 G와 같아진다.

D 격의 독립 형태가 없는 어형계열체에서, D와 I 구분의 위에서 언급된 안정성의 관점에서 D는 불변적으로 L과 같아진다. 달리 말하면, 비경계적 격은 통합의 두 유형 사이에서 선택을 허용하고, 경계적 격들의 경우 형태의 수 축소가 두 한정적 격의 통합에 의해 주로 이루어진다. 이런 예에서 경계적 격의 체계는 두 형태인 한정적 격(L-D)과 비한정적 격(I)의 대립으로 축소되고, 북부 러시아어 방언에서 I와 D는 복수 어형계열체에서 같아지고(rukám '손들', bol'ším '큰'), 경계적 격은 비경계적 격과 함께 양화적 격(L)의 비양화적 격(D-I)에 대한 대립으로 축소된다. 정확하게 같은 방식으로 원시 슬라브어(특히 고대 러시아어) 문법 체계에서 쌍수의 어형계열체는 다해서 세 통사적 단위를 구분한다. 양화 격(G-L)의 공통 형태에 대립하는 두 비양화 격 형태, 즉 직격(N-A)의 공통 형태가 있고, 그에 상응하여 두 경계적 격(D-I)에 대한 공통 형태가 있다. 세르비아어 복수 어형계열체에서 발견되는 이 모든 세 경계적 격의 합병은 러시아어에는 완전히 이질적인 것이다.

4. 현대 러시아어의 다섯 격 체계는 두 기본적 변이형으로 축소된다.

N		G
I	D	L

유형1.1

(점선은 교차하는 통합적 형태: N-A와 G-A)

α) 기본적 변이형에서 명사상당어구의 명사류 곡용의 "비여성" 유형(소위 일차 곡용: N kulák '러시아 부농, 고리대금업자', 활성 G – A kuláká; N – A kulak '주먹', 비활성 G kuláká; N – A oknó '창문', G okná);[9]

#/o		a
om	u	e

β) 형용사적 남성과 중성 어형계열체(zlój, zlóe '사악한'; α와 β 사이의 중간적인 어형계열체에 대해 III.8을 보라):

oj/ ojo		ovo
im	omu	om

γ) 명사류적 복수 어형계열체(delá '행위들', lesá '숲들', usý '수염들', mjačí '공들', čertý '선들'; N과 G의 교차적 어미에 대해 IV.5, IV.6을 보라):

j/ a		#/ ov/ ej
am'i	am	ax

N	A	G
I		L

유형1.2

여기에는 오직 명사류 곡용의 "여성" 유형이 속한다(žená '부인', sudjá '판사'):

a	u	i
oj(u)		e

5. 네 격의 체계는 다섯 격 체계의 두 변이형 중의 하나를 G와 L을 병합함으로써(양화격의 통합) 변화시키거나 A와 마찬가지로 D의 독립적 형태를 제거하면서 두 변이형을 결합한다.

N		
I	D	L

유형2.1

α) 형용사 복수 어형계열체 (N zlýe '사악한', 활성, L – G – A zlýx; N – A zlýe, 비활성, L – G – zlýx; 형용사적과 명사류적 복수 사이의 중간적 어형계열체에 대해서는 III.8을 보라):

iji		
im'i	im	ix

β) 대명사 vý '너희들(복수)'와 mý '우리들'의 어형계열체 (후자는 N에서 보충적 어근을 가진다). 이것은 일반적 규범에서 벗어난다.

i		
am'i	am	as

N	A	
I		L

유형2.2

세 개의 모든 사격, 한정격의 통합은 여성 형용사 변화에서 발견된다 (zlája '사악한'; 형용사와 상응하는 명사류적 사이의 중간적 어형계열체에 대해서는 III.8을 보라):

aja	uju	
oj(u)		oj

N	G	
I		L

유형2.3

이 유형은 경계적, 그리고 비경계적 격을 한정과 비한정 격의 대립으로 축소시킨다. 이는 보충적 N을 가진 두 불규칙적 어형계열체에 의해 표상된다. 첫번째로 삼인칭 여성 대명사(N oná, G - A eë, I éju, L - D éj), 두번째로 고유 인칭 대명사 já '나'와 tý '너(단수)'와 재귀대명사가 있다. 전자는 둘 다 공통 성(선택적으로 여성)이고, 후자는 N격이 결여되지만, 사격의 구조와 그 성에서 모두 já와 tý에 완전히 상응한다(참고, tý sebjá molodúju požaléj '너는 젊은 네 자신을 동정해라':

-	a	
oj(u)		e

6. 세 격 체계에서 A는 N과 같아지고, D와 L은 G와 같아진다.

N	G	
I		

유형3

이 유형에는 명사류 변화의 두 개의 밀접하게 관계된 어형계열체가 속한다 –

α) "여성" 유형의 이차 어형계열체(nóč' '밤', lóšad' '말')에는 여성 명사류 외에 다수의 기수 수사가 속한다(pját' '다섯', désjat' '십'):

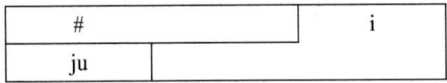

β) "비여성" 유형의 이차 어형계열체에는 영 어미(zero ending)를 가진 남성 명사류 하나(pút' '길')와 사격에서 추가된 어간(augmented stem)을 가진 소수의 -o로 끝나는 중성 명사류(ímja '이름', sémja '씨')가 속한다:[10]

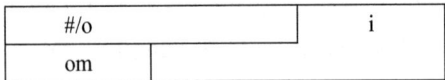

세 격 체계에서 A는 오직 N과만 같아지는데, 이는 G와의 병합은 D와 A 사이의 필수불가결한 구분을 없애는 것이기 때문이다(참고, III.3).

7. 예외로 러시아어 형태론에서 두 격 체계가 발견되며, 이는 곡용를 직격과 사격 사이의 대립으로 축소한다.

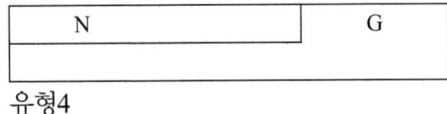

유형4

이 유형은 수사 sórok (영 어미와 함께) – soroká '40'와 stó (어미 -o) –

stá '100', 그리고더 변덕스러운 견본인 poltorá – polútora '1.5'로 표상된다.

8. 직격의 형태는 기본적 명사류 어형계열체를 따르고 사격의 형태는 형용사적 어형계열체를 따른다. 1) 조어 접미사 -#j-/ej-를 가지는 소유 형용사의 곡용에서: 남성 단수 N-A bož-ej- # (bóž'ij '신의'), 여성 단수 N bož-#j-a (bóž'ja), 여성 단수 A bož-#j-u (bóž'ju), 복수 N-A bož-#j-i (bóž'i), 남성, 중성 단수 G-A bož-#j-evo (bóž'ego); 이 그룹과 함께 서수 형용사도 속한다 trétij '세번째의';[11] 2) 대명사적 형용사에서(남성 단수 N-A, 중성 단수 N-A, 여성 단수 N čéj, č'ë, č'já '누구의'; vés', vsë, vsjá '모든'; sám, sámo, sáma '자신의'; 3) 여성(oná '그녀')과 공통성(já '나', tý '너' [단수])을 제외한 대명사적 명사류에서. 이 세번째 그룹의 특수함은 주격 형태에서 안전한 혹은 부분적 보충(suppletion)이다(N-G: ón, onó – cgó '그남자, 그것'; któ – kogó '누가'; čtó – čegó '무엇이'). 이 대명사 변화는 어미의 첫번째 모음에서 여러 특이점을 보여준다: 1) 여성 어미에서 연자음과 /j/ 다음에 -o 대신에 -e가 나타난다: 단수 I, G-D-L č'éju, č'éj '누구의'; moéju, moéj '나의'; vséju, vséj '모든'; 2) 특정 대명사에서 -e는 형용사 어미의 첫 -i에 상응한다: 복수 témi, tém, téx '그것들'; vsémi, vsém, vséx '모든'; 단수 I tém, vsém.

이 혼합 곡용 유형에 집합적이고 대명사적 수사가 속한다. 차이는 형용사 형태가 복수 어형계열체를 따르고, 중성 단수는 명사류적 N 형태로 기능한다는 것이다(N-A pjátero, tróe, skól'ko – G-L pjaterýx, troíx, skól'kix '5, 3, 얼마'; óba, óbe – 남성, 중성, 여성 G-A obóix, obéix '둘'은 정상적이 아니다). 마지막으로 기수사(cardinal numbers) dvá '2', trí '3', četýre

'4'의 더 비정상적인 곡용는 동일한 혼합 유형에 속하고 어미의 첫번째 와 마지막 모음 모두에 특이점을 갖는다: G – L dvúx, trëx, četyrëx; I dvumjá, tremjá, četyr'mjá.

단순 대명사와 수사의 변화에서 강세는 특징적으로 실제 어미로 모두 전이되고, 이음절 어미에서 강세는 모두 마지막 음절에 온다. 예외적으로 이음절 I 어미 ju와 m'i는 첫음절에 의무적 강세를 갖는다: 남성 중성 단수 G togó '그것', moegó '나의', samogó '자신의', odnogó '하나의'; 남성 중성 단수 D tomú, moemú, samomú, odnomú; I desjat'jú '10', dvumjá '2', 그러나 여성 단수 I odnóju '1', moéju '나의', vséju '모든'; 복수 I odními, moími, vsémi.[12]

IV

1. 격 어미는 **영**(-#)이거나 **실제** 하나 이상의 음소로 구성되는 것일 수 있다.

실제 어미는 단음소적과 다음소적 어미로 나눠진다. 다음소적 격 어미는 둘 혹은 세 음소를 갖는다. 단음소적, 이음소적 격 어미는 단음절적이다; 삼음소적 격 어미는 이음절적이다.

이음소적 어미에서 음절적 음소는 일반적으로 비음절적인 것을 선행한다. 오직 이음소적 어미에서 음절적 음소는 비음절적 음소를 후행하는데, 이는 그 어미가 교차되는 동일한 삼 음소 어미의 두 어말 음소와 일치하는 두 음소를 가질 때에 발생한다: I -oju/-ju(nóč'ju '밤'). 그리고 고립된 격에서도 발생한다: -am'i/-m'i (ljud'mí '사람들', lošad'mí '말들', det'mí '아이들'); 참고, tremjá '3', četyr'mjá '4'.

단음소적 어미는 항상 하나의 음절적 음소로, 이음소적 어미는 하나의 음절적 음소와 하나의 비음절적 음소로, 삼음소적 어미는 두 음절적 음소와 하나의 비음절적 음소로 구성된다. 삼음소적 어미에서 비음절적 음소는 항상 두 음절적 사이의 위치를 차지한다.

2. 모든 러시아어 음절적 음소는 단음소적이고 다음소적 격 어미 모두에서 발생한다. 그러나 러시아 문헌어(literary language)의 모스크바 규범의 33개의 비음절적 음소에서 오직 네 개 - /j/, /v/, /m/, /x/ 만이 격 어미에서 발생한다. 이 중에서 오직 처음 3개는 유성음 이전과 어말 위치 모두에서 나타나고, /x/는 오직 어말 위치에서만 발생한다. 인칭 대명사의 변화형에서만 가장 비규칙적인 명사 변화는 음소 /s/가 일반적인 /x/를 복수 G에서 대치하는 것이다 nás '우리들', vás '너희들'. 어미 -ov에서 음소 /v/는 러시아어 문헌어에서 그 유성성을 자동적으로 상실했다. [m']과 [m] 모두가 격 어미에서 발생하는 것은 사실이다. 참고, 한편으로 stolámi '책상', zlými '사악한', ími '그들', dvumjá '2'; 다른 한편으로 stolóm, stolám, zlým, zlóm, zlómu, emú '그남자', ím, dvúm; 그러나 형태론적 관점에서 여기서 두 음소의 대립은 없다 1)현대 러시아어 문헌어는 어말의 문법적 어미에서 연자음을 허용하지 않는다(참고, damь 〉 dam '난 줄것이다', sънъmь 〉 snom '꿈', idutь 〉 idut '그들이 간다');[13] 2) 형태소 내에서 연순음(soft labials)은 /u/ 앞에서 발생하지 않는다. 결과적으로 독립적 위치에서 격 어미는 오직 순음 비음의 연음 변이음만을 알게 된다. 그리고 반대로 오직 경음 변이음이 북부 러시아어 방언에 발생한다. 거기서는 복수 I 형태가 복수 D 형태로 대치되거나, 어미 -am'i, -im'i의 영향 하에서 /m'/을 동화시킨, 새롭게 만들어진 dvumjá '2', tremjá '거기에'의 위치에서 dvumá 형태의 반대 영향을 찾을 수 있다: den'gámy

'돈', zlýmy 혹은 zlýma '사악한', s vámy '너희들과 함께'.

3. 격 어미는 그것이 가진 음소의 수에 따라 다음 방식으로 분류될 수 있다.

영 어미는 명사류의 오직 단수 N (stól '책상', bój '전투', kón '종마', mýš '쥐') 복수 G (slóv '단어들', kópij '창들', rúk '손들', stáj '무리들', dýn '수박들')와 그 직격에서 명사류 어미를 사용하는(참고, III.8) 명사적 형용사(lísij '여우의', séstrin '누이의')와 대명사적 형용사(mój '나의', sám '자신의')의 남성 N에서 발생한다. 만약 단수 혹은 복수의 어형계열체 중의 하나에 영 어미가 있다면, 동일 단어의 다른 어형계열체에서 영 어미는 발생하지 않지만 드문 예외가 있다(단수 N과 복수 G čulók '스타킹들', soldát '군인들'). 상대적으로 예외가 거의 없지만 모든 명사상당어구는 단수나 복수에서 영 어미를 가진 격 형태를 갖는다(stól – stolóv '책상', bój – boëv '전투', kón – konéj '종마', mýš – myšéj '쥐'; slóvo – slóv '단어', kop'ë – kópij '창', ruká – rúk '손', stája – stáj '무리', sem'já – seméj '가족', dýnja – dýn '수박').[14]

4. 한 편으로 단음소적 어미의 사용은 다른 한편의 다음절적 어미의 사용으로 체계적으로 제한된다.

모든 격에서 오직 I만이 항상 다음소적 어미를 가진다. 단수에서 이 어미는 의무적으로 두 음소로 구성된다: -om, -im, -em, -oj(u)(참고, rukój, rukóju '손'), -ej(u)(참고, moéj, moeju '나의'), -ju. 복수 I는 삼음소 어미로 특징지워진다(-am'i, -im'i, -em'i, -um'a, -om'a), 드문 경우에 첫 모음이 결여되기도 한다(ljud'mí '사람들', lošad'mí '말들', četyr'mjá '4').

형용사 변화에서 오직 다음소적 어미만이 존재한다.

직격에서 명사류 어미는 오직 한 음소로만 구성된다. 단수의 명사류 변화의 모든 한정격(A, D, G, L)은 다음소적 어미에 의해 특징지워진다.

여성의 형용사 변화뿐만 아니라 복수의 모든 명사류 변화에서 한정격의 실재 어미는 두 음소로 구성된다: 복수 D -am, -im, -em, -um, -om; 복수 G -ov, ej; 복수 L -ax, -ix, -ex, -ux, -ox; 여성의 형용사 격형에 대한 공통 어미 -oj.

L을 제외한 형용사 변화의 모든 격에서 남성 어미는 복수의 어미와 그 음소 수를 달리한다. 비한정 격에서 복수의 삼음소 어미는 단수에서 이음소 어미에 상응한다(N -iji: -oj, I -imi: -im). 반대로 한정격에서 두음소 어미는 복수에서, 삼음소 어미는 단수에서(G -ix: -ovo, D -im: -omu) L(-ix: -im)을 제외하고 발생한다.*

5. 다음소 어미는 직격에서 항상 -j-를 갖는다(-oj, -ojo, -aja, -uju, -iji). 게다가 j는 여성 혹은 공통(선택적으로 여성) 성의 단어에 대한 모든 명사 어형계열체에서 사격의 다음소 어미에 일관되게 나타난다: -oj, -oj(u), -ju.

순음 비음 음소는 오직 경계적 격의 어미에서만 발생한다. 이것은 I와 D의 다음소 어미에서 항상 존재하는데, 그 존재는 여성 곡용 유형의 모

---

* 격의 의미와 음소수를 연결하는 이러한 분석이 야콥슨 같은 대가의 저술을 읽는 가치 혹은 즐거움이라고 생각한다. 현대 언어학이 언어와 형태의 구분, 소리와 의미의 구분이 너무 확정적으로 되면서 그 경계를 넘는 사고를 보기 어렵다. 그러나 이전의 언어학 대가들의 글을 읽을 때 그들의 유연한 사고를 통해 대가들의 탁월한 식견을 볼 수 있다. 클래식을 읽어야 하는 이유이며, 즐거움이라고 본 역자는 생각한다.

든 다음소 어미에서 -j-와 관련된 선행 규칙과 모순되지 않는다: I -om, -im, -em, -am'i, -im'i, -em'i, -um'a, -om'a; D -am, -im, -em, -um, -om.

세 경계격의 다음소 어미는 그 첫 모음이 다를 때, 동일한 비음 표지는 L과 다른 두 격에서 발생한다(단수 I, D, L: zlým, zlómu, zlóm '사악한'). 그와 다르게 L은 고유한 자음의 표지로 특징지워진다: -x- (복수 I, D, L: stolámi, stolám, stoláx '테이블'; zlými, zlým, zlýx '사악한'; témi, tém, téx '그것들').

G가 고유한 다음소 어미를 소유할 때, 이 어미는 -v-를 갖는다. 이 음소 혹은 자동적 비유성음 교체형(unvoiced alternant)에 인접하여 오직 /o/ 만이 나타나거나(-ov, -ovo) /o/의 자동적 교체형이 나타난다(참고, 복수 /krajóf/ '가장자리들'; /sarájaf/ '헛간들'; 단수 /zlóva/ '사악한', /samavó/ '자체', /jivó/ '그남자', /s'ín'iva/ '파란'). 연음과 치찰음 자음(soft and hushing consonants) 다음에 단음절 그룹 -ov는 -ej 조합으로 일관되게 대치된다 (konéj '종마', stepéj '스텝들', nočéj '밤들', veščéj '물건들', všéj '이들', grošéj '2 코페이카 동전들', nožéj '칼들'). 다른 모든 자음과 /j/ 다음에 -ov는 보존된다(činóv '계급들', otcóv '아버지들', boëv '전투들').

비음 음소는 경계적 격의 표지로 기능하고 마찰 자음은 양화격의 표지로 기능한다: -x- 전치격과 -v- 생격. 북부 러시아 방언에서 L의 어말 /x/는 어말의 /v/로 대치되거나 더 정확하게 말하면 그것의 자동적 비유성음 교체형 /f/로 대치된다. 예, na zelenýf lugáf '녹색의 초원에', 순음 마찰음은 두 양화격의 표지가 되었다.

6. 단수 D나 A가 독립적 어미를 가질 때, 그 유일한 혹은 마지막 음소는

항상 /u/이다: D slonú '코끼리', zlómu '사악한', tomú '그것'; A ženú '부인', zlúju '사악한', tú '그것'. 달리 말하면, 여섯 격 체계에서 어말 /u/는 유일하게 방향격들에 속하고 그것들에 의해 다른 격과 공유되지 않으며, 그래서 방향격의 표지로 기능한다.

오직 -e 어미는 명사류 변화에서 L의 특정 기호로 기능할 수 있고, 이 격을 다른 모든 격들과 변별한다.

단수 A의 독립적 어미는 N에서 어말 -a에 상응한다. 그러나 만약 A가 독립적 어미를 결여하면, N은 -o와 교차하는 영어미로 특징지워지거나 (slón '코끼리', vinó '포도주'; nóč' '밤', pút' '길', vrémja '시간'; sórok '40', stó '100'; 단수 N의 형용사 변화는 IV.8을 보라), 혹은 N의 형태가 보충적이다 (N - A: ja '나는' - menjá '나를').

소수의 예외와 함께 복수 G에서 영 어미는 단수 N에서 실제 어미인 -o 혹은 -a에 상응한다. 그러나 만약 단수 N이 영 어미를 가진다면, 우리는 일반적으로 복수 G에서 실제 어미 -ov를 -ej와 체계적으로 교차하는 것으로 발견할 수 있다(참고, IV.5).

G의 단음소 어미가 -i인 곳은 다음과 같다: 한정격(definite cases)의 통합이 일련의 경계적 격 그룹 내부에서만, 즉 D=L인 곳에서만 발생하는 경우와 일련의 비경계적 그룹 내부가 아닌 곳, 즉, A≠G인 곳에서 위와 같은 어미가 발생한다(G žený '부인', nóči '밤', putí '길'); 다른 곳에서 G는 -a로 끝난다(sloná '코끼리', konjá '종마', tebjá '너를', soroká '40').

7. 단수 G와 복수 N의 단음소 어미의 대부분은 운율적으로(prosodically) 강세의 존재와 부재에 의해서만 동일하거나 달라진다. 복수 N에서 어미 -i는 단수 G에서 -i에 항상 상응한다(strány - strraný '국가', rózy - rózy

'장미', nóči - nóči '밤', putí - putí '길', 예외적인 하나의 어형계열체 imená - ímeni '이름'). 이 하나의 드문 유형의 예외와 함께 단수 G -a는 복수 N -a와 상응한다(mésta - mestá '장소', okná - ókna '창문', kopýta - kopýta '발굽', véčera - večerá '저녁').

단수 G -a는 복수 N이 -a가 아니고 -i인 것에 대립하지만 이것은 오직 대부분의 남성 곡용 유형의 명사에서만 그러하다(časá - časý '시간', gvozdjá - gvózdi '못', ráka - ráki '게', popá - popý '목사'). 격 어미가 보통 그 음소의 내재적 특성에 의해 식별되지만, 다른 수에 속하는 N과 G 사이의 구별은 주로 다른 수단, 즉 강세의 위치 혹은 실제 어미와 영 어미의 대립에 의해 이루어진다(수단의 다름의 해석에 대해서는 각주 14에 있는 참고문헌을 보라).

복수 N -a와 복수 G -ov의 어미는 복수의 일반적으로 성이 없는 형태 사이에서 유일한 성의 지시소이다: 러시아어 문헌어에서 복수 N -a와 복수 G -ov는 여성 명사에서 만들어질 수 없다. 게다가 obóimi, obéimi와 같은 형태들이 그것들과 일치할 때, 단수 명사에서 성 구분은 복수의 사격으로 전해진다. 참고, obóix dnéj (남성) '양일'과 obéix nočéj (여성) '두 밤'(그러나 보통 비문헌어적 구어 발화에서 obóix nočéj).

8. 형용사 변화에서 직격의 어미는 같은 모음으로 시작하고 끝나는데, 그 모음은 명사상당어구 변화에서 상응하는 형태의 단음소 어미에서 발견된다: 중성 N - A -o, -ojo; 여성 N -a, -aja; 여성 A -u, -uju; 복수 N - A -i, -iji. 남성 N에서 명사류 형태의 #는 형용사 어미의 끝에서 반복되고, 그 시작 음소는 강세있는 /o/이다: borzój '러시아 사냥개' (비강세 위치에 대해서는 IV.9를 보라).

명사류 변화에서 복수의 모든 경계적 격의 어미가 -a-로 시작된다. 형용사 변화에서 복수의 모든 격과 단수의 I 어미는 -i-로 시작되고, 약간의 대명사적 형용사에서는 -e-로 시작된다. 위의 경우를 제외하고 사격의 모든 다음소 어미는 -o-로 시작되고(-om; -ovo, -omu, -om; -oj(u), -oj), 명사의 복수 G와 여성 대명사의 변화에서 -e-와 교차한다(gostéj '손님들'; vséj, vséju '모든').

동일한 어형계열체의 다른 사격과 음소의 더 많은 수 혹은 다른 시작 모음에 의해 항상 변별되는 것은 I의 특징이다. 복수에서 I의 삼 음소 어미는 다른 사격의 이 음소 어미와 대조된다. 여성 형용사에서 선택적인 세 번째 음소는 I를 나머지 사격의 이 음소 어미와 변별한다. 명사류 변화에서 의무적 두 음소는 단수 I를 단수의 다른 사격의 단음소 어미와 구별하고 복수의 상응하는 형태의 이음소 유형에 더 가깝게 한다. 그리고 마지막으로 남성 형용사의 I 격은 그 시작 모음으로 인해 단수의 다른 사격과 다르고, 되려 복수의 격 형태들과 일치한다.

9. 전통적인 모스크바 발음에 따라 연자음과 /j/ 다음의 격 어미에서 강세있는 /o/와 /a/의 비강세된 교차형은 다음과 같다:

1) 열린 어말 음절에서 항상 /a/ (단수 N móre '바다', zél'e '미약, 독약', ímja '이름', bánja '욕조', kúča '덩어리', svája '더미', 단수 G mórja, zél'ja, zvérja '짐승', žítelja '거주자', pláča '울음', krája '가장자리'; 복수 N pér'ja '깃털', rúž'ja '무기들', brát'ja '형제들'; 단수 형용사 N zlóe, zlája '사악한';

2) /j/ 앞에서는 항상 /i/ (명사류 báneju, bánej, kúčej, sváej; 형용사

síneju, sínej '파란', gorjáčej '뜨거운');

3) 다른 위치에서 만약 그 형태가 곡용의 명사류 유형에 속하면 /a/이 거나(단수 I mórem, zél'em, zvérem, pláčem; 복수 G saráev '헛간', brát'ev; 복수 D bánjam, kúčam, svájam, éljam '전나무들', žíteljam; 복수 I bánajmi, kúčami, 등;15 복수 L bánjax, kúčax, 등)그 형태가 형용사 변화에 속하면 일반적으로 /i/이다(단수 G sínego, gorjáčego; 단수 D sínemu, gorjáčemu; 단수 L sínem, gorjáčem).

열린 어말 음절에서 비강세의 /a/는 강세있는 /o/와 /a/의 체계적 교차 형이다. 이 교차는 단음소 어미에서 자동적이고, 다음소와 단음소의 어미 가 교차하는 명사류 변화에서 다음소 어미의 첫 모음에까지 확장된다. 다른 한편으로 형용사 변화에서는 단음소 어미가 없으며, 게다가 연자음 뒤에서 강세받는 어미를 가진 형태가 없으며, 여기서 다음소 어미의 어두 모음은 이 교차의 작용 밖에 머무른다.

남성 N의 형용사 어미에서 비강세 /i/는 모든 위치의 강세있는 /o/에 상응한다(stáryi /stárij/ '늙은', bórzyj /bórzij/ '민첩한'). 반면에 동일 곡용 의 다른 변화에서 비강세 /i/는 오직 연자음과 /j/의 뒤에서만 강세있는 /o/에 상응한다(여성 G kárej /kár'ij/ '갈색의', korotkošéej /karatkašéjij/ '짧은 목의', 그러나 stároj /stáraj/, bórzoj /bórzaj/). 남성 N 격에 반영된 것 은 문어 형태의 영향에서라는 것을 차처하고 아마도 유추에 의한 연음 어간의 비강세 어미와 함께 다음의 평행주의일 수 있다 star-#: star-I, star-im#: star-im'I, star-ij#: star-iji.

V

1. 남은 것은 두 개의 "보조(accessory)" 격(참고, II.6)을 우리 분석 영역에 포함하는 것이다. 단수에서 두 생격과 두 장소격을 변별하는 N에서 영 어미를 가진 비활성 명사의 매우 제한된 수만이 있음에도 불구하고(G 1 snéga - G 2 snégu '눈'; L 1 snége, téni '그림자' - L 2 snegú, tení), 쿠즈네초프(P.S. Kuznecov)의 "현대 러시아어는 학교 문법이 믿는 것처럼 하나의 생격을 가지는 것이 아니며, 두 개의 변별되는 생격을 갖는다"와 유사하게 "현대 러시아어 문법에서 장소격 내에 두 격을 변별할 필요의 문제"가 제기된다는 최근의 결론에 동의할 충분한 이유가 있다.[16]

이 두 쌍의 개별 의미의 비교를 통한 특징 부여를 위해 다음 문장을 비교해보자: "Dolgo ne bylo snégu(G 2), zaždalis' snéga(G 1) rebjata. '오랫동안 눈이(G 2) 없었고 아이들은 눈을(G 1) 오랫동안 기다렸다'. Zato skol'ko snégu (G 2) namelo v janvare. '그 보상으로 많은 눈(G 2)이 일월에 쌓였다' Snégu (G 2) krugom! '어디에나 눈(G 2)이다!' Nabrali snégu (G 2) rebjata, vylepili snežnuju babu. '아이들은 눈을 좀(G 2) 모아서 눈사람을 만들었다' Brjullov ne ljubil snéga (G 1), pugalsja snéga (G 1). '브률로프는 눈(G 1)을 좋아하지 않았고, 눈(G 1)을 무서워했다' Zemlja v snegú (L 2) navodila tosku. '눈(L 2) 속에 있는 땅은 슬픔을 가져왔다'. Vorony čego-to iskali v snegú (L 2), no kormu v snegú (L 2) ne bylo. '까마귀들은 눈(L 2) 속에서 무언가를 찾고 있었지만, 눈(L 2) 속에 음식은 없었다'. Xudožniki čego-to iščut v snége (L 1), no živopisnosti v snége (L 1) net, - utverždal Brjullov. "'화가들은 눈(L 1) 속에서 무언가를 찾고 있었지만, 눈(L 1) 속에 그림 같은 특성은 없다"

고 브륰로프는 확인했다'. Razdraženno govoril on o snége (L 1): cvet snéga (G 1) napominaet moloko". '그는 눈에(L 1) 대해서 신경질적으로 말했다: "눈의(G 1) 색깔이 우유의 그것을 상기시킨다".'

L 2와 L 1 사이의 의미 차이는 둘 다 하나의 동일한 문맥에서 사용될 때 분명하게 두드러진다. 예를 들어, iščut čego-to v snegú (L 2) '그들은 무언가를 눈(L 2) 속에서 찾고 있다' – iščut čego-to v snége (L 1) '그들은 무언가를 눈에서(L 1) 찾고 있다': 눈은 탐색 중인 특징의 보유자로서 (L 1) 단지 탐색의 장소로의 눈(L 2)과 대조된다. G1과 G2 관련해서 에벨링(Ebeling)은 그 둘 다 동일 문맥에서 발생할 수 있다는 것에 대해 회의적이었고, 그것들 간 차이는 "의미가 결여된다"는 것으로 결론을 내렸다.[17] 그럼에도 불구하고 이 두 경우는 동일 구문에서 발생한다: 참고, 양화적인 nedostátok čáju (G 2) '차의 모자람' 대 질적 nedostátok čája (G 1) '차의 부족*'; 여기 격 어미에서 유일한 차이는 청자 혹은 독자에게 두 예의 차이인 충분한 양의 부재 대 내적 결여(internal defect)라는 것을 알려준다.

G와 L이 두 격으로 나뉘는 것에 한에서, 첫번째 G 혹은 L은 두 번째와 대립적으로 대상에게 특징이나 조건을 할당하는데 그것들은 주어진 대상을 지향하는 행위에서 유래되는 것이다. 그래서 위 텍스트에서 눈(snow)은 G 1에서 지치게 하는 기다림, 혐오, 공포의 대상이거나 시각적 특징의 보유자로 나타나고, L 1에서는 예술적 탐구의 대상이고 대화의 주제로 나타난다. G 1의 G 2에 대한 관계와 L 1의 L 2에 대한 관계는 여격(D)의 조격(I)에 대한 관계와 비교되어야 한다. 즉, 대상에 대한 행위의 방

---

*   원문에서는 모자람과 부족에 대해 영어의 shortage와 shortcoming이라는 단어를 사용하여 표현한다.

향성을 신호하는 것과 그 신호의 부재가 대립되는 것과 비교되어야 하는 것이다. 그에 따라 네 격인 G 1, L 1, A, D는 G 2, L 2, N, I과 변별되어 대상에 특징 혹은 그 대상에 지향하는 행위에 기인하는 상태를 할당하고, 결과적으로 방향적(ascriptive, directive) 격으로 불릴 수 있다. 대상의 특징 혹은 행위 결과의 동일한 문법적 표현이 형용사와 수동 분사(passive participle)의 서술적 형태의 존재에서도 보여지지만, 능동 분사에서는 그렇지 않다(mërtv '[그가] 죽었다'와 ubit '[그가] 죽었다(살해되었다)').

2. 그래서 러시아어 곡용의 여덟 개의 격은 삼차원 체계(three-dimensional system)을 형성한다:

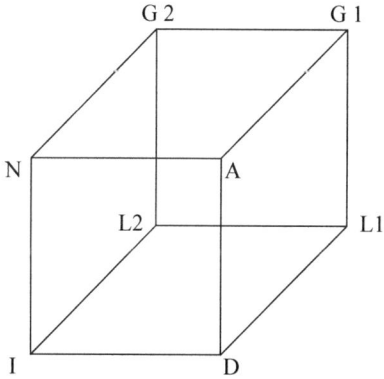

양화와 방향성 자질의 드문 조합은 산스크리트어 격 체계에서도 발견되지만, 후자는 두 자질의 다른 위계를 보여준다. 생격과 장소격에서 방향성 자질로 대립하고 양화 자질로 대격과 대립하는 탈격(ablative)에서 방향성을 결정하는 것은 양화 자질이고, 그 탈격은 대상에서 멀어지는 방

향을 신호하며, A와 D는 변별적으로 대상을 향하는 방향을 신호한다. 경계성과 비경계성의 대립은 탈격에 부재하고 그래서 산스크리트어 격의 가용한 모든 두 자질의 조합인 여격에서 방향성과 경계성, 장소격에서 양화와 경계성, 탈격에서 방향성과 양화가 사용되지만 어느 격도 이 세 자질 모두를 조합하지 않으며, 반면에 러시아어 L 1은 세 자질(양화, 경계, 방향) 격이다.

3. 러시아어 격 형태의 최대 수 할당과 관련하여, L 1과 L 2를 구분하는 여성 명사상당어구에서 이 두 격 모두는 G, D와 함께 -i로 끝난다. 그러나 L 2에서 이 어미는 강세를 받고, 강세가 오지 않은 다른 세 격은 이와 대립적이다. 두 L과 두 G를 변별하는 남성 명사상당어구에서 G 2와 함께 L 2, 그리고 D는 모두 -u로 끝나지만, L 2에서 어미는 강세를 받고, 이는 다른 두 격의 비강세 어미와 대립적이다. 이 두 사례에서 오직 운율적 수단에 의한 구분은 복수 G의 경우에서처럼 양화 격과 다시 연합된다는 것이다(각주 14 참고).

VI

1. 격이 주로 형태론적 범주이기 때문에 격 사용의 통사적 분석은 그 해석을 철저히 규명할 수 없다. 격 의미에서 통사적 변이의 문제는 확고하게 각 격의 동일한 형태론적 체계의 다른 격들과의 관계에서 불변적 의미 값(invariant semantic value)의 문제와 연결된다. 또한 격과 해당 언어의 다른 형태론적 범주들 사이의 정확한 관계의 문제와도 연결된다.

반면에 언어의 음운론적 측면을 연구할 때 필연적으로 다양한 소리의 법칙이 작용하는 영역 안에서 문법적 개체를 고려하게 된다. 우리는 한 단어 안에서와 단어의 경계인 어말과 대립적인 어두 위치에서 작용하는 음성 현상들을 구분한다. 그리고 형태소의 내적 구성에 관여하는 특이성과 비교해서 형태소 경계에서 발생하는 음성적 특이성을 규정한다. 문법적 개체의 다양한 계층의 음성 구조에서 차이와 관련해서 추가적 문제가 어근 형태소와 접사의 다양한 유형 사이, 그리고 어간과 어형변화 어미 사이에서 발생한다. 각 품사의 어간과 어미 둘 다 일관적으로 한정되어야 하는 외적 구조에서 특징적 차이를 보여준다. 예를 들어, 음소와 음소 조합의 특정 목록은 일반적인 러시아어 어형변화 어미에 대해 그리고 활용과 곡용 어미에 대해서도 구분해서 만들어져야 한다. 곡용의 어형변화는 그 음성적 특징의 차이나는 명사류와 형용사류 어미로 나눠져야 한다. 반면에 수와 성의 문법적 범주(후자는 곡용 유형과 한정적 관계이다)는 전체 곡용 체계의 분류를 위한 음운적 자질을 명확하게 제공한다. 주어진 한 격의 다양한 어미의 음성 구성이 구조적 분석은 동일 어형계열체의 다른 격들의 그것과 비교되고, 이는 한 격, 예를 들어 I(IV.8 참고)[18] 혹은 격들의 한 계층의 공통된 음운적 특징을 추출할 수 있게 한다.

여기서 특별히 중요한 것은 격 통합(case syncretism), 즉 격 어미와 그 제거의 순서 사이의 제거가능한 대조의 문제이다. 완전한 통합과 함께 부분적 통합도 면밀한 연구를 필요로 한다; 여기서 어미의 유사성은 오직 음소의 동일한 수의 존재에 한정된다(예, 복수의 모든 어형계열체에서 한정격들의 실제 어미는 두 음소로 구성된다). 혹은 음소 중 하나의 공통적 발생에 한정된다(예, 경계적 격의 모든 어미는 복수의 어떤 어형계열체에서도 동일한 모음으로 시작된다. 그리고 다른 곡용 유형에서 경계적 격의 모든 다음소 어미는 동일한 비음절적 음소를 갖는다. 곡용의 여성 유형에서 사격의 모든 다음소 어미는 -j-를 포함하며, 반면에 나머지 곡용 유형에서, I와

D, 즉 비양화, 경계적 격에서 모든 다음소 어미는 순음 비음 음소(labial nasal phoneme)를 포함한다).

임의의 형태론적 범주의 영역에서 음소가 어떻게 기능하는가의 문제, 예를 들어, 일반적으로 단수 혹은 복수의 격 변화 안에서, 주어진 문법적 성의 어형계열체 안에서, 격의 주어진 계층에서 혹은 단순히 주어진 격에서의 문제는 음운론과 형태론을 하나로 결합시킨다. 한 격 혹은 격의 계층의 다양한 다음소 어미에서 그 한 격이나 격의 계층에 특정적인 공통 자질("표지(mark)" 혹은 "그 어미들에 특징적 자음"이라고 메이에(Meillet)는 말했다)[19]을 선택하는 것에서 우리는 적절한 문법적 형태의 연구를 그 음운적 구성의 분석으로 변환한다. 이 연결은 한 격과 그 변별적 음소 사이에서 보여질 수 있다(예, -v-를 G 격의 지시자로, -x-를 L 격의 지시자로). 그리고 격의미의 구성성분 요소와 특정 음소 혹은 음소의 구성성분 요소 사이에서 궁극적으로 보여질 수 있다: -m'- (/m/과 자동적 교체에서)이 격 자질인 경계성의 표지로 발생할 수 있고, 반면에 -v-와 -x-의 공통 특성인 협찰기식음(frication)은 양화의 격 자질의 표지로 기능한다. 음운론과 문법은 전이적이고 학제적 문제의 모든 범위에 의해 그리고 주로 발화 음성과 의미의 분리불가능성에 의해 영구적으로 연결된다.[20]

2. 러시아어 격 의미의 전체 복합체의 상대적 보수주의를 고려할 때, 러시아어와 원슬라브어의 역사에 의해 보여진 격 형태의 체계의 다면적 재구조화는 교육적으로 가장 유익하다. 완전한 그리고 부분적인 격 통합 모두의 변형과 재분배는 통사적 조사와 본질적 해석을 필요로 한다.

격 혹은 격 계층의 음성적 특징은 부분적으로 먼 과거로 거슬러 올라간다: 예, 경계적 격의 순음적 비음 자질은 인도 유럽어 시기에 다른 방언적 변이형 -bh-와 함께 방언적으로 존재했고, 두 음소는 순음성이라는 공통적 변별 특성을 공유했다.

다른 한 편으로 격 어미의 음성 모양에서 많은 특이성은 새로운 것으로 판명되고, 그 위치와 기능을 이해하기 위해 격 형태의 체계가 발성법에서 급작스런 변화 – 비음의 상실, 억양적, 양적 구분의 소실, 약 모음과 약화된 모음의 탈락 – 에 정면으로 대응하였는가를 정확하게 추적하는 것이 필수적이다. 문법적 유추의 과정은 그 체계를 새롭게 고치는 데 어떤 방향으로 작용하였는가? 특히, 다른 러시아어 형태와 구별되는 격 어미의 음성 구조에 특수했던 유추적 변화는 어떤 것이었나? 이것의 한 예는 비강세의 음소 /a/의 출현이고, 이는 명사류 격 어미에서 음성적으로 [ə]로 실현되었고 다른 문법적 범주의 동일한 위치에서 이것은 자동적 대체형 /i/가 되었다. 참고, /d'ikar'óm/ '야만인' - /l'ékar'am/ '의사', 그러나 /b'ir'óm/ '우리기 기진다' - /víb'ir'im/ '우리기 선택할 것이디' (참고, IV.9.).

제한된 문법적 조건 하에서만 발생하는 어떤 음성 변화가 어형변화의 일반적 음성 구조를 혹은 개별 격의 음성적 특징을 바꾸는가? 그래서 어형변화 어미에서 어말 위치의 자음적 연음성의 상실(참고, IV.2)은 어간과 비교하여 어형변화 어미의 자음성(consonantism)을 제한한다. 그룹 /ogó/가 /ovó/로 음성적 변화하는 그룹은 오직 G 격의 어미에서만 널리 사용되게 되고, 어말 강세 없는 형태로 유추에 의해 전이되게 된다. 이러한 확장의 자극은, 만약 그 변화 자체에 대한 자극이 아니라면, 우리는 생격 표지의 역할에서 일반화시키는 -v-의 가능성을 가정해야만 한다.

3. 격 어미의 러시아어 체계의 음성 구조의 다른 슬라브어와의 비교는 수

렴적이고 분산적 발달의 많은 교육적 예를 제공한다. 예를 들어, 격 어미에 발생하는 세 개의 체코어 비성음절적 음소 중에서 -m-은 러시아어에서처럼 격의 경계성의 표지로 기능한다. -h-는 자동적 어말 대체소 / x/와 함께 양화 격을 특정한다(zlého '악한', domech '집들', ženách '여자들', zlých, těch '그것들'), 그리고 -v-는 활성의 지시사로 기능한다(králov i, králové '왕'). 세르보-크로아티아어에서 -m-은 I 격의 모든 다음소 어미의 공통 표지이다(udarom '가격', mačem '칼', ženom '여자', našim, našom '우리의', novim, novom '새로운'). 그리고 복수에서 그리고 남성 형용사 변화에서 -m-은 모든 경계적 격의 항상적 표지이다(복수 I - D - L udarima, ženama, movim; 남성 I novim, D novomu, L novom). 폴란드어에서 비음성은 I의 모든 어미에 공통적이고, 단음소적 어미에서 모음과 다음소적 어미에서 자음과 연합한다(głową '머리', nocą '밤', tą '그것', złą '악한'; dworem '저택', tym, złym, dworami, złymi).

비교 슬라브어 연구는 공시와 통시 모두에서 격 변화의 음성 모양의 해석에 새롭고 더 완전한 빛을 비출 수 있다.

결론

이 논문의 중심 주제는 문법적 범주와 그 음성 모양 사이의 관계의 이질동형(isomorphism)이고 이것이 러시아어 곡용에 기반해서 연구되었다. 주제는 역사적이고 비교 슬라브어 형태론 모두에 교육적 주제이다. 이러한 질문, 특히 완전하고 부분적 통합의 중심적 문제는 러시아어 격의 일반 의미(1936; 앞의 6장을 보라)에 대한 나의 논문에서 고려되지 않았다. 현재 논문에서 우리는 이전 논문의 결론의 응축된 도입부적 리뷰에 따라 격 변화의 포괄적 분석이라는 새 목표를 정한다.

어떤 격의 문맥적(보두앵의 용어로 조합적(combinatory)) 의미의 다양성은 그 통시적 공통 분모의 탐색을 방해하지 않으며, 이는 반영형(reflexes)의 다양성(예를 들어, 러시아어 tri, 저지대 루세시안어 tśo, 독일어 drei, 아르메니아어 erek' '3')이 그것들을 결합하는 것, 즉 그것들의 공통되는 통시적 원형(proto-form)의 체계적 재구를 발견하는 것을 방해하지 않는 것과 같다. 변이형 결정에 대한 분류학적 지향성 없이 변이라는 개념 자체는 의미를 잃게 되고, 언어 자료는 분석과 과학적 분류를 할 수 없는 개별적 사실의 무질서한 덩어리로 바뀔 위험이 있다.

어떤 격의 일반 의미(general meaning)는 동일한 언어 체계의 다른 모든 격들과의 관계에서만 정의될 수 있다. S.K. Šaumjan(샤우미얀)은 상대주의가 언어 분석에 필수적 기반이라는 것을 인식하는데 있어 옳았다. 일관적으로 적용되는 상대주의의 필수성은 이미 포르투나토프와 보두앵 데 쿠르트네의 작업에서 분명하게 표현된다.

문법적 형태의 의미는 두 개의 상호 대립적 범주 사이에서 선택이 가능한 문맥에서 가장 분명하지만, 그 선택이 문맥에 의해 완전히 미리 결정되었을 때에도 그것은 유효하다. 문법적 의미가 그런 문맥에서 중화된다는 개념은 내게는 음운론적 기준이 문법적 영역으로 정당화되지 않고 기계적 전이를 표상하는 것처럼 보인다. 반면에 우리에게 격 의미의 연구를 특정 통사적이고 다른 문맥적 의미의 문제로 축소할 것을 요구하는 사람들은, 모스크바 언어학파의 최선의 전통과 반대로, 미국적 분배주의의 가장 기계적이고 분명히 소멸해가는 변종으로 격의 어형 계열체에 내재한 의미 대립의 분석을 대치할 것을 요구한다. 이 상대들은 문법의 영역에서 "음운론적 반군(phonological contraband)"에 반대하는 투쟁의 슬로건을 반복할 권리가 없다. 그렇지 않다면 누구라도 그러한 상상의 음운론적 반군을 체계적으로 불변소와 변형의 문제를 연구하는 우리 시대의 모든 정확한 과학에 대해 비난해야만 하며, 심지어 콜모고로프(A.N.Kolmogorov)가 격 범주에 대한 자신의 적절한 정의에 기반하여 옳바르게 주장한 "절대적으로 동등한 조건(absolutely equivalent conditions)"의 계층이라는 개념을 위와 같은 종류의 "반군주의(contrabandism)"에 포함해야만 할 것이다.

물론 두 문법적 원칙인 형태론과 통사론 사이의 다리는 지어져야 하지만, 동시에 우리가 이 두 영역의 상대적 자율성을 무시해야만 한다는 것과 단어 변화의 형태론적 문제, 특히 격의 외적, 내적 구조의 문제를 구 구조의 통사적 문제로 축소해야 한다는 것을 의미하지 않는다.

격 의미의 구성성분 자질로의 해체는 어떤 다른 문법 범주의 분석 못지 않게 객관적이다. 이질동형의 예를 제거하고 완전, 부분적 격 통합은 내적 격 관계의 체계를 밝혀내기 위한 분석의 경험적으로 옳음을 검증하는 것을 가능하게 한다.

대명사 목록의 제한적이고 배타적 본질에도 불구하고 대명사는 문법적 분석에서 제외될 수 없다. 정반대로 그것들은 그러한 분석의 중심적 관심사가 되며, 이는 그 철저하게 문법적 특징과 그 대체하는 역할과 사용 빈도 때문이다. 이 사실을 확인하기 위해 다른 유형의 곡용에 대한 대명사의 어형계열체의 거대한 역사적 영향을 고려할 필요가 있다.

일정한 문맥적 의미에서 불안정성과 중의성을 암시하는 것(예를 들어, póiski sestrý '누이의 탐색(누이가 탐색의 주체 혹은 객체가 될 수 있음)'라는 구에서)은 설득력이 없다. 여기서 특정 문맥적 의미의 상술은 단순히 더 큰 문맥에 의존하는 것이다.

격과 전치사 구문 사이의 긴밀한 관계는 의심의 여지가 없지만, 동일한 격이 다양한 전치사와 사용되고 동일한 전치사가 다양한 격과 사용된다는 사실은 두 문법적 과정의 철저하고 원칙있는 제한을 필요로 한다. 게다가 주어진 격이 전치사와 함께 그리고 전치사 없는 사례의 분명한 의미적 차이는 전치사의 존재 혹은 부재와 상관없이 유효한 격의 일반 의미의 문제를 제거하지 않는다.

"Морфологические наблюдения над славянским склонением (состав русских падежных форм)": the Fourth International Congress of Slavists, Moscow, 1958에서 발표됨. 첫 출판은 the American Contributions to the Fourth International Congress of Slavists (The Hague: Mouton, 1958). 요약과 결론은 the Proceedings of the Congress: Materialy diskussii, II (Moscow, 1962)에서 출판됨.

미주

1. N. Durnovo, "De la déclinaison en grand-russe littéraire moderne", Revue des Études Slaves, II (1922).
2. F. de Saussure, Cours de linguistique générale, 2nd ed. (Paris, 1922).
3. G. L. Trager, "Russian Declensional Morphemes", Language XXIX (1953).
4. 러시아어 격 의미에 대한 더 자세한 분석은 저자의 1936년 논문, 앞의 6장을 참고하라.
5. A. M. Peškovskij, Russkij sintaksis v naučnom osveščenii, 4th ed. (Moscow, 1934).
6. J. Kuryłowicz, "Le problème du classement des cas", Biuletyn Polskiego Towarzystwa Językoznawczego. IX (1949).
7. A. W. de Groot, "Classification of Cases and Uses of Cases", For Roman Jakobson (The Hague, 1956).
8. 외국어 기원의 곡용하지 않는 명사와 관련해서 다음을 보라. B. Unbegaun, "Les substantifs indéclinables en russe", Revue des Études Slaves, XXIII (1947).
9. 형태소와 그 조합은 여기에서 라틴문자로 형태음소적 전사로 기록되며, 괄호는 사용하지 않는다. 음소의 자동적 교체의 경우 교체자(alternant)는 그 선택이 조건에 독립적인 것으로 보여진다. 예를 들어, 강세된 교체자에 기반한 -ovo: cf. /ètava/, /tavó/, /inóva/. 음소적 전사는 사선 사이에, 그리고 음성적 전사는 각 괄호에 주어진다.
10. P. Košutić는 이미 정확하게 강세된 -o의 자동적 비강세 교체자를 인

지했다. Gramatika ruskog jezika, I (Petersburg, 1919).
11 접미사 -ov-, -in-를 갖는 소유 형용사는 직격 뿐만 아니라 직격에서 뿐만 아니라 형용사 곡용에서 세 음소의 어미가 명사 곡용에서 단일 음소 어미에 상응하는 형태, 즉, 비 여성 어형계열체의 G와 D(G mél'nikova '제분업자의', séstrina '누이의', D mél'nikovu, séstrinu)에서도 명사의 모델을 따른다. 이 명사 어형계열체의 세 단음소 어미 중에서 둘은 여기 보존되지만, 동일 접미사를 사용하는 성(姓)에서 세 개 모두 보존된다(L Mél'nikove, Il'iné).
12 우리는 러시아어 곡용의 강세 체계를 분리하여 고찰하고자 한다.
13 미정형의 어미는 여기서 다루지 않는다. 이 형태소에서 자음은 뒤에 음소 /i/와 교체되는 #이 후행한다(znát' '알다', nést' – nestí '가지고 가다').
14 한편으로 단수 N과 복수 G의 명사 형태와 다른 한편으로 단수 G와 복수 N 사이의 관계의 문제는 우리의 1957년 논문에서 자세하게 검토된다. "The Relationship between Genitive and Plural in the Declension of Russian Nouns"; 이 책의 다음 8장을 보라.
15 이 형태들에서 /a/는 후행하는 연자음의 영향으로 산발적으로 음소 /i/가 된다.
16 P. S. Kuznecov, Istoričeskaja grammatika russkogo jazyka: Morfologija (Moscow, 1953).
17 C. L. Ebeling, "On the Meaning of the Russian Cases", Analecta Slavica (Amsterdam, 1955).
18 조격은 음소적으로 여격과 가장 분명하고 일관되게 대비된다. 만약 D가 성음절적 음소로 끝나면, I는 비성음절적 음소로 끝나거나 시작한

다. 만약 D가 비성음절적 음소로 끝나면, I는 (의무적으로 혹은 선택적으로) 성음절적 음소로 끝난다.

19 A. Meillet, Le slave commun (Paris, 1923).
20 참고. 현재 저자의 논문에서 이 주제에 대한 일반 언어학적 관찰을 참고하라. "The Phonemic and Grammatical Aspects of Language in their Interrelations", Actes du Sixième Congrès International des Linguistes, Paris, 1948, reprinted in Selected Writings II (The Hague: Mouton. 1971).

제8장

러시아어 명사의 곡용에서 생격과 복수의 관계
(The Relationship between Genitive and Plural in the Declension of ussian Nouns)

포르투나토프(F.F.Fortunatov)에 의해 시작된 모스크바 언어학파는 슬라브어 분야와 언어의 일반 이론에서 동등하게 전문가인 훌륭한 연구자들을 국제 학계에 배출히였다. 문법 범주의 범주화, 특히 수와 격의 비교 해석은 그들과 그들의 스승에게 가장 매력적인 주제 중의 하나였다. 이 저명한 7인들의 가장 위대하고 독창적인 대표자 중의 하나인 올라프 브로흐(Olaf Broch)에게 헌정된 이 논문에서 이 문제의 한 면을 다루게 되어 행복하다.[1]

한 명사에 의해 명명된 개체(예, drama)에 양적 특징을 제공하기 위해 러시아어는 A) 통사적 이고/이거나(and/or) B)형태론적 장치를 사용한다. A) 기수사(cardinal numeral) 혹은 그 대명사적 등가어(pronominal equivalent: skól'ko '얼마나' stól'ko '이만큼', mnógo '많이', málo '조금', ból'še '더 많이', mén'še '더 조금')는 명사와 결합될 수 있다. B) 명사 곡용의 어떤 형태에도 내재된 두 범주인 수와 격 각각은 양화사를 포함한다. 복수는 하나 이상의 단위가 고려된다는 것을 지시하고, 단수는 해당사항이 없다(non-committal): interés k drámam(복수)는 '드라마에 가진 흥미'이고 interés k dráme(단수)는 '그 드라마 혹은 한 드라마, 드라마에 대한 흥미'를 의미할 수 있다. 문법적 수의 쌍에서 복수는 단수의 유표적 대립자(marked opposite)이다.[2]

생격은 개체가 메시지에 참여하는 범위(extent)에 초점을 맞춘다. 문맥은 그 양이 측정되거나(skól'ko dram '몇 개의 드라마가', pját' dram '다섯 개 드라마'), 확장되거나(dram! '드라마가 많다', nasmotrét'sja dram '드라마를 충분히 봤다'), 축소된다는 것을 가리킨다. 그래서 počitál drám은 '드라마에서 조금 읽었다'를 의미하고, kosnúlsja drám '드라마와 관계되었다', ždál drám '드라마를 기다렸다', xotél drám '드라마를 원했다'에서 개체는 실현되지 않은 채로 의도된다. Izbegál drám '드라마를 회피했다'에서 개체는 거절되고 영(zero)으로 유사한 축소가 부정 생격(genetivus negationis)에서 나타난다: ne ljubíl drám '드라마를 좋아하지 않았다', né bylo drám '드라마가 없었다'. 관형사적 생격(adnominal genitive)은 전체 개체가 고려되지 않았고, 그 부분 혹은 특징, 혹은 오직 이 개체에 의해 수행되거나 실행되는 행위만이 고려된다: konéc drám '드라마의 끝', realízm drám '드라마의 사실주의', vlijánie drám '드라마의 영향', výbor drám '드라마의 선택'. 주격은 무표적 격이고 생격은 이 "제로 격(zero-case)"에 한 단일 표지에 의해 대립한다: 생격은 단순 양화사(quantifier)이다.[3]

생격 복수에서 격과 수 모두 양화사이다. 둘 다 +로 표상될 수 있고, 그 무표적 대립자(unmarked opposite)는 -에 의해 표상할 수 있다: 명확한 도식은 다음과 같다.

```
   G    Pl
   +    +
  ───  ───
   −    −
   N    Sg
```

  이 이중적 양화사와 그 중복된 무표적 대응물 사이의 변별은 러시아어 곡용 체계에서 특별한 위치를 가지며, 동일한 패턴 안에서 모든 다른 관계와 다르게 표현된다.

  일반적으로 이 두 형태의 하나는 다른 것과 영 어미(zero desinence)를 가지는 것으로 구별된다. 이 어미는 러시아어 곡용의 다른 형태에서 나타나지 않는다.

  주격 단수에서 명사들은 어미 -a, -o 혹은 영 어미 -#를 갖는다.

  만약 명사가 영 어미를 주격 단수에서 가진다면, 생격 복수의 어미는 -ov 혹은 -ej이다. 어미 -ej는 구개음화된 장애음(palatalized obstruent), 비음, 유음(/t'/, /d'/, /s'/, /z'/, /p'/, /b'/, /f'/, /v'/, /n'/, /m'/, /r'/, /l'/)과 구개 장애음(palatal obstruent: /č/, /š/, /ž/) 뒤에서 발생한다. 다른 임의의 음소(/t/, /d/, /s/, /z/, /c/, /p/, /b/, /f/, /v/, /k/, /g/, /x/; /n/, /m/; /r/, /l/; /j/) 뒤에서 -ov가 나타난다. 예: /put'-éj/, /žiluď-éj/, /lós'-ij/, /máz'-ij/, /cip'-éj/, /galub'-éj/, /v'érf'-ij/, /cirv'-éj/, /kan'-éj/; /car'-éj/, /karaľ-éj/; /nač-éj/, /miš-éj/, /naž-éj/; /kat-óf/, /v'íd-af/, /čis-óf/, /grúz-af/, /čir'ip-óf/. /grib-óf/, /kr'ík-af/, /bag-óf/, /dúx-af/; /bl'in-óf/, /dam-óf/; /m'ir-óf/, /stal-óf/; /baj-óf/.

  주격 단수에서 -a, -o 어미를 가지는 명사들은 주로 생격 복수에서 영 어미를 갖는다. /dir-á/ ~ /dír/, /ľíp-a/ ~ /ľíp/, /úľic-a/ ~ /

úl'ic/, /bán'-a/ ~ /bán'/, /stáj-a/ ~ /stáj/, /s'im'j-á/ ~ /s'im'éj/; /l'ic-ó/ ~ /l'íc/, /slóv-a/ ~ /slóf/, /z'irn-ó/ ~ /z'ór'in/, /akóšk-a/ ~ /akóšik/, /kap'j-ó/ ~ /kóp'ij/, /ružj-ó/~/rúžij/, /žil'íšč-a/ ~ /žil'íšč/.

약간의 예외가 있다: 곡용에서 영 어미가 없는 명사들: A) 주격 단수에서 -o를, 생격 복수에서 -ov, -ej를 갖는, 즉 주격 단수에서 /-ik-a/ 혹은 /-k-ó/로 형성되는 명사(/pl'eč-ik-a/ ~ /pl'eč-ik-af/, /ač-k-ó/ ~ /ač-k-óf/, 또한 /dr'éf-k-a/ ~ /dr'éf-k-af/, /óblak-a/ ~ /ablak-óf/, 몇몇 명사는 주격 단수에서 /-c-a/와 /-j-a/를 가진다(/kal'én-c-a/ ~ /kal'én-c-af/, /plát'-j-a/ ~ /plát'-j-af/, 그리고 /pól'-a/ ~ /pal'-éj/, /mór'-a/ ~ /mar'-éj/; B) 주격 단수의 -a와 생격 복수의 -ej를 갖는 약 20개의 명사들. 예, /júnaš-a/ ~ /júnaš-ij/, /nazdr'-a/ ~ /nazdr'-éj/, /dól'-a/ ~ /dal'-éj/, /t'ót'-a/ ~ /t'ót'-ij/.[4] 반면에, -ov 형태가 기대되었던 약 20개의 명사가 주격 단수와 생격 복수 모두에서 영 어미를 가진다. 예, /aršín/, /saldát/, /túrak/, /glás/, /čulók/. 주격 단수 /vólas/ ~ 생격 복수 /valós/의 쌍에서 영 어미를 갖는 두 형태는 강세 위치에 의해 구분된다.

일련의 명사에서 수는 어형변화 접미사 뿐만 아니라 특별한 어간 접미사에 의해서도 변별된다. 그런 명사에서 주격 단수의 유사한 어미에도 불구하고 생격 복수는 영 어미를 가진다.

/bajár'-in/ ~ /bajár/, /dvar'in'-ín/ ~ /dvar'án/, /južán'-in/ ~ /južán/, /gaspad'-ín/ ~ /gaspót/, /xaz'áj-in/ ~ /xaz'áj-if/; /ščin-ók/ ~ /ščin'-at/, /t'il'-ón-ak/ ~ /t'il'-át/. 그러나 집합 접미사 -#j- 는 생격 복수에서 어미 -ov 가 후행한다: /z'át'/ ~ /z'it'-j-á/ ~ /z'it'-j-óf/, /

brát/ ~ /brát'-j‒a/ ~ /brát'-j‒af/, /stúl/ ~ /stúl'-j‒a/ ~ /stúl'-j‒af/. /d'ér'iv‒a/ ~ /d'ir'év'-j‒a/ ~ /d'ir'év-j‒af/. 접미사 -#j‒ 를 가지는 네 명사는 생격 복수에서 영 어미를 가진다: /kn'ás'/ ~ /kn'iz'-j‒á/ ~ /kn'iz'‒éj/, /drúk/ ~ /druz'-j‒á/ ~ /druz'‒éj/, /muš/ ~ /muž-j‒á/ ~ /muž‒éj/, /sín/ ~ /sin-av'-j‒á/ ~ /sin-av'‒éj/.

그래서 각 명사가 오직, 그리고 일반적으로 영 어미의 한 형태만을 가지는 (주격 단수거나 생격 복수 중의 하나) 경우의 예는 거의 없다.

생격 복수 어미 ‒ov와 ‒ej는 주격 단수에서 영 어미를 가지는 명사의 곡용에서 일반화되었다. 영 어미와 비‒영 어미를 대립시킴으로써 생격 복수와 주격 단수를 구분하는 역사적 경향은 이에 의해 기록된다.

생격 단수와 주격 복수 사이의 관계는 유사한 도식에 의해 시각화될 수 있다:

```
    G    Sg
    +    ‒
   ─────────
    ‒    +
    N    Pl
```

두 양화사 중 하나는 격 표지를 보유하며, 다른 하나는 수 표지를 가진다. 러시아어 곡용은 이 변별을 단순히 단어강세의 위치 차이로 설명하는 분명한 경향을 보여준다.

주격 단수에서 비‒영 어미를 가지는 명사의 곡용에서 생격 단수와 주격 복수의 어미는 서로 일치하며, 만약 있다면, 단지 강세 위치에 의해 달라질 수 있다. 오직 -ik‒o 혹은 -k‒o로 끝나는 명사만이 생격 단수의 ‒a와 주격 복수의 ‒i의 다른 어미를 갖는다(/kal'ós'-ik‒a/ ~ /kal'ósik-i/˚, /az'ir-k-á/ ~ /az'ir-k-í/). /-o/ 와 /-a/로 끝나는 명사의 압도적 다수는 생격 단수의 어말 강세와 주격 복수의 견인된 강세를 대립시킨다. /s'il-á/ ~ /s'ól-a/, /kal'is-á/ ~ /kal'ós-a/; /graz-í/ ~ /gróz-i/, /gub-í/ ~ /gúb-i/, /duš-í/ ~ /dúš-i/, /visat-í/ ~ /visót-i/, /skarlup-í/ ~ /skarlúp-i/, /skavarad-í/~ /skóvarad-i/. 이러한 명사의 오직 소수만이 주격 복수에서도 어말 강세를 갖는다. /suščistv-á/, /astrij-á/; /m'ičt-i/, /xval-í/, /stat'j-í/, /bulav-í/. 어말 -o와 첫 음절 강세를 가지는 대부분의 명사가 복수에서 그 위치를 변경한다. /d'él-a/ ~ /d'il-á/, /stád-a/ ~ /stad-á/, /mór'-a/ ~ /mar'-á/, /z'érkal-a/ ~ /z'irkal-á/, /krúživ-a/, ~/kruživ-á/, /óblak-a/ ~ /ablak-á/, /óz'ir-a/ ~ /az'ór-a/; 참조. 반면에 생격 단수와 주격 복수 /kr'ésl-a/, /z'él'j-a/, /čúčil-a/ 등. 어말 o-의 명사의 어중 강세(middle stress)(/karít-a/와 같이)는 고정되어 있으며 -a로 끝나는 명사의 어간에 오는 강세도 마찬가지이다: 생격 단수와 주격 복수 모두 /bán'-i/, /kómnat-i/, /varón-i/.

주격 단수에서 영 어미를 가지는 명사 중에서 여성형은 생격 단수와 복수 모두에서 강세가 없는 -i로 끝나며 강세는 어간의 같은 음절에 있다. /nóč-i/, /lóšid'-i/, /kravát'-i/. 계속해서 증가하고 있는 상당한 수의 남성형은 주격 복수의 어미로 일반적인 -i를 강세된 -a로 대체하고 있다.[5] 주격 복수에서 강세된 -a 어미를 획득한 모든 남성명사는 생격 단수에서 비강세의 -a를 갖는다. 예외로 /rukav-á/가 있다. 예. /lúg-a/ ~ /lug-á/, /xútar-a/ ~ /xutar-á/, /t'ét'ir'iv-a/ ~ /t'it'ir'iv-

---

* 앞의 단어와의 관계를 보면, 해당 단어 중간의 s가 s'의 연음이어야 할 것으로 보인다.

á/, /učít'il'-a/ ~ /učít'il'-á/. 이 패턴의 생산성은 /v'éks'il'-a/ ~ /v'iks'il'-á/, /kandúktar-a/ ~ /kanduktar-á/와 같은 현대 차용어에서 특히 널리 사용되어 나타난다. 이 곡용의 다른 모든 강세 관련 변이형은 생격 단수에서 -a이고, 주격 복수에서 -i가 되지만, 예외적으로 복수에서 특별한 어간 접미사가 사용되는 경우가 있다(/muž-j-á/, /t'il'-át-a/).

-a 곡용은 생격 단수와 주격 복수에서 강세 교체의 점진적인 확장을 보여준다. 관찰자는 bědý, viný, dugí, žený, svěčí, vdový, sirotý, sud'í와 같은 최근 형태의 주격 복수를 인용하며, 여기서 "우리 시대로 오면서 어미에서 어간으로 강세의 전이가 발생하고 있고, 이것은 이동 강세의 명사 패턴을 적용한 것이다": 생격 단수 /b'id-í/ ~ 주격 복수 /b'éd-i/가 예이며, 이는 /gar-í/ ~ /gór-i/ 같은 쌍과 같은 수준으로 맞춘 것이다. 이러한 발달은 더욱 더 뜻이 있으며, 이는 "이동 강세를 갖는 명사의 주격 복수가 고정 강세의 명사에 의해 영향을 받지 않기"[6] 때문이다. 고정된 첫 음절 강세에서 이동 강세 유형으로 최근의 변화는 동일한 변화의 또 다른 실현이다. 예, 주격 단수 mésto, 생격 단수[**]와 주격 복수 mésta가 생격 단수는 mésta, 주격 복수는 mestá로 변화.[7]

어미 -a로 끝나는 주격 대격의 쌍수(rukavá 같은)와, gospodá, storožá 같은 집합 단수(collective singular), 그리고 복수의 사격에서 /-ám/, /-ám'i/, /-áx/에 대한 초기 확장된 사용은 남성 명사의 곡용에서 주격 복수의 /-á/ 어미의 발생에 기여했을 수 있으나 이 변화와 지속적으로 진행되는 확장을 거의 유발하지 못 했다. 야기치(Jagić)는 최초로 이 문제

[**] 원문에는 GPI로 되어 있지만, 내용적으로 생격 단수이어야 할 것이다.

를 제기했다. 이 문제는 중성 어미 a의 유추가 여기서 작용했는가의 여부에 대한 것이며, 이는 "gólosa와 golosá, pógreba와 pogrebá, ókoroka와 okoroká의 차이가 slóva와 slová, pólja와 poljá, mória와 morjá, zérkala와 zerkalá, déreva와 derevá 같은 중성 명사에서 유사성을 생생하게 불러오기 때문이다".[8] 30년 전에 불라홉스키(Bulaxovskij)는 야기치의 질문에 "생격 단수 óblaka와 주, 대격 복수 oblaká, 생격 단수 téla: 주, 대격 복수 telá의 관계의 유추에서 남성명사는 생격 단수 bérega: 주, 대격 복수 beregá, 생격 단수 górodа: 주, 대격 복수 gorodá를 설정했다"라고 날카롭게 답변하였다.[9] 그러나 만약 이 유추적 변화가 두 형태의 변별을 "강세의 위치에서 차이로" 묶는 경향에 의해서만 촉진되었다면, 어간에서 말단 모음을 대체하지 않고 강세의 단순한 이동으로 충분했을 것이다. 이러한 어미의 변화는 생격 단수와 주격 복수 형태 간의 차이를 단순한 강세 교체로 제한하는 가능성에 의해 촉진되었다.[10]

또한, 다른 상황이 동일하다면(ceteris paribus) 러시아어에서 현재 사용되는 강세 교체는 양화사 격(quantifier cases)에 의해서만 사용된다. 즉, 여성명사에서 장소격 I과 II를 구별하고(/t'in'-í/ ~ /t'én'-i/, /gr'iz-í/ ~ /gráz-i/), 남성명사의 생격II를 구분하기(/l'is-ú/ ~ /l'és-u/, /sn'ig-ú/ ~ /sn'ég-u) 위해 사용된다.[11]

러시아어는 특정 양화사의 변별을 완전 어미와 영 어미의 교체로 혹은 운율적 교체로 제한하는 경향을 나타내는 유일한 슬라브어가 아니다. 따라서 한편으로 주격 단수와 생격 복수의, 다른 한편으로, 주격 복수와 생격 단수의 순전히 운율적인 교체는 세르보크로아티아어의 명사의 -a 곡용에서 발달되었다. 이 두 쌍은 각각 어미에서 단모음과 장모음의 대립에 의해 변별된다. 주격 단수 dúša (어미 /-a/) ~ 생격 복수 dúšâ (/-a:/):

주격 복수 dúše (/-e/) ~ 생격 단수 dúšê(/-e:/). 다른 세르보크로아티아어의 곡용에서 동일한 양적 대립(quantitative opposition: 다른 운율적 대립과 결합 혹은 단독으로)은 두 수의 생격을 변별한다: 생격 단수 űdâra[*] (/-a/) ~ 생격 복수 űdârâ (/-a:/); sèla ~ sêlâ, pŏlja ~ póljâ; stvâri (/-i/) ~ stvárĩ (/-i :/).

양적 대립은(마찬가지로 그 기원과 관련한 논쟁의 여지가 있음) 슬로바키아어 중성 명사의 생격 단수와 주격 복수를 구별한다: 생격 단수 slova(/-a/) ~ 주격 복수 slová(/-a:/). 생격 복수는 영 어미에 의해 주격 단수와 구별된다: slov ~ slovo.

매사추세츠주 케임브릿지에서 1956년 Scando‐Slavica, III(1957)을 위해 작성했으며 Olaf Broch에게 헌정되었습니다.

---

[*] ǔdāra u의 윗첨자인 두 점의 방향이 반대이다.

미주

1. 슬라브어 예의 라틴어 또는 라틴어 철자 형식은 기울임꼴이다. 구어의 전사는 로마자로 한다. 음소적으로 전사된 형태는 사선 안에 있고, 형태음소적 전사의 예시를 싸는 표시는 없다. 필사된 어미 앞에는 대쉬가, 어간 접미사 앞에는 하이픈이 온다.
2. 참조. R. Jakobson, "Structure of the Russian Verb", [본 책의 1장].
3. 참조. R. Jakobson, "Contribution to the General Theory of Case" [본 책의 6장]; E. Pauliny, Strukrura slovenského slovesa (Bratislava, 1943). Ch. IV.
4. 참조. Grammatika russkogo jazyka, I (Moscow, Akademija Nauk SSSR, 1953), pp.161 f., 166, 168.
5. 참조. L. Beaulieu, "L'extension du pluriel masculin en -a, -я en russe moderne", Mémoires de la Société de Linguistique de Paris, XVIII (1913); S. Obnorskij, Imennoe sklonenie v sovremennom russkom jazyke, II (Leningrad, 1931), p. 2ff.: 그는 주격 복수에서 새로운 어미를 가진 200개 이상의 명사를 목록화했다.
6. Obnorskij, o.c., p. 387f.
7. L. Vasil'ev, "K istorii zvuka ě v moskovskom govore v XIV – XVII vv.", Izvestija Otd. rus. jaz. i slov. I. Ak. Nauk, X, no. 2 (1905), p. 209; Chr. S. Stang, La langue du livr Učenie i xitrost' ratnago stroenija pexotnyx ljudej (Oslo, 1952), p. 35.
8. I. V. Jagic, "Kritičeskie zametki po istorii russkogo jazyka", Sbornik Otd. rus. jaz.i stov. I. Ak. Nauk, XLVl, no. 4 (1889), p. 114.

9 L. Bulaxovskij, "Zametki po russkoj morfologii", Slavia, VI (1928), p. 645; idem, "Intonacija i količestvo form dualis imennogo sklonenija v drevnejsem slavjanskom jazyke", Izvestija Akademii Nauk SSSR, Otd. lit. i jaz., V, no. 4 (1946), p. 301.

10 -a로 끝나는 주격 복수는 -a로 끝나는 생격 단수를 함축한다. -i의 생격 단수는 -i의 주격 복수를 함축한다. 명사는 생격 단수와 주격 복수에서 어미의 동일한 재고목록을 가진다(a, -i), 그 생격 복수 어미의 목록은 명사의 주격 단수 남성의 접미사(-#)와 소유 형용사(-ov, -ej)에 상응한다

11 참조. R. Jakobson, "Contribution ... ", (본 책의 6장).

제9장

러시아어의 성 패턴(The Gender Pattern of Russian)

예름슬레우(Louis Hielmslev)의 주목할만한 연구 "Animé et inanimé, personal et non-personnel"(Travaux de l'Institut de Linguistique, , I Paris, 1956, .p 15 ff.)에서 일부 러시아어 문법적 대립(Charisteria Mathesio, Prague, 1932, p. 74 ff.)에 대한 나의 초기 토론을 지시를 하고 (pp. 160, 170, 184 ff.에 있음) 있으며, 나로 하여금 러시아어의 문법적 성에 대한 새로운 윤곽을 그리도록 고무시켰다. 나는 이 연구를 루마니아어의 성에 관한 저명한 전문가인 그라우르(Alexander Graur)에게 바치고자 한다.

러시아어의 격 형태는 유표적 복수 대 단수의 두 수를 변별한다. 그리고 무표적 단수의 문법적 격에서 두 성 – 더 특정된 유표적 여성 대 비-여성을 변별한다. 여성(feminine gender)은 주어진 명사가 남성 인간을 지시할 수 없다는 신호이다. 단, 표현적이거나 특히 경멸적인 언어(cf. ón - svóloč', stérva, ètakaja drján' i razmaznjá)가 아니어야 한다. 그리고 무표적 비 여성성은 두 개의 성별로 나뉘지만 무표적 주격에서만(그리고 주격과 병합된 대격에서) 구별된다.

러시아의 비여성 주격 형태는 유표적 중성과 덜 특정적이고 무표적 남성 사이의 구별을 나타낸다. 중성은 성(性: sex) 지시가 부족하다는 신호이다. 이 무성 명사(asexual nouns)는 비활성(inanimate)이거나 활성 존재의 가장 넓은 총류적 지시(generic reference)이다. suščestvó '존재', životnoe '동물', nasekómoe '곤충', mlekopitájuščee '포유류', čudóvišče '괴물'. 남성은 이중적인 무표적 성(gender)이다. 그것은 중성과는 반대로 명명된 개체의 무성적 성격을 나타내지 않거나, 여성과 반대로 성에 대한 어떤 특정사항도 가지지 않는다. vrač '의사' 또는 továrišč '동지'와 같은 남성은 남자와 여자 모두에게 적용된다(továrišč Ivanóva - stáršii vrač).

따라서 중성 대 남성의 변별은 여성 대 비여성의 변별을 함축한다. 이 두 변별 중 어느 것도 유표적인 복수와 호환되지 않는다. 중성 대 남성의 변별은 유표적 격의 어느 것과도 호환되지 않는다.

더욱이, 소위 말하는 하위 성(sub-genders)의 변별인 활성 대 비활성 사이의 변별은 어떤 유표적 성 – 중성이나 여성 – 과 비호환적이다. 이 변별은 대격에 국한되어 무표적 남성 또는 무성(genderless)의 복수와만 결합될 수 있다.

러시아어 곡용은 남성 인간을 특정하는 "인칭적(personal)" 대 "비인칭적" 사이의 변별에 대한 약간의 힌트를 보여준다. 특히 단수에서 분석적 어간 접미사 -in-의 사용과 일부 인칭적 명사 복수에서 말단 어간 접미사의 문법적 교체를 볼 수 있다(주격 단수 /bajárʼin/ – 주격 복수 /bajárʼi/ – 생격 복수 /bajár/). 그러나 이 두 하위 성 사이의 가장 두드러진 구별은 2에서 10까지의 수사에 의해 제공된다. 단순 기수(cardinal numbers)와 더불어 상응하는 집합 수사(collective numerals)가 나타난다(예: tróe '전체 수가 3', pjátero '전체 수가 5'). 이 수사는 최소한 표준 러시아어의 사격에서 남자 사람과 관련해서만 사용되는 반면, 주격(그리고 주격과 병합되는 대격에서)에서 다른 기능도 수행한다(참조. dvé ruki '두 손' – dvóe rúk '두 쌍의 손'). 이 구별이 문법적 수가 없고 원칙적으로 성별이 없는 유일하게 곡용하지 않는 품사인 수사에서 나타난다는 점은 주목할 만하다.

격이 없고 성의 변별은 되는 형태, 즉 긍정의 형용사 단형과 동사의 과거형은 동일하게 세 기본 성을 나타낸다. 임의의 유표적 격에서 중성과 남성의 변별적 비호환성에 대한 진술은 더 일반적인 형식으로 제공될 수 있다. 문법적 성의 변별은 무표적 격 혹은 격 없는 형태에서만 호환된다. 격 형태에서처럼, 세 성을 구별하는 것은 격 없는 형태의 유표적인 복수에서만 호환되지 않는다. 더욱이 그러한 구별은 형용사의 유표적 형태인 비교급과 동사에서 인칭 구별과 호환되지 않는다.

그러나 여기서 세 성의 상관관계가 다르다. 격 형태에서 특정적이고 유표적 범주인 중성은 격 없는 형태 중에서는 가장 덜 특정된 "무표적 성"으로 판명된다. 여기에서 "주어적(subjective)" 부류는 유표적인 것으로 무표적 중성과 대립하며, 전자는 동사 또는 형용사 단형이 실제로 주어(subject)와 결부됨을 신호한다. 그 주어는 더 특정된 유표적 여성 또는 덜 특정되고 이런 점에서 무표적인 남성이며, 반면에 중성 명사는 중성의 주어 혹은 실질적 머리어(substantival headword)가 없음을 관련시킨다. 참조. zél'e, žgló, vsjó xorošó 와 다른 한편으로 주격 주어가 없는 술어 중성, zél'em žgolo vnútrennosti, rassveló, naródu prišló, byló temnó, lgát' grešnó, xorošó v krajú rodnóm, 혹은 부사 수식어 on byválo oxótilsja, xorošó pojút.

---

*   한국어 단어 일손의 경우처럼 은유적으로 인간을 개념화한다.

격 없는 형태에서 유표와 무표적 범주 분포의 이러한 전이는 격 형태와 비교하여 매우 자연스럽다. 참조. 집약(compact) 대 확산(diffuse)의 음소적 대립에서 집약성은 자음에서 유표적 대립쌍이고 모음에서 무표적이다. 조찰성(stridency)은 파열음(plosives)에서 유표적이지만 지속음(continuants)에서 무표적이다.

다음의 관점에서 중성 성(neuter gender)을 처리하는 데 예상할 수 있는 차이가 있다: 1) 명사의 관점과 2) 동사 또는 부사적 형용사(개념적 동사(notional verb) 또는 실제 혹은 영 계사와 결합되는 형용사)의 관점.

세 성의 공존하는 두 패턴 사이의 긴장은 그 구조적 해석의 차이에 쉽게 기여했을 수 있다.

1959년 캘리포니아 스탠포드에서 Studii şi Cercetări Lingvisticc(Omagiu lui Al. Graur)를 위해 작성, XI (1960).

제10장
현대 러시아어의 대명사 곡용에 대한 기록
(Notes on the Declension of Pronouns in Contemporary Russian)

대명사에서 접사 뿐만 아니라 다른 모든 어형변화하는 품사와 대비(對比: contradistinction)되어 어근 형태소도 역시 형태적, 문법적 의미를 지닌다.

러시아어 곡용 대명사는 두 가지 통사적 변이형을 보여준다. 주로 통사적 주어 또는 목적어로 기능하는 것과 한정사(attributes)라는 문법적 역할을 주로 부여하는 것이다.

러시아어 대명사는 두 곡용 유형으로 나뉜다. 한편으로 특히 대명사적인 다양한 곡용 어형계열체(declensional paradigm)와 다른 한편으로 곡용의 전이적 유형이다.

후자 유형의 어형계열체는 "간결한(consice)"과 "확장된(expanded)"이라는 두 문법적 어미의 변이형을 포함한다. 간결한 어미는 단지 영 기호 또는 최대 하나의 실제 음소로 구성된다. 그리고 그것들은 단수 또는 복수의 주격형과 생격과 병합되지 않는 대격의 단수와 복수를 만드는 역할을 한다. 전이적 곡용의 다른 모든 경우는 적어도 두 음소를 포함하는 확장된 어미가 사용된다. 전이적 곡용의 확장된 대명사 어미는 전체 형용사 곡용의 상응하는 어미와 유사한 다수 음소를 포함하는 반면, 구성 음소의 선택에서 대명사의 전이적 곡용과 전체 형용사 곡용 사이의 몇몇 차이점이 나타난다. 예, vse(ě)m 대 zlym의 조격.

주어-목적어 대명사 중 일부만이 특정 대명사 곡용을 나타내는 반면, 동일한 통사적 변이형인 소수의 다른 대명사, 더욱이 모든 한정 대명사(attributive pronouns)는 전이적 곡용에 속한다.

특히 대명사 곡용은 고유한 인칭 대명사(즉, 발신자와 수신자의 변별에 기반한 1인칭 및 2인칭) 또는 단수 사격으로 제한된 재귀 대명사 형태를 두드러지게 한다. 위에서 언급된 바와 같이, 대명사 어근에 의한 유일한 문법적 의미는 특정 대명사 곡용의 어형계열체에 의한 전체 또는 부분적 보충법(suppletion)의 광범위한 사용에서, 다른 한편으로 동어반복적으로 과소 평가된, 닫힌 형태론적 하위 부류의 형성에서 그 특징적인 표현을 찾을 수 있다.

따라서 보충법은 1인칭 대명사의 주격 단수 "ja"를 나머지 격 형태와 분리한다. 더 나아가 2인칭의 모든 복수형을 모든 단수 형태에서 분리한다.

특정 대명사 곡용의 단일 어형계열체는 단지 대명사의 첫 자음으로 표시된다.

2인칭 대명사의 사격은 그것들의 첫 자음을 동일한 인칭 및 수의 주격 형태와 공유한다: 단수 "t" - 복수 "v".

1인칭 단수 대명사의 사격(menja, mne, mnoj)은 첫 자음의 기본적인 변별적 자질, 즉 비음성을 같은 인칭의 사격 복수(nas, nam)와, 그리고 첫 비음의 억음적(grave)(순음적, labial) 변이형을 복수(my)와 공유한다.

1인칭과 2인칭 대명사의 복수 사격에서 항상 초성 뒤에 형성적(formative) "a"가 오고, 격에 따라 다양한 어미가 온다. 대격, 생격, 장소격의 연합된 형태는 어말의 "s"를 보인다(nas, vas). 그렇지 않으면, 러시아어에 익숙하지 않은 접사를 보인다: 여격의 "m"과 조격의 "mi"는 모든 러시아어의 곡용하는 단어의 복수 어미에 특히 공통적이다(stárym, stárymi, gorodám, gorodámi).

특히 대명사적 곡용 어형계열체에서 사격은 일반적인 구조 규칙(structural rule)을 따른다. 이러한 각 체계는 옥시톤(oxytone)을 보여주며, 이는 강세가 단어의 마지막 혹은 단일 음절에 온다는 것을 의미한다. "-oj"로 끝나는 조격은 선택적인 문체적 변이형인 "-óju"를 허용한다(tobóju). 이 각 체계는 3개의 서로 다른 격 형태이며, 3개의 이음절 형태로 제한된다. 그렇지 않은 경우에는, 강세 사이에 있는 강세 없는 모음 사이에 한 쌍의 비음이 나타날 수 있으며, 이것은 강세된 모음 사이의 음절 간격의 생략과 후속되는 삭제를 선호한다.

특히 대명사적 곡용에서 시작부터 강세된 모음까지의 각 사격 형태는 두 개의 자음을 포함한다. 예음과 억음 자음의 성조 대립(tonality opposition)과 이러한 모든 격 형태의 처리에 기반이 된다. 예음-억음(acute-grave)은 2인칭 단수 대명사 곡용에서 서로 다른 3개의 사격 형태 내에서 2개의 장애음이 규칙적으로 후행하는 순서이다. 예를 들어, 예음(치음) "t"가 억음(순음) "b" 앞에 오는 tebjá 등. 평성음(plain)에서 평음(flat)(원순음(rounded))의 방향으로 이웃하는 자음이 예음성(sharpness)(구개음화(palatalization))에서 평성음성(plainness)으로 병행 전이(parallel shift)하는 것을 동반하는 경향이 쉽게 설명될 수 있다. 2인칭 단수 대명사의 장애음과 비교해서, 1인칭 단수 대명사는 비음 자음의 성조 자질의 반대 방향인 억음-예음(grave-acute)을 따른다. 예를 들어, menjá 등.

단일 변별적 자질인 비음성의 존재는 모든 주격 1인칭 대명사 형태를 통합한다. my와 소유대명사 moj의 "m", 복수의 사격과 및 소유대명사 naš 의 "n", 또한 단수 사격 형태의 "m"과 "n"의 중간 혹은 중재된 그룹이 해당된다.

2인칭 대명사와 1인칭 대명사의 특별한 대명사 곡용 이외에, 전자는 수화자를, 후자는 지시된 발화 사건의 발화자를 다루면서, 곡용의 특정한 대명사적 유형은 재귀 대명사를 선별한다. 그러나 인칭 대명사와 대비되어 재귀대명사는 주격과 복수 형태가 없다.

인칭 대명사 중 2인칭 대명사는 발화 사건의 수화자를 지정하므로 발화된 사건의 수화자를 지정하는 재귀 대명사에 더 가깝다. 재귀사는 2인칭 대명사와 두 장애음의 예음–억음 순서를 공유한다. 그러나 무성음 "t"를 동일하게 무성음인 "s"로 유일하게 대체함을 요구한다. 예를 들어, tebjá 및 sebjá.

곡용의 전이적 유형은 어미 음소의 여러 변형을 보여준다. "i"와 "c"((č) 사이의 교체가 있다. 교체자 "e"는 두 가지 조건이 모두 충족될 때 나타난다. 즉, 선행하는 "요드(yod)"가 없고 어미 모음의 음절이 동시에 단어의 첫 음절일 경우이다. 교체자가 "i"가 되는 것은 이 두 조건의 어느 것도 충족되지 않는 경우이다. 조격 단수 vsem, kem 그러나 čjim, samím, ètim; 주격 복수 vse, te 그러나 čji, sámi, èti; 생격 복수 vsex, tex 그러나 ètix, samíx; 조격 복수 čjími, ètimi, odními 그러나 vsémi, témi.[1]

영 어미 앞에 이중 어간이 삽입된 대명사(to-t, k-to, č-to)는 뒤에 실제(비–영) 어미 접미사가 올 때 두 이중어 중 짧은 것만을 보존한다(t-ogó, té; k-ogó, k-em; č-egó).

대명사의 강세를 단어의 마지막 모음으로 옮기는 강한 경향은 일반 법칙에 가깝다: kogó, čegó, togó, komú, samogó, samíx, samím 등.

마지막 음절에 오는 강세를 제거하는 것은 접두사된 어간 ètot을 가진 대명사와 관계되지 않는데, 이 어간에서 감탄사적 "e"는 감정 접두사(affective prefix)로 사용되며, 감정 접두사는 서술된 내용과 발화 사건의 참여자 사이의 더 가까운 공간적 관계를 신호한다(참조. 생격 ètogo, 조격 ètim 및 togó, tem).

복수 조격 어미는 규칙적으로 여격 어미가 선행하며, 이는 이중 어미로 간주된다. 그 강세는 여격의 어미에 남아 있다. 예를 들어, samím* – samími, vsém – vsémi 등.

대명사와 관련된 소유 형용사(즉, 쉬베도바(N. Švedova)의 용어에 따라 "대명사에서 파생된(motivated)**")[2]는 대명사의 전이적 곡용에 속하는 것으로 취급되며, 특히 그것들은 단어 끝으로 강세를 이동시킨다: moegó, svoemú, čjemú. 참조. 유사한 변형이 단수 2인칭의 소유 형태 tvoj와 재귀 svoj에 있고, 또한 공통적인 어두의 "m"이 단수 1인칭 대명사에, 소유의 moj 에, 1인칭 대명사 형태의 단수 사격 mnoj와 주격 복수형 my에 나타난다. 그러나 강세의 제거는 형용사와 관련된 소유 대명사에서 발생하지 않는다: 참조, čjegó, tvoegó와 영 어미를 갖는 bóžij(-ei), ptíčji(-ej)의 bóžjego, ptíčjego. 대명사와 관련된 소유 대명사 중에서 naš, vaš의 형태는 초기 강세를 유지한다(nášego, vášemu 등). 아마도 생격 복수 nas, vas의 치찰음(sibilant) 어미에 의해 유발되었을 것이다.

소위 "3인칭" 대명사의 어형계열체(파두체바(E. Paduçeva)의 명시적인 논리적 분석 참조)[3] 어미의 두 변이 – 하나는 특히 대명사적인 것과 다

---

*   원문은 n인데 самым이라는 형태를 고려하면 m이 맞을 듯하여 m으로 표기한다.

**   쉬베도바의 용어가 мотибированный로 보이며, 언어학 용어인 '파생된'의 의미를 갖는다.

른 하나는 전이적인 것 – 사이에서 중간 위치를 차지한다. 3인칭 대명사와 같이 1인칭의 어형계열체는 주격 단수 형태와 동일 대명사의 다른 사격 사이의 급진적 보충법을 공유한다. 참조. 주격 on의 모음 후의 (postvocalic) "n"은 ja의 모음 전(prevocalic) "yod"와 모든 3인칭 형태의 어두 활음(initial glide) "yod"는 주격과 다른 형태를 띤다: 생격-대격 ego 와 eë, emú, im (〈 jim) 등. 이중적 종류의 격 형태의 두 대립에서 "yod" 와 "n"의 역 분포에 주목해야 한다. 주격에서 ja의 "yod"와 on의 "n", 그리고 사격인 다른 1인칭 격은 3인칭 사격의 어두 "yod"와 대조된다. 그러나 전치사 뒤에서 모든 3인칭 대명사의 어두 "yod"는 구개음화된 "n"으로 바뀐다. 그리고 장소격 형태에서 3인칭 대명사의 러시아어 반복 구문조차도 해당 장소격 프레임에 대한 명시적인 지시와 결과적으로 어두 "yod"를 접두적 비음으로 대체를 요구한다. 따라서 어두 "yod"를 접두적 구개음화된 "n"으로 꾸준히 교환하는 것은 모든 문법적 맥락에서 3인칭 장소격의 의무적 특징이 되며 허용되는 유일한 공식으로 남아 있다. 따라서 pri něm, nej, nix와 같은 판독값은 허용되지만 *pri em, ej, ix는 허용되지 않는다. 한편 생략의 변형(elliptic variants)인 "pri otce, syne i vnukax" 및 "pri mne, tebe i vas"는 유효하다.

3인칭과 1, 2인칭의 곡용의 주요 차이점은 문법적 성의 형식적인 표현이며, 전자는 어형계열체의 단수 측면에 표현하고, 후자는 성 변별이 없다는 것이다.

1981년 캠브리지에서 International Journal of Slavic linguistics and Poetics XXIII (1981), 87-91에 작성.

미주

1. 이 단락의 마지막 두 문장은 원래 다음과 같았다: "대체자가 "e"로 나타나는 것은 두 조건 중 하나 또는 둘 모두 아래에서이다. 대체자 "e"의 출현을 위해 두 조건 중 적어도 하나는 필수적이다: 즉, 선행 "yod"가 없고, 어미 모음의 음절이 동시에 단어의 첫 음절이다. 이 두 조건 중 어느 것도 존재하지 않을 때, 대체자는 "i"이다: 조격 단수 vsem, kem 그러나 čjim, samím, ètim; 주격 복수 vse, te 그러나 čji, sámi, èti; 생격 복수 vsex, tex 그러나 ètix, samíx; 조격 복수 čjími, ètimi 그러나 vsémi, témi, odními." 편집자는 데이터에 따라 변경 사항을 도입했다.
2. Švedova, N. Ju. (주 편집자), Russkaja grammatika (Moscow: The Institute of Russian Language at the USSR Academy of Sciences, 1980).
3. Padučeva, E. V., "Problemy logičeskogo analiza mestoimenij", Semiotika i Informatika XV (Moscow, 1980). pp. 125−153.

제11장

영 기호(Zero Sign)

I

언어를 공시적 대립의 일관된 체계로 생각하고 언어의 비대칭적 이원론을 강조하면서, 제네바 학파는 필연적으로 언어 분석을 위한 "영(zero)"이라는 개념의 중요성을 설명하도록 강요 받았다. 소쉬르(F. de Saussure)의 기본 공식에 따르면, 언어는 어떤 것(something)과 아무 것도 없는 것(nothing) 사이의 대립을 용인할 수 있다.[1] 그리고 이는 정확히 이 "아무 것도 없는 것"이 "어떤 것"에 반대된다는 것으로, 다른 말로 영 기호(zero sign)이며, 이는 Charles Bally의 개인적이고 풍요로운 특정 개념으로 이어진다. 무엇보다도 그의 간결한 연구인 "Couuple zéro et faits connexes"[2][3] [영 계사와 관련 문제들]과 "Signe zero"[3]에서 이 현상이 형태론뿐만 아니라 통사론에서도, 문법뿐만 아니라 문체론에서도 수행하는 역할을 지적했다. 이 유익한 분석은 추가 분석이 필요하다.

현대 슬라브어의 곡용에서 **영 어미(zero desinences)**의 존재는 일반적으로 알려진 사례이다. 예를 들어 러시아어에서 NSg(주격 단수) suprug

'남편, 배우자'는 같은 단어의 다른 모든 형태(GA(생격, 대격) suprúga, D(여격) suprúgu, I(조격) suprúgom⁴ 등)에 대립한다.

러시아어에서, 거의 모든 명사상당어구(substantives)의 어형계열체(paradigm)와 특히 격 형태의 각 어형계열체에서 단 하나의 영 어미 형태만을 찾을 수 있다. 복수 생격과 단수 주격이 동일한 영 어미를 가졌던 어형계열체에서 전자는 유추에 의해 유표 어미(positive desinences)인 -ov(suprúgov) 또는 -éj(konej)를 추정하였고, 이로서 이전에 존재했던 동음이의성을 제거했다. GPl(복수 생격)의 영 어미는 어떤 방식으로 GPl(복수 생격)과 NSg(단수 주격)을 구별하는 명사에서만 살아남았다. 예를 들어 어미에 의해서(NSg žená, seló - GPl žën, sël), 혹은 강세에 의해(NSg vólos - GPl volós), 파생 접미사에 의해(NSg bojárin - GPl bojár), 결합체(syntagmas: 단어의 소쉬르적 의미에서)의 구성에 의해, 이 경우는 이 격 형태가 사용된다(NSg aršín, 측정 명사 - GPl aršin, 거의 항상 숫자 명사를 수반함).

영 어미는, 문법적 교체에서 음소에 대립하는 "**0도**(zero degree)" (예: 러시아어 GSg rta - NSg rot '입')와 마찬가지로, C. Bally의 정의와 정확하게 상응한다: 특정 값이 주어졌지만, 소리의 물리적 지원이 없는 기호.⁵ 그러나 언어는 기표(signifiant)의 층위뿐만 아니라 기의(signifié)의 수준에서도 어떤 것과 아무 것도 없는 것 사이의 대립을 용인할 수 있다.⁶

II

단수에서 bog '신', suprúg '남편, 배우자'의 어형계열체는 nogá '발', suprúga '아내'라는 어형계열체와 체계적으로 대립한다. 이 두 어형계열체 중 첫 번째는 비 여성의 범주같은 특정 문법 범주를 분명히 표현하고, 두 번째는 여성과 남성을 무차별적으로 지칭할 수 있다: 남성 slugá '하인' 모호한 nedotróga '민감한 사람'은 여성 nogá, suprúga와 같은 방식으로 곡용한다. 명사 bog, suprúg같은 어형계열체의 사격의 어떤 어미도 여성 명사와 함께 사용될 수 없다. 그리고 이 어형계열체의 주격과 관련하여 그것의 영 어미는 경자음으로 끝나는 어간에서만 남성을 독점적으로 신호한다. 어간이 연자음이나 쉬음 자음(hushing C.)으로 끝나면, 영 어미는 남성 단어(den' '낮, 날', muž '남편') 또는 여성 단어(dan' '공물', myš' '쥐')에 동등하게 속할 수 있다.

단어 bog, suprúg의 어형계열체는, 위에서 말했듯이, 비 여성, 다시 말해 남성 또는 중성을 의미한다. 이 두 성은 오직 주격에서, 그리고 대격이 주격과 일치할 때만 다르다. 주격에서 영 어미는 전적으로 중성이 아님을 나타내는 반면, 어미 -o 혹은 그 비강세된 대응물은 중성 또는 남성에 속할 수 있다(중성 toporíšče '도끼의 손잡이', 남성 topóriše 'topór '도끼'의 지대형').

따라서 nogá, suprúga 어형계열체는 성 대립에 관한 변별 기능이 없다. 그러므로 어미는 성의 관점에서 볼 때, 잘 정의되었지만 기능적 값이 없는 형태를 가진, 다시 말하면 **영 형태론적 기능(zero morphological function)**을 가진 형태의 기호이다. 주격 형태인 suprúg '배우자'과 suprúga '아내'를 면밀하게 조사함으로써 이 경우에 영 어미를 가진 형태가 실재 형태론적 기능(positive morphological function)을 가며, 실재 어미가 성 구분과 관련하여 영 형태론적 기능을 가진다는 것을 알 수 있다.

러시아어에서 남성과 여성의 문법적 성의 일반 의미(general meaning)는 무엇인가? 여성이라는 것은 지시체가 사람이거나 의인화된다면, 그 사람은 여성의 성(性)에 속한다는 것이 절대적으로 확실하다는 것을 나타낸다(suprúga 는 항상 아내, 여성 배우자를 나타냄). 반면에 남성의 일반 의미는 지시체의 성을 반드시 특정하지 않는다는 것이다. Suprúg는 더 제한적인 방식으로 남편(suprúg i suprúga '남편과 부인') 또는 더 일반적인 방식으로 배우자 중 한 명을 지시한다(óba suprúga '두 배우자' odín iz suprúgov '두 배우자 중 하나'). 참조. továrišč(남성(gender), 여기서는 여성(sex)) Nina(여성, 여성), zubnój vrač(남성, 여성)='니나 동지, 치과의사'. 따라서 두 성의 일반 의미의 대립에서 남성의 의미는 **영 의미(zero meaning)**를 가진 성이다. 여기서 다시 우리는 명확한 교차점(chiasmus)을 마주하게 된다. 영 형태론적 기능을 가진 형태(suprúga 유형)는 실재 의미(여성)를 가진 성을 지시하고, 다른 한편으로는 실재 형태론적 기능을 가진 형태(suprúg 유형)는 영 의미를 가진 성(남성)을 지정한다.

사실, 문법 체계의 패턴화는 내가 다른 곳[7]에서 지적한 바와 같이 "유와 무의 대립"에 기반하며, 즉, 형식 논리학의 용어에 따르면 **모순 대당(矛盾對當: opposition of contradictories)**에 기반을 두고 있다. 따라서 명사 체계와 동사 체계는 이항 대립으로 분해될 수 있는데, 대립의 용어 중 하나는 특정 성질의 존재를 나타내고 다른 하나(무표적 혹은 대립의 비변별적인 용어, 간단하게 영 용어(zero term))는 그 존재도 부재도 표시하지 않는다. 따라서 러시아어에서 완료상은 동사 과정의 절대적인 끝을 신호하고, 반대로 불완료상(영 상 'zero aspect')은 행위의 끝이라는 문제를 미해결로 남겨둔다. Impf.(불완료상) plávat', plyt' '수영하다', Pf.(완료상) priplýt', doplýt'는 '~까지 또는 멀리 수영하다', poplýt' '수영하기 시작하다'(시작이 완료된 과정으로 나타난다), poplávat' '수영을 하다', naplávat'sja '수영을 많이 하다', ponaplávat' '수영을 많이 여러 번 해서 결국은 충분이 했다'(절대적 끝). 정태의 상(determinative aspect)(S. Karcevskij의 용어에 따라)은 단일체로 개념화된 행위를 의미한다: plýt' '수영 (행위를) 하고 있다', 반면에 부정태 상(indeterminative aspect)(영 상)은 그러한 지시를 하지 않는다: plávat'는 문맥에 의해 통일된 행위(poka ja plavaju, on sidit na beregu '내가 수영할 동안, 그는 강가에 앉아 있다'), 반복되는 행위(ja casto plavaju '난 자주 수영한다')[8], 실현되지 않은 행위(ja ne plaval '나는 수영하지 않았다'), 실현되지 않은 행위에 대한 능력(ja plavaju, no ne prixoditsja '나는 수영한다, 그러나 해야 하는 것은 아니다'), 그리고 마지막으로 정보가 없는 행위 - 행위가 한 번 또는 여러 번 또는 한 번도 발생하지 않았는지 알 수 없는 행위(ty plaval? '너는 수영했니?') plavat'는 불완료상 부정태 동사이다. 따라서 이것은 두 개의 영 상에 속한다. 그러나 어느 러시아어 동사도 상에 대한 두 개의 실재 값을 가질 수 없다. 따라사 정태 동사와 부정태 동사의 대립은 불완료상 속에서만 유효하다. 브론달(V. Brøndal)은 언어가 하나의 형태론적 형성의 집합체에서 과도한 복잡성을 피하는 경향이 있고, 종종 한 범주와 관련하여 복잡한 형태는 다른 범주에 대해 상대적으로 단순하다는 사실을 지적했다.[9] 마찬가지로 러시아어에서 현재 시제(영 시제)는 인칭을 구별한다. 모든 인칭에 대해 단 하나의 형태를 갖는 과거와 대조 구별(contradistinction)된다. 단수(영 문법적 수)는 문법적 성을 구별하는 반면, 복수는 완전히 지워버렸다. 그러나 문법 체계가 "의미 축적"(accumulation of meanings)[cumul des sienifés](Bally에 의해 도입된 용어 및 개념)[10]을 제한하더라도 그것이 결코 의미 축적을 제외한다는 뜻이 아니다. 여격은 조격과 마찬가지로, 메시지의 내용에서 지시체의 주변 위치를 지시한다는 점에서 주격과 대격에 대립하고, 이러한 대립의 관점에서 후자의 두 격은 영 격(zero case)이다. 그러나 동시에 여격과 대격은 대상이 행위에 의해 영향을 받았으며, 따라서 조격와 주격에 대립한다는 신호를 주며, 이러한 대립의 관점에서 볼 때 조격과 주격은 영 격이다. 이런 식으로, 여격은 두 개의 문법적 값을 결합한다. 대격은 이러한 값 중 하나를 소유하고 도구는 다른 값을 소유한다. 주격은 절대적 영 격으로 기능하며, 브론달의 "보상 원칙(principle of compensation)"에 따라 남성과 중성을 구별한다. 이 구별은 사격(유표적)의 경우는 무관하다.

주격과 대격의 구별은 기의(signified) 층위에서 "유와 무 사이의 대립"과 기표 층위에서 같은 종류의 대립 사이의 관계가 순전히 자의적이라는 증거를 제공한다. 이 관계의 세 가지 가능한 변이형 각각이 존재한다. 1) 영 격에 상응하는 영 어미가 있다: N suprúg - A suprúga; 2) 그 관계는 역(inverse)이다(참고. 위에서 인용한 "교차"): NPl gospodá - APl gospód; 3) 어느 격도 영 어미를 갖지 않는다: N slugá - A slugú.

의미는 문법 뿐만 아니라 어휘 영역에서도 유와 무 대립처럼 서로 대립할 수 있다. 두 동의어의 하나가 다른 단어와 그 다른 단어에 적용되지 않는 보충적 결정소에 의해 구분될 수 있다. 따라서 러시아어 단어 dévuska와 devíca는 둘 다 소녀를 지정하지만 이 동의어의 전자는 후자에 대립적으로 "처녀"의 의미를 추가한다. 문장 ona - devíca, ona uže ne devuška '그녀는 소녀이지만, 이미 처녀가 아니다'에서 두 단어를 치환할 수 없다. 마찬가지로 체코어 동의어 짝 mám rád 'ich habe gern', '나는 좋아한다'와 miluji 'ich liebe', '나는 사랑한다(열정적으로)'에서 mám rád가 "영 동의어"이고, má rád šunku '나는 햄을 좋아한다'와 mám rád rodiče '나는 부모님을 좋아한다'는 가능하지만, miluji는 강한 열정의 의미를 추가하고, 문장 miluji šunku에서 사람들은 동사가 비유적으로 사용되었다고 느낄 것이다.

예를 들어, 그러한 용법은 남성에게 사용된 여성의 경우에 해당한다. on - nastojaščaja masterica '그는 숙련된 여기술자이다'. 이것은 기호의 실제 교환, 은유인 반면에 반대 사례인 ona - nastojaščij master '그녀는 숙련된 기술자이다'는 더 정확한 masterica 대신에 더 일반적이고 총류적인 용어의 적용 이상은 아니다. 그럼에도 불구하고, 훨씬 덜 눈에 띄는 정도로, 역사적 현재 또는 총류적 단수가 실제로 근본 원리의 예인 것과 같은 방식으로, 여기에도 근본 원리(hypostasis)가 있다. 유표적 기호는 A(masteríca)를 신호한다. 그것에 대립하는 영 기호(máster)는 그 A의 존재나 부재를 신호하지 않는다(neither A nor non-A). 따라서 영 기호는 A와 non-A가 구별되지 않는 맥락(context)과(tut bylo sem' masterov, v tom čisle dve mastericy '여기에 7명의 숙련된 장인이 있었고 그 중 2명의 여성 장인이었다') non-A가 지시된 맥락에서(tut bylo piat' masterov [non-A] i dve mastericy [A] '여기에 5명의 숙련공과 2명의 여성 숙련공이 있었다') 사용된다. 그러나 근본 원리는 영 기호가 A와 오직A만을 지시하는 경우에 존재한다.

발리의 현명한 통찰력은 언어의 패턴화의 본질적인 사실로써 근본 원리의 다양한 활동을 강조한다.[11] 쿠릴로비치(J. Kuryłowicz)는 통사론에서 근본 원리가 수행하는 중요한 역할을 결정적으로 보여주었다. 여기서 근본 원리는 단어의 기본 또는 주요 기능과 반대로 "동기부여되고 유표적 사용"을 의미한다.[12] "한정 기능은 형용사의 주요 기능이다". 한정 형용사는 **영 근본 원리(zero hypostasis)**를 지시하며, 이는 다음과 같은 다양한 근본 원리적 변형에 대립한다: 형용사—주어(dalëkoe plenjaet nas '멀리 있는 것은 우리를 매료시킨다') 또는 형용사 보어(sejte razumnoe, dobroe, večnoe '현명함과 선함, 영원함을 씨뿌려라'). 서술 형용사는 변형의 외적 기호를 가지며, 그 예는 deus bonus est에서 est이다. 반면에 deus bonus의 구는 순수한 형태의 근본 원리를 표상한다.[13]

III

러시아어의 경우처럼 계사(copula)가 없는 구문만이 가능한 언어에서는 izba derevjannaja '오두막은 나무로 되어있다'같은 구문에서 계사의 부재는 izba byla derevjannaja '오두막은 나무로 되어있었다'와 izba budet derevjannaja '오두막은 나무로 될 것이다'에 대립하여, 그 형태로 인해 영 계사로, 그 기능 때문에 계사의 현재 시제로 간주된다. 그러나 라틴어와 같이 계사가 있는 문장과 문체적 변이형의 형태로 계사 없는 문장을 허용하는 언어에서 deus bonus 같은 구문에서 계사의 부재는 deus bonus est와 대조적으로, 그 형태로 인해 영 계사로, 그 기능 때문에 표현적 언어의 신호로 느껴진다. 다른 한편으로, 실재 형태의 계사 존재는 그 기능 때문에 **영 표현성(zero expressivity)**이 부여된다. 따라서 문제의 영 기호는 라틴어에서 문체적 값을 갖는다. 이 마지막 경우에서 발리는 두 개의 병렬 유형의 존재에 기초하고 화자의 특정 선택을 가정하는 함축(implication)[sous-entente]에 대해 말한다.[14] 이 제네바의 거장은 생략(ellipsis)으로 간주하기도 하는데, 이것을 "상황에 의해 제안되거나 맥락에서 필수적으로 이해되는 요소의 반복 또는 예상"으로 정의하며, 이와 나란히 문법적 값을 가진 영 기호와 그 함축을 놓는다. 우리는 생략을 맥락 같은 것을 "표상(represent)"하는 대용적 용어(anaphoric terms) 혹은 상황을 "제시(present)"하는 직시적 용어(deictic terms)의 의 함축으로 해석하는 유혹을 받는다.[15] 따라서, 질문 Čto delal djadja vklube? '삼촌이 클

럽에서 뭐 했어?'는 두 평행 방식(parallel mode) 중 하나를 선택함으로써 답변될 수 있다. 하나는 "명시적 표상(explicit representation)"을 가진다. On tam obedal '그는 거기서 점심식사한다'. 또 하나는 "암시적 표상"을 가진다. ‒ obedal '점심식사한다'. 따라서 생략은 **대용적(또는 직시적) 영 기호(anaphoric or deictic zero sign)**이다.

개념적 내용이 동일한 표현의 두 형태 중 하나를 선택해야 할 때 이 두 형태는 실제로 동등하지 않으며 일반적으로 다음과 같은 대립을 형성한다. 한편으로는 주어진 상황으로 전체를 형성하거나 또는 미학적 언어(esthetic language)에서 상상된 상황을 유발하는 표현적 유형(expressive type)과 또는 다른 한편으로는 표현적 값(expressive value)과 직시적 영(deictic zero)을 가진 유형이다. 예를 들어 러시아어에는 기본 어순과 그와 대립하는 다양한 도치가 있다. 따라서 주어가 앞에 오고 직접 목적어가 뒤따르는 술어, 또는 한정 형태가 앞에 오고 뒤에 명사 보어가 오는 명사상당어구(substantives) 형태는 영 값을 가진 어순의 예이다. Ljudi umirajut '사람들이 죽는다'는 완전한 발화이다. 대조적으로, 발화 umirajut ljudi는 문맥이나 상황에 대한 추가되는 또는 감정적 반응으로 발생한다. 명시적이고 형식적인 언어는 **영 어순(zero order)**만 허용한다 - zemlia vraščaetsia vokrug solnca '지구는 태양 주위를 돈다'; 대조적으로 일상 언어는 현저히 암시적이며 다음과 같은 조합을 만들어 낸다: vertjatsia deti vokrug ëlki, vokrug ëlki vertjatsja deti, vokrug ëlki deti vertjatsja, deti vokrug ëlki vertjatsja. 영 어순인 deti vertjatsja vokrug ëlki '아이들이 크리스마스 트리를 빙글빙글 돌고 있다'에 대립적으로, 이 구문들은 맥락이나 상황(언어외적 맥락)에 의해 파생된 출발 지점을 신호하는 반면, 영 어순(zero order)은 어느 쪽도 참조하지 않는다.

그러나 단어의 통사적 기능이 형태론적 수단에 의해 명확하게 표시되지 않는 경우에는 영 어순이 유일하게 가능한 것이며 순전히 문법적 값을 채택한다. 예를 들어, 대격이 주격과 일치할 때(mat' ljubit doč '엄마가 딸을 사랑한다', doč ljubit mat' '딸이 엄마를 사랑한다'), 혹은 주격이 생격과 같을 때(dočeri prijatel'nicy '친구의 딸들', prijatel'nicy dočeri '딸의 친구들'), 혹은 형용사가 실사로 기능할 때(slepoi sumasšedšij '눈 먼 광인', sumasšedšij slepoi '미친 장님' 등).

러시아어에는 '나는 간다(운송수단을 타고)'의 두 문체적 변이형이 있다: ja edu(인칭 대명사 포함) 및 edu(대명사 제외). 마찬가지로 체코어에도 já jedu 및 jedu가 있다. 그러나 이에 관련하여 두 언어 사이에는 큰 차이가 있다. 러시아어는 조동사와 계사의 현재 시제를 폐지한 후에 인칭 어미의 역할을 인칭 대명사로 전이시켜야 했다. 결과적으로 "정상" 유형인 두 부분으로 구성된 구문이 나왔고, 반면에 영 주어의 변이형은 표현적 기능을 갖게 되었다.[16] 대조적으로 체코어에서 영 표현성은 영 주어와 관련되고, já jedu 유형에는 표현적 값이 매겨졌다. 1인칭은 대명사의 존재에 의해 초점을 받았고, 대명사의 사용은 문법적 관점에서 용어법(冗語法: pleonasm)이다. 체코어에서 이 대명사의 남용은 과장하는 문체(boastful style)의 인상을 준다. 대조적으로, 러시아어는 도스토예프스키가 경험한 짜증스런 오만함이 바로 1인칭 대명사의 과도한 생략이다 ("Krokodíl").

IV

발리가 지적한 것처럼 음운 체계는 언어의 일반 체계와 평행을 이룬다. 음소의 상관 관계는 음성 성질의 존재를 그 부재 또는 **영 성질(zero quality)**에 대립시킨다.[17] 따라서 t, s, p 등은 상응하는 연자음 t', s', p' 등과 연음성(구개음)의 결여로 변별되고, 이 동일 음소는 공명성의 결여로 d, z, b 등과 변별된다. 우리가 문법에서 관찰한 영 기호의 다양한 종류와 무언가가 결여된 것을 연결하는 통합적 요소(unifying factor)는 음운 체계 내에서 단순한 무(無)가 아니라 실재의 어떤 것과 반대되는 무의 문제라는 사실이다. 소쉬르(F. de Saussure)는 비음 모음과 구강 모음의 대립을 예로 지적함으로써 이미 음운론에서 모순 대당(矛盾 對當: contradictory oppositions)의 역할에 대해 조명했다. 이 대립에서 비강 공명(nasal resonance)의 부재, 부정적 요소는 그 존재와 더불어 특정 음소를 특징지우는 역할을 한다.[18]

러시아어의 다른 음소와의 관계에서 s 같은 음소의 분석할 때, 우리는 이 음소의 실재 성질들이 어떤 모순 대당에도 참여하지 않는다는 것을 확신한다. 즉, 이러한 성질의 존재가 그 부재에 대해 결코 대립하지 않는다는 것을 확신한다. 이러한 성질의 밖에서 음소 s는 오직 영 성질만을 가진다. 대조적으로, 음소 z'는 명확하게 분석 가능하고, 상관 음소(유성음화와 연음화가 s의 성질에 추가된다)에서 동일한 값에 대립하는 여러 음운 값으로 구성된다. 그러므로 발리가 분석한 것처럼, 이것은 의미 축적에 상응하는 음운 축적의 경우이다. 마찬가지로, 형태론과 축적 제한을 위해 브론달이 확립한 "보상 원칙"은 음운 체계의 구조에서 놀라운 유추를 가진다.

상관 관계는 일련의 쌍으로 형성되며, 각 쌍은 한편으로는 하나의 동일한 성질과 그 부재 사이의 대립을 포함하고, 다른 한편으로는 공통 핵(common core)을 포함한다(예: 쌍 z'-z는 연음화와 공통 핵의 대립으로 구성

된다: 유성음(voiced), 수축음(constrictive), 치찰음(sibilant)). 그러나 이 공통 핵은 쌍 중 하나에 부재할 수 있다. 이 경우 음소는 문제의 성질로 축소되고 음소(또는 **영 음소(zero phoneme)**)의 부재와 아주 간단하게 반대된다. 따라서 마르티네(A. Martinet)는 구조적 분석을 통해 덴마크어 자음을 특징짓는 기식음(aspiration)의 상관 관계에서 어두의 기식음 /h/와 어두 모음의 대립을 인식해야 한다는 사실을 정당하게 주장한다.[19]

유사하게, 러시아어에서 연음화의 상관관계는 음소j를 영(zero)에 대립시킨다(어두 구개 활음(initial palatal glide) - 어두 모음). 러시아어 단어에서 모음 e 앞에 연자음이 올 수 있지만 상응하는 경자음은 올 수 없다. 모음 e 앞에 j가 올 수 있지만, 단어의 시작 위치에는 올 수 없다(감탄사, 특히 다양한 합성어의 직시적 감탄사에서 e는 이 규칙의 영향을 받지 않는다.).

따라서 연자음과 경자음의 대립은 모음 e앞에서 억제된다. 대립의 존재는 결과적으로 그 부재에 대립된다. 이 부재(**영 대립(zero opposition)**)는, 실현된 대립에 대조적으로, 억제 가능한 대립의 두 용어를 어떤 것이 통합하고, 어떤 것이 변별하는가에 더 큰 안도감을 준다. 트루베츠코이(N. Trubetzkoy)와 마르티네(A. Martinet)가 보여주듯이, 두르노보(N. Durnovo)는 특정 위치에서 중화되는 음소 대립이 상시적 대립과 대비하여 심오한 변별 유형을 구성하는 것을 식별했다.[20] 특정 어형계열체와 특정 문법 범주[21]에서 보이는 형태론적 형태의 융합(syncretism) 또는, 다른 한편으로 우리가 주어진 맥락에서 목격한 억제의 의미 대립도 마찬가지이다. 이 모든 것이 "기호"와 "영"의 얽힌 개념 사이의 복잡하고 기괴한 관계를 면밀히 조사할 운명을 가진 언어학과 일반 기호학을 위해 "영 대립" 문제의 큰 영역을 가리킨다.

"Signe zéro". 1938년 브르노(Brno)에서 Mélanges de linguistique offerts à Charles Bally를 위해 작성됨(Genève, 1939).

미주

1. Cours de linguistique générale (1922), p. 124. 참고. 포르투나토프 (F. Fortunatov)의 언어학적 원칙의 "부정 형태(negative form)"의 개념.
2. Bulletin de la Société Linguistique de Paris, XXIII, pp. 1 ff.
3. Linguistique générale et linguistique française, pp. 129 ff. fa
4. 여기에서 분석된 사실들은 주어진 언어의 전체 체계와 관련이 있는 것으로 간주되어야 하기 때문에, 나는 이 연구를 위해 모국어에서 예를 차용했다.
5. Bulletin … , 3; 참고. R. Gauthiot, "Note sur le dégre zero", Mélanges linguistiques offerts à M. Antoine Meillet (Paris, 1902), pp. 51 ff.
6. 영 의미의 문제는 나의 저서 Novejšaja russkaja poèzija (Prague, 1921), p. 67에서 제기되었다.
7. "러시아 동사의 구조" [본 책, pp. 1-14] 그리고 "격 일반 이론에의 공헌(Contribution to the General Theory of Case)" [본 책, 제 6장].
8. 그러나 ja často plyvu i dumaju … '나는 자주 수영하면서 생각한다'
9. Slovo a slovesnost, III, p. 256을 보라.
10. Linguistique générale … , pp. 115 ff.
11. Linguistique générale … , pp. 132 ff.
12. "Dérivation lexicale et dérivation syntactique", Bulletin de la Société de Linguistique de Paris, XXXVII, pp. 79 ff. 참고. 위에서 인용된 나의 연구 "격 일반 이론에의 공헌(Contribution to the General Theory of Case)" [본 책, 제 6장].

13 참고. Linguisrique générale ... , p. 135, 그리고 Bulletin ... , p. 2.

14 Bulletin ... , pp. 4 ff.

15 참고. Linguisrique generale ... , pp. 65 ff.

16 S. Karcevskij, Système du verbe russe (Prague, 1927), p. 133, 그리고 R. Jakobson, "Les enclitiques slaves", Atti del III. Congresso internazionale dei Linguisti, 1935, pp. 388 ff.

17 Linguistique générale ... , pp. 13 ff., 120; "Projet de terminologie phonologique standardisée", Travaux du Cercle linguistique de Prague, IV, pp. 314-321.

18 Cours ... , IV, p. 69.

19 La phonologie du mot en danois (Paris. 1937), p. 32.

20 N. S. Trubetzkoy, "Die Aufhebung der phonologischen Gegensätze", Travaux du Cercle linguistique de Prague, VI, pp. 29 ff.; 그리고 A. Martinet, "Neutralisation et archlphonème", Travaux ... , VI, pp. 46 ff. 를 보라.

21 참고. Travaux, VI, pp. 283 ff. [위의 "격 일반 ... ", 제6장을 보라].

로만 야콥슨의
러시아어와 슬라브어 문법 연구
1931–1981

1판 1쇄 발행   2025년 6월 9일

원   제 | Russian and Slavic Grammar: Studies 1931–1981
지 은 이 | 로만 야콥슨(Roman Jakobson)
옮 긴 이 | 안 혁
펴 낸 이 | 김진수
펴 낸 곳 | 한국문화사
등   록 | 제1994-9호
주   소 | 서울시 성동구 아차산로49, 404호 (성수동1가, 서울숲코오롱디지털타워3차)
전   화 | 02-464-7708
팩   스 | 02-499-0846
이 메 일 | hkm7708@daum.net
홈 페 이 지 | http://hph.co.kr

ISBN   979-11-6919-313-9   93790

· 이 책의 내용은 저작권법에 따라 보호받고 있습니다.
· 잘못된 책은 구매처에서 바꾸어 드립니다.
· 책값은 뒤표지에 있습니다.

오류를 발견하셨다면 이메일이나 홈페이지를 통해 제보해주세요.
소중한 의견을 모아 더 좋은 책을 만들겠습니다.

이 저서는 2021년 대한민국 교육부와 한국연구재단의
일반공동연구지원사업의 지원을 받아 수행된 연구임(NRF-2021S1A5A2A03065528)